# 编 委 会

# 志愿和平

## 新时代全域志愿服务
## 发展模式研究

天津市和平区文明办◎编著

ZHIYUAN HEPING

XINSHIDAI QUANYU ZHIYUAN FUWU

FAZHAN MOSHI YANJIU

人民出版社

# 序　一

　　党的十九届四中全会在中国特色社会主义建设事业中具有重大意义，这次会议为新时代中国志愿服务全面发展，特别是社区志愿服务的发展，确定了新定位，指明了新方向。全会对坚持和完善中国特色社会主义，推进国家治理体系和治理能力现代化做出了全面部署，这表明，在世界处于百年未有过的大变局背景下，继实现农业、工业、科技、国防现代化之后，中国共产党带领中国人民进入了现代化的新征程。志愿服务，特别是社区志愿服务，无论在党的群众工作方面，还是在基层社会治理领域都具有特别重要的作用和独特的优势，是实现中国共产党新时代社会治理现代化伟大目标的重要组成部分。在新时代中国特色社会主义思想的系统指导下志愿服务事业快速健康发展，不断涌现出具有创造力和示范作用的典型，这是中国特色社会主义事业持续发展的必然，也是一种趋势。此时，作为中国现代志愿服务带有标志性的，成立首个基层志愿服务组织的天津市和平区编辑出版《志愿和平——新时代全域志愿服务发展模式研究》一书，无疑就具有特别的政治意义、理论意义和实践意义。

　　《志愿和平——新时代全域志愿服务发展模式研究》一书全面探索了和

平区推进志愿服务发展的有效做法和经验，形成了可借鉴、可复制、可推广的志愿服务模式。和平区用 30 年不懈地努力，积极地实践，不断地创新，生动诠释了习近平总书记关于中国特色志愿服务在新时代基本定位的指示精神。2019 年初，在与和平区社区志愿者的谈话中，总书记明确指出志愿者事业要同"两个一百年"奋斗目标、同建设社会主义现代化国家同行。"同行"——以新时代中国特色社会主义思想为理论和实践基础，高度概括，准确定位了中国特色志愿服务发展的方向和目标。所谓"同行"就意味着在新时代，志愿服务是现代化国家发展建设的重要组成部分，是实现美丽中国梦，实现中国社会治理现代化宏伟目标的重要措施，志愿服务被完全纳入了中国共产党治国理政的总体部署当中，要同实现"两个一百年"奋斗目标，同建设社会主义现代化国家方向统一，步调一致，融为一体。7 月，习近平致信祝贺中国志愿服务联合会第二届会员代表大会召开，贺信概括了中国特色志愿服务的实践特点，称赞志愿者"走进社区，走进乡村，走进基层，为他人送温暖，为社会做贡献"，这清楚地表明，在志愿服务三种基本类型——日常互助服务、抗险救灾服务和大型活动服务中，中国特色志愿服务更重视的是遍布城乡社区和基层的、广泛参与的、群众性的互助；表明中国特色志愿服务实践，着眼于温暖人心，和谐社会，要注重发挥志愿服务在社会情感建设和精神文明建设层面的重要作用。这是中国志愿服务与中国梦同行的需要，也是中国志愿服务根本定位和功能的体现。30 年来，和平区不忘初心，推动志愿服务创新发展，始终围绕中心、服务大局、助力发展，把志愿服务融入国家战略部署、融入精神文明建设、融入社会治理创新；志愿服务由最初"送煤、送菜、送炉具"，演变为"送岗位、送知识、送健康"，逐步发展为"送理念、送渠道、送方式"，内化为城市基础建设基因。他们的经验生动诠释了中国特色志愿服务的根本定位和实践方向，具有重要的政治意义。

《志愿和平——新时代全域志愿服务发展模式研究》一书全方位地描述了和平区坚持党对志愿服务的领导；坚持政府的主导地位，实现规范管理；坚持发挥群团的组织作用，推进资源整合；坚持社区需求导向，实现服务于民的建设思路，这对于发挥志愿服务的功能，实现社会治理现代化体系中社区现代化建设具有重要的理论意义和实践意义。政府、社会同力，搭建协同共治的治理格局，是社会治理现代化的关键步骤和基础性建设。从一定意义上说，社会治理是一个现代概念，也是一个历史概念。自古以来，人类社会国家治理结构的基本模式，是以集权为特征的政府治理，社会治理是近年来社会自身发展的一种必然结果。联合国全球治理委员会将社会治理定义为：社会治理是个人和公共或私人机构管理其公共事务的诸多方式的总和。强调社会治理是一个调和不同利益群体，缓解相互冲突的持续过程。学者常常用"善治""共治"与"合治"来解读社会治理的核心要素。"善治"意味着追求公共利益的最大化；"共治"强调政府和社会协同，共同对公共事务实施治理；"合治"则表明这是一个动员群众，组织群众，形成充满活力的基层群众自治体制的过程。社会治理现代化，包括各种正式的制度和规则的建立，也包括深入到人民大众当中的各种非正式的制度和规则的非权力影响力。30 年来，和平区在通过志愿服务推进基层社会治理现代化方面，进行了有效的理论研究和实践探索。他们不断探索志愿服务制度化常态化发展，创新性成立了"区—街—社区"三级志愿者协会，并以社会化运作为主线，依托保障激励、供需对接、组织孵化、项目培育等机制，建立完善区志愿者协会、街道志愿者协会、社区志愿者分会、楼院服务小组、家庭互助结对五级志愿服务组织体系，实现志愿服务全员参与、全域覆盖、全年贯穿；他们逐步形成了包括单项服务、双向服务、协调包户服务、大型集中服务、设点服务、邻里互助挂牌服务、信息网络服务、心理咨询服务等多种服务形式，服务内容涉及社区科教、文化、体育、卫生、治安、环境建设、再就业、便民服务等多个系列70多个种类的志愿服务格局；他们通过有效整合，最大限度实现社区服务体系中政府、社会、居民三方资源的有机融合，建立起党委领导、政府主导、社会协同、公众参与的社区建设资源供给体系；他们通过发展志愿服务，打造人人有责、人人尽责、人人享有的社会治理共同体。他们30年始终坚持在基层社区层面推进党委领导、政府主导、社会协同、民众参与、法制保障的体制和实践创新，在落实党的十九届四中全会精神，推进中国特色社会主义新的现代化方面具有重要的理论意义和实践意义。

志愿服务是人类共同的精神财富，也是中国共产党在新时代治国理政的重要基点之一，新时代的中国特色志愿服务形成了新的格局。这就是在习近平新时代中国特色社会主义思想指引下，立足新时代新任务，自觉服务党和国家工作大局，坚持同"两个一百年"奋斗目标，同建设社会主义现代化国家同行；就是要始终坚持提高人民思想觉悟、道德水准、文明素养，提高全社会文明程度，在践行社会主义核心价值观中树新风、育新人，在推进社会治理现代化中扬正气、促和谐，为实现中国梦提供精神动力和道德支撑；就是要秉承"奉献、友爱、互助、进步"的志愿精神，彰显理想信念、爱心善意、责任担当的文化价值；就是要坚持党委领导、政府主导、组织动员与社会动员相结合、以项目为依托、立足基层、多元服务的运行机制；就是要以推动全民参与、拓展服务阵地、构建常态化工作机制和加快制度化为发展方向。以天津市和平区为代表的基层志愿服务体系的建设成果清楚地表明，基层党委"不忘初心，牢记使命"的责任和担当，是志愿服务事业蓬勃发展的内生动力；群众首创精神是志愿服务事业经久不衰的厚实基础。他们是新时代中国特色志愿服务新格局的真正力量。

是为序。

陆士桢

（中国志愿服务联合会研究会会长，北京志愿服务发展研究会会长，中央团校中国青年政治学院教授）

# 序 二

作为全国第一个社区志愿服务的发源地，和平区志愿服务发展的探索轨迹见证着中国志愿服务的发展。30 年来，天津市和平区志愿服务从党建推动逐步实现了社会化动员的基本转变，实现了志愿服务的华丽转变，这也成为中国特色志愿服务引领的发展方向。回顾和平区志愿服务发展历史，1989 年，新兴街率先成立社区服务志愿者协会。2009 年，经民政部正式确认，新兴街社区服务志愿者协会为"全国第一个社区志愿者组织"。进入中国特色社会主义新时代，和平区坚持以习近平新时代中国特色社会主义思想为指导，以"三个着力"重要要求示范区、"五个现代化天津"旗舰区、"品质和平"建设为引领，全力打造世界级智慧中央活力区，推动经济社会实现高质量发展，把志愿服务作为城市创建的生动实践，坚持全效化创建、长效化创建、目标责任创建、精益化创建。截至 2019 年 11 月，和平区志愿者已经从最初的 13 人发展到注册志愿者 11 万余人，注册志愿者团队 665 个，注册志愿服务项目 2229 个，志愿服务时长 1224 万小时。此外，和平区全方位推动线下志愿服务阵地建设，共建成学雷锋志愿服务岗站 170 个，窗口单位学雷锋志愿服务岗 89 个，实现全区 64 个社区志愿服务站、10 个公共文化设施志愿服务站、7 个公园景区志愿服务站全覆盖。

和平区志愿服务薪火相传 30 年，逐渐形成了一套极具地域特色，自成体系，行之有效的运行模式——"五位一体"志愿服务发展模式（一条社会化运作主线，党建＋文化两个引领，全员、全域、全时三个全面，保障激励、供需对接、组织孵化、项目管理四个机制，区—街—社区—楼院互助小组—家庭互助对子五级体系）。该模式与党中央提出的"五位一体"（经济、政治、文化、社会、生态）总体布局相呼应，真正回应了志愿服务作为一种有效的组织形式如何服务于社会治理创新，如何践行社会主义核心价值观，如何社会化动员全区各战线、各团体、居民服务于改革发展稳定大局、服务于党政中心工作。该模式以长远筹划、长效机制、长期坚持完善志愿服务制度，以全民动员、全民参与、全民共享发展志愿服务力量，以人人可为、时时可为、处处可为搭建志愿服务平台，取得了一系列显著成效。在政治领域，密切了党群、干群关系，加快了政府职能转变；在社会领域，尤其是将志愿服务与精神文明建设、文明城区创建深入融合，志愿服务成为精神文明建设的有力抓手；在文化领域，丰富了群众文化生活，带动了志愿服务文化形成；在经济领域，促进了社会就业，营造了良好营商环境，助力了脱贫攻坚；在生态领域，推动了环境改善，深化了环境教育。总之，和平区志愿服务为政治建设、社会建设、文化建设、经济建设、生态建设做出了重要的积极贡献。

与此同时，和平区聚焦全员参与、全域覆盖、全时服务、全效提升，构建全域志愿服务体系。充分整合体制内外资源，坚持社会化动员，创造性形成了党员、党政、群团、民主党派、退役军人、企事业单位、社会组织、居民等一系列全民参与志愿服务的模式。此外，三盛里社区志愿服务标准化创新；依托 8 种志愿服务形式，实现志愿服务常态化创新；聚焦志愿服务可视化创新，打造社区志愿服务展馆；着眼志愿服务精准化创新，持续开展万户需求调查……这诸多探索形成了极具和平特色的创新性经验模式，为天津、全国乃至世界志愿服务事业发展提供了重要参考。

70 年风雨历程，中国志愿服务事业取得了前所未有的发展。尤其是党的十八大以来，以习近平同志为核心的党中央，高度重视志愿服务工作，就志愿服务作出了一系列重大安排部署。2019 年 1 月 17 日，习近平总书记视察了天津市和平区新兴街朝阳里社区志愿服务展馆，并为社区志愿者点赞，称赞他们是为社会做出贡献的前行者和引领者。党的十九届四中全会提出"完善党委领导、政府负责、民主协商、社会协同、公众参与、法治保障、科技支撑的社会治理体系，建设人人有责、人人尽责、人人享有的社会治理共同体"。在党的十九届四中全会精神指引和总书记的关怀下，下一步和平区将站在新的历史高度，以新的发展理念为引领，回应新时代对志愿服务的要求，积极探索"全域志愿服务"新模式，设立第一个新时代文明实践志愿服务主题日，把新时代文明实践与志愿服务深入融合，打造上下联动、资源共享、共驻共建、互利多赢的志愿服务新格局，开创全部门联动、全领域覆盖、全行业参与的全民志愿服务发展新局面。

《志愿和平——新时代全域志愿服务发展模式研究》首次站在新的历史起点，系统回顾和平区 30 年志愿服务光辉历程，旨在全方位展示和平区志愿服务发展全貌与亮点。全书共分三大部分，第一部分是历史和概况，分四章介绍和平区志愿服务的历史和缘起，整体呈现和平区志愿服务取得的重大成就；第二部分是创新与模式，分五章介绍和平区志愿服务的模式、亮点、成效以及未来规划；第三部分是事迹和典型，分三章展现和平区优秀志愿服务组织、项目和个人风采。本书系统梳理了和平区志愿服务经验总结和理论探索，从顶层制度化设计到具体操作经验必将为中国特色志愿服务事业发展提供重要借鉴。

编辑出版《志愿和平——新时代全域志愿服务发展模式研究》是和平区广大志愿者、志愿服务组织、志愿服务工作者立足新时代、展现新作为，弘扬奉献、友爱、互助、进步的志愿精神，继续以实际行动全方位提升服务党政大局能力的又一次积极探索，必将助力提升国家治理体系和治理能力现代化。由于时间有限，加之初次编撰，不妥之处请批评指正。

天津市和平区文明办

2019 年 12 月

# 目　录

## 第一部分　历史与概况

## 第二部分 模式与创新

## 第三部分　事迹与典型

# 第一部分　历史与概况

# |第一章| 和平区志愿服务的缘起

〔引言〕

和平区志愿服务的发展既与其历史沿革息息相关，也与其独特的区域优势密不可分。一方面中国近现代百年历史的风云变幻，造就了和平区中西文化的汇集交融，为早期志愿服务的发展奠定了思想基础。另一方面，和平区作为天津核心城区之一，便利的交通，雄厚的经济实力，以及交通、金融、教育、医疗、科技等领域的快速发展进一步为志愿服务提供了坚实土壤。与此同时，和平区党建引领基层治理工作的机制，建立"世界级智慧中央活力区"战略，及新时代下人民对美好生活的向往及需求，对未来和平区志愿服务的发展提出了新期待、新要求。

## 一、和平区的区域优势

和平区是天津市中心城区的核心区，也是天津市政治、商贸、金融、教育、医疗卫生中心，面积9.98平方公里，辖区内设有6个街道办事处、64

个社区，常住人口 35.07 万，户籍人口 42.02 万。中西文化在和平区汇集交融，和平区拥有全市 76% 的历史风貌建筑和名人故居，五大道文化旅游区完整保存着各式风格建筑 2185 栋，有"万国建筑博览会"之称，是中国近现代百年历史风云变幻的见证。和平区先后获得并保持"全国文明城区""国家卫生区""全国社会治安综合治理优秀地市"等 30 多项国家级荣誉。自古以来天津的特殊历史原因促使志愿服务的兴起，经过多年的发展形成了志愿服务发展的区域优势，全国第一个社区志愿服务组织就是诞生于和平区新兴街的朝阳里社区。

## （一）历史沿革

历史上和平区境内地势洼下，人烟稀少。明清两代，境内村落增多。1731 年 3 月 30 日，以天津直隶州为水陆通衢，五方杂处，事物繁多，升直隶州为天津府，附郭置天津县，原州辖地成为新设的天津县，今区境随隶之。1860 年后，境内大部分地区被英、法、美、日强辟为租界。1945 年 11 月，国民政府正式收回外国租界。1949 年中华人民共和国成立后，天津市仍按原 11 个区建置。1952 年 10 月，天津市政府将市内 11 个区合并为 8 个区，今区境分别归属一区、五区。1953 年 3 月，一区、十区人民政府改称区人民委员会。1956 年 1 月，一区改称和平区，五区改称新华区。1958 年 9 月，天津市实行新行政区划，原和平区、新华区全部，城厢区大部分和河北区一部分，合并组成新和平区。"文革"期间，成立和平区革命委员会。1980 年 5 月，和平区第八届人民代表大会第一次会议决定撤销区革命委员会，恢复区人民政府至今。如今和平区辖区内设 6 个街道，分别是劝业场街、小白楼街、新兴街、南营门街、南市街、五大道街，共有 64 个社区居委会①。

## （二）区域优势与志愿服务

### 1.地理位置

和平区作为天津市的中心城区之一，交通便利，经济实力雄厚，独特的地理位置为和平区的快速发展奠定了坚实的基础，也催生出了涉及交通、金融、教育、医疗等多个方面形式多样的志愿服务活动。和平区位于海河干流西岸，东起海河，与河东区相望；沿南门外大街、卫津路与南开区接壤，南抵徐州道、马场道、津河与河西区接壤，北部与河北区以海河、南马路为界。行政区域呈不规则四边形，东西最宽处 3.72 公里，南北最长处 4.2 公里，总面积 9.98 平方公里②。海河从辖区穿行顺流而下，其中的海河综合经济发展带全长 3.8 公里，利用良好的地理优势和资源，吸引高端产业集聚，重点发展以观光休闲、餐饮娱乐为主导的商旅人文相结合的海岸景观线，也催生出了旅游讲解、卫生清理等形式的志愿服务活动。

### 2.驻区单位

和平区是天津市人大、市委保密办、市委宣传部、市委市级机关工委、市财政局、市规划局、市统计局等市级单位的办公场地，是天津市经济和文

① 天津市和平区人民政府：《和平概况》，见 http://www.tjhp.gov.cn/tjhp/hpgk/2019–03/14/content_2f1ddb99cf7741d6bb0cb2926358a707.shtml。

② 天津市和平区人民政府、天津市和平区地方志编修委员会主编：《天津市和平区年鉴（2018）》，天津科学技术出版社 2018 年版。

化的中心。这些职能机构一直在全心全意为人民服务，孕育了和平区"人人为我，我为人人"的人文氛围。和平区聚集了中国人民银行天津分行、中国工商银行天津分行、中国银行天津分行、中国证监会天津监管局、中国保监会天津监管局、中国银监会天津监管局等金融机构和监管机构，各类企业与金融机构众多，这些驻区单位为和平区开展志愿服务提供了巨大的资源优势。和平区常年开展驻区市级单位志愿共建，组建了多支志愿服务队伍，共同开展文明交通劝导、文明条例宣传、社区卫生清理等志愿服务活动。在和平区，无论是机关单位的干部还是社区群众，都有着一种属于和平人的自豪感与责任感，激励着他们将志愿服务活动覆盖到城区的每一寸土地，从商业大楼到街里小巷，从名胜古迹到高校学堂，志愿服务文化已经深深根植于和平区中，根植于群众的灵魂深处。

### 3. 公共交通

和平区是天津市中心城区的核心区，公交、地铁网线密集，交通便捷畅达辐射全市。天津市全市有 5000 余辆公交车，运营线路约 300 条，公交线网覆盖中心城区，全市各角落均有通往市中心和城市周边大型居民区的公交线路，且多数都能一次通达不用换乘，方便、经济、舒适的公交车成为市民出行首选。地铁 1 号线南起双林，北至刘园，全场 26.2 千米；地铁 2 号线西起中北镇曹庄，东至李明庄，线路向东延伸至天津市滨海国际机场，连接六个行政区，全长 22.56 千米，和平区境内设有鼓楼站和东南角站；地铁 3 号线，小淀至华苑，全长 29.51 千米，境内设西康路、营口道、和平路、津湾广场站[①]。

---

① 天津市和平区地方志编修委员会：《天津市和平区志》，天津科学技术出版社 2017年版。

和平区作为天津市的中心城区，交通枢纽多，人流量较大，因此围绕维护交通秩序开展的各类志愿活动成为和平区创新城市治理的重要内容。和平区结合志愿服务的开展，充分调动社会力量参与城市交通治理，通过志愿服务提供交通引导、信息咨询、义务执勤等服务。保畅通更要保民安，和平区创新性开展综合治理志愿服务、旅游志愿服务、文化志愿服务等活动，为广大游客、行人提供便捷服务，受到了各级领导和社会群众的一致好评。

### 4. 全民教育

和平区具备丰富的教育资源。19 世纪中叶到 20 世纪初，电报学堂、北洋易学堂、武备学堂等一批新型洋务学堂在境内陆续开办，为和平区的教育发展打下了坚实的基础。党的十一届三中全会以后，和平区的教育得到快速、稳步的发展，经统计辖区内共有全国重点职业学校 1 所、市级重点小学 1 所、市级重点中学 6 所，未成年人思想道德建设成为全国先进典型。和平区充分发挥教育体系在志愿服务中的作用，通过教学和实践相结合的方式将志愿服务精神深深烙印在下一代青少年的心中。与此同时，和平区坚持把学生志愿服务社会实践活动作为培养高素质人才的重要手段，鼓励学生将志愿服务与专业知识结合，用专业化、平台化的方式传播青年志愿者的力量，实现教育工作与志愿服务相辅相成、共同进步。

### 5. 医疗体系

和平区是天津市医疗机构最为集中的地区，同时也是天津市唯一、全国首批健康城市试点单位。和平区医疗服务优质便捷，拥有包括天津医科大学总医院、天津第一中心医院、天津市中心妇产科医院等一批市级综合性医院和专科医院，白楼、新兴、劝业场、东兴、南营门、民园6所社区医院。区中医医院被国家卫生部授予二级甲等示范中医医院、和平禅院被国家卫生部授予"爱婴医院"称号。2000年建成天津市首家老年病医院。2018年和平区深化与医大总医院紧密型医联体合作，推进6个社区卫生服务中心特色专科建设。和平区卫生健康委志愿者服务工作在区文明办的指导下，积极发挥行业特色，以开展医疗服务、健康教育宣传、普法宣传为主要志愿服务方向。在市委宣传科的支持下，委属各单位均建立志愿服务队伍，队伍成员主要由党员、团员青年以及业务骨干构成。系统内共有志愿者278人，天津志愿服务网注册志愿者团队1支，并将志愿服务工作纳入系统党建、精神文明建设等绩效考核内容。

### 6.科技优势

和平区科技力量雄厚，拥有化工、机械、电子、邮电、地质、建筑、仪器仪表、交通、轻工、纺织等25个专业大类的科研机构，在全国具有一定的技术实力、人才优势和信息优势。党的十一届三中全会后，和平区注重科技创新发展，形成政府主导、政企合作、企业自营的三种园区运营模式，被确认为国家级知识产权强区工程试点区。功能完善的5A级科技载体——和平创新大厦建成两年即成为亿元楼宇，楼宇是企业开展志愿服务的一个很好的着力点。截至2017年底，和平区科技型中小企业总量有3611家，和平区科技局志愿者服务工作始终坚持以本单位全体人员参与为主导，围绕服务社会、美化环境、科技扶贫等方面开展一系列志愿服务工作，并取得一定的成绩。

## 二、和平区的人文环境

文化是一个城市的名片，更是一个城市软实力、综合实力的体现。和平区人文底蕴深厚，既汇集了中西文化，也遗存了大量近代历史建筑。丰富的人文景观与文化底蕴、浓厚的志愿服务氛围构成了如今和平区的文化特色。

### （一）历史文化

天津最初的聚落点形成于金代三岔河口一带的直沽寨，元朝定都大都（今北京）后，直沽成为最重要的河运和海运的转输枢纽。后明成祖赐直沽名为"天津"，永乐三年（606年）设卫建城。筑城后，漕运发展，商业发展，财聚四海，"民喜为商贾"，成为华北地区商业中心，商业林立，钱庄、银号栉比，商贸发达，各业俱兴。第二次鸦片战争之后，清咸丰十年（1860）至1931年，由于东、西方列强与清政府签订不平等条约和非法侵占被辟为通商口岸，辖区所属大部地区被英、法、美、日辟为租界，总面积约7.443平方公里，占现行区域面积的74%。清政府为富国强兵，开展了以"自强求富"为口号的洋务运动，天津成为中国北方开放的前沿和近代中国"洋务"运动的基地。中国创建最早的中学、中国最长的毛衣步行街、中国第一套邮票、中国人自行架设的第一条电话线等诸多中国之最，都诞生于此。在文化方面，诸如基督教文化、近代科技文化、西方教育模式、西方建筑文化、音乐美术等涌入天津，令天津思想观念发生了变化。19世纪末被称为资产阶级启蒙思想家的严复，在天津译书著文，宣传资产阶级"西学"，大声疾呼

"变法""救亡""竞存""自强",振聋发聩,唤醒国人,影响了整整一个时代的青年知识分子。

中共十一届三中全会以后,随着文化兴区战略的实施,群众文化事业蓬勃发展。和平区先后建成区文化艺术中心、图书馆、62 个街道社区文化站和邮政博物馆、金融博物馆等一批文博展馆。近年来,和平区积极构建现代公共文化服务体系、创建全域旅游示范区,繁荣全区文化事业发展。为了将志愿服务与文化活动更好地融合,和平区贯彻实施《中共中央关于深化文化体制改革推动社会主义文化大发展大繁荣若干重大问题的决定》《关于公共文化设施开展学雷锋志愿服务的实施意见》,鼓励、支持公共文化机构成立志愿者组织,常态化开展志愿服务。代表性的如和平区文化宫公共文化志愿服务队,此队伍不仅提供公益性文艺演出与展览展示服务,还为各大社区提供艺术辅导及培训、非物质文化遗产保护与宣传及文化信息技术普及等志愿服务。

## (二)邻里文化

天津民风淳朴,治安良好,是一个"亲切可人的世外桃源般慢节奏的城市"。过去的天津繁华开化,人来人往好不热闹,在这种历史环境下天津人形成了随和、热情、乐观、幽默的性格特点。作为直辖市,天津不像北京上海那样追求快节奏高效率生活方式,而是更加重感情讲人情。在 20 世纪 80 年代,群众生活不富裕,邻里之间却亲如一家,即使没有血缘关系,百姓仍自发承担照顾身边孤寡老人、残疾人、生活困难家庭等责任。比如董光义先生——社区志愿服务的创始人之一,他在和平区新兴街可谓是大名鼎鼎,人人称道。不仅因为他十三岁就参加革命，新中国成立后担任原毛纺厂副经理兢兢业业干好本职工作为单位谋福利，更因为他退休后不为名利自愿任劳任怨地为社区服务。他组织参与粮、煤、副食等部门开展的为民服务日活动，亲自走访了解朝阳里谁家有瘫痪在床的老年人或残疾人、谁家有无壮劳力干的较重的家务活、谁家的孩子因受不良风气影响渐入歧途。他把发现的问题反映给相关部门，并积极参与制订及落实具体优化措施。为群众排忧解难不仅是他的乐趣，更是他生活的重要部分。

时至今日，天津市依旧保持着温度，"人人为我，我为人人"的互助文化传承了下来，我们可以在各个社区看见人们相互攀谈、相互帮助的和谐情景，长久以来的历史积淀让这座城市充满了人情味，社区的居民们习惯于走出家门同左邻右舍共同参加活动，加深彼此之间的联系与友谊。对于社区的孤老户、弱势群体而言，每天都会收到社区其他居民来自物质或是精神上的关怀，这也是他们一天中最温暖的时光。和谐互助的邻里氛围也更加深了和平区群众的志愿服务意识，可以说志愿服务意识和和平区长久以来的邻里文化是相辅相成、相互促进的关系。每一个和平人，无论他是什么身份，他的心中都有着那股最真切的"为人民服务"的情怀，和平区也自然孕育出了自下而上的服务意识。

随着时代的发展，经济的进步，和平区百姓生活水平在提高，但热心善良乐于助人的传统依旧，而且志愿服务逐渐走向规范化、制度化、常态化。如今的志愿服务活动均为项目化运作，通过调研了解群众所需，制定项目方案，明确服务内容，招募志愿者，签订承诺书，开展项目评估，使志愿服务活动常态化开展。同时，建立了志愿者培训机制，通过"志愿服务大讲堂"，开展岗前培训、技能培训、素质培训、支援文化培训，进一步提高志愿者服务意识和服务能力。如今的社区志愿服务仍然坚持以群众实际需求为出发点、立足点，传承"老三送"（送煤、送菜、送炉具）、"新三送"（送岗位、送知识、送健康）、"新新三送"（送服务理念、送服务渠道、送生活方式），同时结合现代需求开展如"心目影院""夕阳再晨""爱洒回家路"等品牌项目，并开展垃圾分类宣传指导、文明条例贯彻落实、网络诈骗风险防范等精准化服务。

30 年来，天津市和平区的社区志愿服务活动薪火相传，志愿者精神深深根植于每个和平人的心中，志愿者队伍从 13 人发展到现在的 11 万余人，志愿服务团队达到近 700 个，服务内容涵盖文化传播、应急救护、防火减灾、心理健康、交通引导、法律普及、医疗卫生等大类 70 多项。30 年来，一代代社区志愿者以"为群众分忧解难"为己任，发扬"奉献、友爱、互助、进步"的志愿精神，用实际行动谱写了和平区精神文明建设的新篇章。

## 三、和平区的经济基础

和平区是天津市金融、商贸中心，经济的繁荣发展为志愿服务活动的开展奠定了坚实的基础。在浓厚的志愿服务文化氛围下，驻区企业一直保持着奉献社会、支持志愿者活动的良好传统。居民人均可支配收入的稳步增长，物质生活的逐步满足，让人们对价值实现、精神满足提出新需求，参与志愿服务的意识进一步加强。

## （一）总体情况

和平区良好的经济发展态势为志愿服务发展提供了经济基础。2018年，和平区生产总值实现920.18亿元，按可比价计算（下同）同比增长6.8%。其中，第二产业实现增加值12.52亿元，占和平区经济总量的1.36%，第三产业实现增加值907.66亿元，占总量的98.64%。服务业占全区经济比重达到98%，贡献率逐年提升。

和平区金融业脉历史悠久，金融文化底蕴深厚。全区共有660余家金融机构，其中，持牌照金融总部及一级支行以上机构145家，分行以上银行金融机构占天津市的一半以上。形成了以银行、证券、保险、期货等传统金融业为主导，以小额贷款、财务公司、投资公司等创新金融业为辅助，相互配套、门类齐全的现代金融服务体系。从2008年至2017年，和平区金融业增加值由41.45亿元上升至354.65亿元。2018年仅上半年，金融业增加值达到196亿元，占全区GDP的41.8%，留区税收占全区财政税收收入近20%。

随着互联网经济蓬勃发展，和平区将新兴业态作为引入重点，商业经济实现跨越式、创新式发展。如今，高质金融、高端商务、高档商业、高新科技和高雅文旅五大产业竞相绽放，和平区天河城、恒隆广场、大悦城等新型购物中心拔地而起，百货零售、餐饮、图书、影视、娱乐体验多种业态实现融合发展。40年来，和平区社会商品零售额从1989年10亿元增长到2017年的488亿元，上万平方米的商业载体由10多个增长到现在30余个，商业网点3200余处。

楼宇经济是和平创新发展的着力点之一。和平区坚持开展商务楼宇品质提升工程，优化空间布局，完善配套服务，健全管理标准，完善精细服务，高标准推进亿元楼宇创建，打造出一批高端专业特色化楼宇。截至2017年底，全区商务楼宇达到116座，全年盘活空置面积19万平方米，商务楼宇平均入住率达到75%，税收超亿元楼宇达到37座。

为了推动楼宇志愿服务的发展，和平区以楼宇党建为抓手，探索服务新模式。楼宇党委组织楼宇各党组织及党员，开展"红色领航"活动、企业家沙龙活动，并将市场监督局、工商局、税务局等政府相关部门纳入进来，鼓励引导企业家开展志愿服务活动。通过强化党组织对各类企业的引领，促进各个企业健康发展的同时，做到真正意义的为民利民服务。

## 案例：志愿服务温暖楼宇

"阳光义工爱心社"是楼宇志愿服务组织的典型代表，2007年由天津市政协常委张秀燕女士与爱心企业家从乃康先生，联合多名爱心企业家共同发起并出资成立。爱心社旨在发挥"帮困红娘"的作用，在爱心人士与弱势群体间搭建爱心公益平台，聚焦精准、深化帮扶，将精准帮扶落到实处。爱心社自成立以来，连续开展了资助自强学子、辅助特困单亲母亲、关爱新疆学子、帮扶孤寡老人、关爱散居孤儿、关爱农民工、帮助残疾人等慈善公益活动。其中，"用爱送你进学堂"助学公益活动、手拉手关爱新疆学子公益活动、"大爱点燃希望真情回报母恩"母亲节慈善公益活动已成为天津市有知名度、有影响力的品牌公益活动。截至2018年6月，阳光义工爱心社共结对子助孤837名、助学1645名、帮助孤寡老人742位、关爱新疆学子5500多名、关爱农民工4800多人、帮助特困单亲母亲6580位、开展志愿服务活动1400多次，历年来向社会捐款捐物累计达 1 亿零 476 万元。

## （二）经济统计

**1. 人均收入稳步提升，助推志愿服务热情高涨**

2017 年，和平区常住人口达 35.07 万人，居民人均可支配收入为 50480 元，相较于 2016 年的 46525 元提高了近 8.5%（见表 1–1）。人均教育文化娱乐、人均医疗保健等各项指标均有了大幅度提高，这些数据表明和平区经济发展蒸蒸日上，居民生活水平日渐提高。

表 1–1　和平区基本指标数据统计

| 项目 | 计量单位 | 2016 年 | 2017 年 | 2018 年 |
|---|---|---|---|---|
| 一、人口 | | | | |
| 　常住人口 | 万人 | 35.19 | 35.07 | |
| 　户籍人口 | 万人 | 42.32 | 42.02 | |
| 二、居民生活 | | | | |
| 　居民人均可支配收入 | 元 | 46525 | 50480 | 53778 |
| 　居民人均消费支出 | 元 | 30427 | 32945 | |
| 　人均教育文化娱乐 | 元 | 3384 | 3822 | |
| 　人均医疗保健 | 元 | 3228 | 3536 | |
| 三、劳动工资 | | | | |
| 　在岗职工年平均工资 | 元 | 75209 | 81647 | |
| 　从业人员年平均工资 | 元 | 71854 | 79346 | |
| 四、产业 | | | | |
| 　地区生产总值 | 亿元 | 820.14 | 861.21 | 920.18 |
| 　第二产业 | 亿元 | 22.00 | 17.57 | 12.52 |
| 　第三产业 | 亿元 | 798.14 | 843.64 | 907.66 |

数据来源：根据《和平年鉴 2018》整理。

随着居民人均收入的稳步增加，和平区人民愿意投入志愿服务事业的热情也逐步高涨。据北京师范大学发布的《2017 中国志愿服务经济价值测度报告》，不同收入类型群体的志愿服务参与率不同：低收入群体志愿服务参与率为 13.82%，中低收入群体志愿服务参与率 15.47%，中高收入群体志愿服务参与率为 20.78%，高收入群体志愿服务参与率为 22.15%。可见，随着收入水平的提高，志愿服务参与率逐渐提高。如今和平区注册志愿者人数已达 11 万余人，占全区常住人口的 1/3 以上，这为和平区志愿服务的开展提供了有力的人力资源支持，也体现了居民收入水平对居民志愿服务参与的正向影响。

### 2. 产业结构不断优化，奠定志愿服务经济基础

根据和平区统计局《2018 年和平区主要社会指标完成情况》，2018 年和平区生产总值为 920.18 亿元，其中第二产业生产总值为 12.52 亿元，第三产业生产总值为 907.66 亿元（见表 1-1）。相比于 2017 年，和平区第二产业生产总值进一步下降，第三产业生产总值增幅达 7.6%，可见和平区的经济结构不断向金融业和服务业靠拢。服务类企业在业务过程中需接触顾客，其工作性质和从业人员众多的行业特征也有利于志愿服务开展。2018 年和平区服务业增加值占经济总量的 98%，贡献率逐年提升，和平区服务业的发展为志愿服务发展提供了稳定的土壤（见表 1-2）。

**表 1-2　城镇单位从业人员和工资情况**

| 项目 | 单位数（个） | 从业人员期末人数（人） | 从业人员工资总额（千元） | 在岗职工年平均工资（元） | 从业人员年平均工资（元） |
|---|---|---|---|---|---|
| 1. 农林牧渔业 | — | — | — | — | — |

续表

| 项目 | 单位数（个） | 从业人员期末人数（人） | 从业人员工资总额（千元） | 在岗职工年平均工资（元） | 从业人员年平均工资（元） |
|---|---|---|---|---|---|
| 2. 采掘业 | 0 | 0 | 0 | 0 | 0 |
| 3. 制造业 | 5 | 236 | 13515 | 57756 | 57756 |
| 4. 电力、燃气及水生产 | 1 | 3 | 108 | 36000 | 36000 |
| 5. 建筑业 | 69 | 4582 | 222856 | 48199 | 47457 |
| 6. 交通运输、仓储和邮政业 | 62 | 6968 | 590759 | 84348 | 84178 |
| 7. 信息传输、软件和信息技术服务业 | 30 | 690 | 43935 | 62970 | 62585 |
| 8. 批发和零售业 | 216 | 16193 | 1069807 | 66866 | 66481 |
| 9. 住宿和餐饮业 | 92 | 4132 | 217055 | 53539 | 51120 |
| 10. 金融业 | 177 | 2903 | 511029 | 175860 | 177997 |
| 11. 房地产业 | 142 | 14810 | 850178 | 58454 | 57553 |
| 12. 租赁和商务服务业 | 156 | 8236 | 547389 | 68284 | 65776 |
| 13. 科学研究、技术服务业 | 85 | 2052 | 164861 | 86276 | 82679 |
| 14. 水利、环境和公共设施管理业 | 20 | 1606 | 121797 | 99028 | 74768 |
| 15. 居民服务、修理和其他服务业 | 36 | 1136 | 40611 | 35553 | 35253 |
| 17. 教育 | 59 | 5805 | 662564 | 116381 | 115309 |
| 18. 卫生和社会工作 | 42 | 4559 | 498177 | 116770 | 110878 |
| 19. 文化、体育和娱乐业 | 27 | 900 | 59959 | 72702 | 65745 |
| 20. 公共管理和社会组织 | 127 | 5273 | 746395 | 148409 | 141202 |
| 21. 国际组织 | —— | —— | —— | —— | —— |

## 四、和平区的党建引领

志愿精神的核心在于不求回报的服务，中国共产党作为中国人民和中华民族的先锋队，其性质决定了党员必须全心全意为人民服务，这与志愿服务精神不谋而合。另一方面党组织的先进性决定了党员的示范带头作用可以更好地提高志愿服务活动的影响力和创造力，因此以党建引领志愿服务可以更好地推动志愿服务事业的发展，提高志愿服务的活力。和平区深入落实党建工作，以党建引领志愿服务向更好更具活力的方向前行。

### （一）健全体系，党建引领志愿服务发展方向

和平区不断健全党建引领基层治理工作机制，形成"五级联动、四网协同"（区委、街道党工委、社区党委、网格党支部、网格党小组"五级联动"工作机制，组织网、共建网、社区治理网、社会治理网"四网协同"工作体系）。以区委、街道党工委、社区党委为主轴，建立三级党建联席会议制度，搭建沟通平台，强化上下联动，协调解决老百姓所关心的问题，以项目化方式实现合作共建。推行社区各类组织负责人向社区党组织述职制度，重点叙述接受党组织领导、服务居民群众、解决群众生活困难等情况，并将述职情况作为考核评价的重要依据[①]。强化街道社区党组织统筹协调功能，全面

---

① 天津市和平区委组织部：《探索构建"1+3+3"党建引领体系，不断增强城市基层整体效应》，2018 年 10 月 15 日，http://dangjian. people. com. cn/nl/2018/1025/c420318-30362788. html。

实行街道"大工委"、社区"大党委",采取"专职委员 + 兼职委员"的形式,将辖区内重要单位纳入街道社区党组织,大力推进社区党组织成员进入居委会、居务监督委员会、业委会和物业企业。取消街道经济职能,建立党建办,推进社区减负增效,引导街道社区党组织聚焦主责主业抓党建、抓治理、抓服务。

## (二)制度先行,强化党员志愿服务政策保障

为深化党员志愿服务队伍建设,发挥党员志愿者的先锋作用,同时提高党员志愿服务工作的科学化、规范化水平,和平区委先后制定印发《关于在全区党员中深入开展志愿服务活动的通知》《关于全区党政机关、企事业单位在职党员到社区报到开展志愿服务的意见》《关于在职党员到社区报到开展志愿服务的通知》。这些文件不仅为和平区党员开展志愿服务活动提供了规划、指引,同时还明确活动具体要求,把开展党员志愿服务融入"五级联动、四网协同"党建引领基层治理体系,为全区党员志愿服务活动的有序有效有力开展提供了组织保证和政策保障。

## (三)深化培训,提升党员志愿服务专业能力

首先,强化教育领导。针对处级以上领导干部开展"不忘初心、牢记使命"主题教育,通过抓党员干部的思想,配好班子,让其发挥更好的职能作用,落实好各个职能部门的工作。通过"维护核心,铸就忠诚,担当作为,抓实支部"主题教育实践活动,让党员发挥作用。其次,重点加强党员志愿

者的培训。为切实提升社区党员志愿者队伍整体素质，各级志愿者协会专门聘请专业教师对志愿者、志愿者工作专职管理人员进行相关知识和技能培训。同时，建立志愿者培训制度，分层次、分阶段、有计划、有针对性地把志愿服务理念、志愿者权利义务及纪律、志愿服务基本技能等纳入培训，提高了党员志愿服务队伍的整体素质。

### （四）区域党建，助推全域志愿服务实效落地

和平区为了深化区域化党建向城市基层倾注大量"注意力资源"，层层压实主体责任，推动条块结合、齐抓共管，把严密的组织体系作为最大优势，以街道党工委为核心，社区党组织为基础，创新建立津塔、创新大厦等高端楼宇"大党委"和劝业场商圈"大党委"，依靠党组织强大组织力，把城市基层各类组织和群众紧紧凝聚在党组织周围，这样可以壮大充实党员志愿服务队伍。对于区域内的非公经济组织，依托"党建之友"联谊会、联席会，充分吸纳有影响、有热情的非公经济人士，定期组织"业主沙龙""发展论坛""党建课堂"等活动，实行"一对一"包保，引导他们积极参与区域的志愿服务活动。同时建立区社会组织孵化中心，结合居民需求大力培育发展社区社会组织，做到志愿服务落到实处，实现供需对接。

### （五）打造服务型党组织，深化志愿服务理念

习近平总书记在党的十九大报告中强调要推进志愿服务制度化，强化社会责任意识、规则意识、奉献意识。近年来，和平区委牢固树立以人民为中

心的发展思想，坚持把人民对美好生活的向往作为党建工作出发点和着眼点，在区、街道、社区三级建立党群服务中心，通过党群服务中心搭建平台，整合资源以推进志愿服务的开展，不断提高党组织的凝聚力与战斗力。全区各级党组织、党员面向群众提供入户慰问、结对帮扶、法律援助、义务巡诊、卫生清整、就业指导、文化义演等十大主题服务活动。牢固树立民思我想、民需我为、民困我帮、民求我应的服务理念。积极适应新时代新特点新需求，不断拓展党员志愿服务活动形式，丰富党员志愿服务活动内容，增强广大群众的获得感、幸福感。

和平区连续多年在全区不断深化"三认四百双结对"品牌服务活动，开展"进百家门、知百家情、解百家难、暖百家心"活动，组织党员下沉到社区认岗位、认穷亲、认难题，比如机关党员主动认困难群众当"亲戚"，定期进行走访慰问，帮助"穷亲"脱贫致富；街道党员普遍认领群众生活难题，从为行动不便的老人和残疾人代交电话费、水费等"小事"，到为下岗失业职工找工作、为空巢老人解决养老就餐等"大问题"，主动提供便捷服务，解决好群众的"小麻烦"，形成"一名党员一盏灯、一支队伍一面旗"。促进机关党组织和党员干部与389个基层党组织和1454名困难群众结对帮扶，促进党员干部在联系服务群众中转作风、惠民生、解难题。把问题解决情况纳入每年"民评官、民评事"系列活动和年终考核，强化结果运用，有效激发党员干部蹲点入户、服务民生的思想自觉和行动自觉。做到了解决好群众生活中遇到的"大事小情"，每年完成"微心愿"1000多个，慰问帮扶困难群众270余户，使广大党员当好"群众最近的贴心人"，群众反映"过去靠胸前的党徽看党员，现在靠身边的行动看党员"。

## 五、和平区的治理需求

社会治理是指政府、社会组织、企事业单位、社区及个人等多种主体通过平等的合作、对话、协商、沟通等方式，依法对社会事务、社会组织和社会生活进行引导和规范，最终实现公共利益最大化的过程，可以说社会治理是国家治理的基石。党的十九大报告明确提出，"打造共建共治共享的社会治理格局。加强社会治理制度建设，完善党委领导、政府负责、社会协同、公众参与、法治保障的社会治理体制，提高社会治理社会化、法治化、智能化、专业化水平"。党的十九届四中全会指出，"加强和创新社会治理，完善党委领导、政府负责、民主协商、社会协同、公众参与、法治保障、科技支撑的社会治理体系，建设人人有责、人人尽责、人人享有的社会治理共同体"，为和平区创新社会治理提出新的方向。在新时代，和平区社会治理面临着新任务、新挑战和新要求。

### （一）和平区战略发展需求

#### 1.世界级智慧中央活力区战略

党的十九大报告提出了"四个全面"战略布局和创新、协调、绿色、开放、共享五大发展理念，"四个全面"战略布局指明了社会治理未来的发展方向，有利于和平区更好地聚焦民生、专注基层；五大发展理念则是对未来的经济社会发展态势提出了新要求。和平区作为天津市的中心城区，经济、文化、教育、科技、医疗等在全市均处于领先位置。在理论指导和物质基础条件下，和平区以全力打造世界级智慧中央活力区为目标，主动融入京津冀协同发展的新形势，以"三个着力"重要要求示范区、"五个现代化天津"旗舰区、"品质和平"建设为引领，着力提升综合承载力和现代化治理水平，积极适应社会结构深刻变动、利益格局深刻调整、民生诉求全面升级、思想观念日趋多元等新变化。建设"世界级智慧中央活力区"对和平区的社会治理提出了新任务，要求和平区必须树立与新的历史时期和发展阶段相适应的工作理念，从治理的角度去思考和提出方案，提出符合和平区发展要求的治理体制和发展模式。

### 2.和平区创文创卫城区愿景

卫生城市是一个城市综合功能和文明程度的重要标志，全国文明城市称号是反映我国城市整体文明水平的综合性荣誉称号，多年来和平区坚持深入推进创文创卫工作。城市的环境直接关系到居民的生活条件水平，也代表了城市的精神面貌和形象，为了改善城市环境，和平区常年开展创建卫生城区工作，如今在全面建成小康社会的关键时期，和平区继续以创卫为抓手深入推进文明城市创建工作，创文创卫要求和平区必须注重物质文明、政治文明、精神文明与生态文明建设的协调发展，不断提升市民整体素质和城市文明程度。和平区作为中心城区之一，虽经济、教育、医疗资源丰富，但如何将它们集中有效利用，治理"大城市病"，缓解交通拥堵、改善城市环境、科学配置公共资源、加强文化建设、维护社会安定等都是和平区"双创"活动必须重视的任务。

另一方面，和平区当前正在重点推进城市精神文明建设，精神文明建设面临许多新形势新任务，精神文明建设与和平区社会治理有着密不可分的联系。对于两者而言，突出为民惠民都是任务焦点，只有主动融入群众生活密切相关的重点领域，多办好事实事，多解急事难事，才能真正让文明创建带来的成效成为社会治理的成效，真正落实到老百姓对美好生活的追求上。新时代，面对新要求，和平区志愿服务必须不断强化政策集成，提升志愿服务政策的可及性和有效性；持续开展常态服务，提升社区志愿服务的规范性和精准性；时刻跟踪时代变化，提升社区志愿服务工作的前瞻性和专业性。在建设"世界级智慧中央活力区""品质和平"中，在构建共建共治共享社会治理格局中，敢为人先，永葆社区志愿服务的活力，推动志愿服务事业同"两个一百年"奋斗目标、建设社会主义现代化国家同行。

## （二）社区发展治理需求

### 1. 社区治理能力提升需求

社区是社会治理的基层单元，但当下社区自治能力不足，管理职责有待进一步厘清。体现于两个方面，一方面是承担职责过多，社区从法律上定性为居民自治组织，而在实际工作中，出于社会管理需要，"上面千条线，下面一根针"，政府不断将行政事务转移给社区，社区承担了更多的工作任务，但缺乏相应的管理职权和完成工作、履行义务所必需的配套措施或保障，权责不对称。另一方面则是社区自身治理体系没有形成标准化制度化管理，社工队伍建设方面也缺乏完备的招募、激励反馈、保障制度等，导致社区无法有效进行自治。

这就要求和平区必须深入推进全区社会治理体制改革、街道社区体制改革，深入学习贯彻社区治理和服务标准化体系，推进街道枢纽型社会组织体系建设，明确工作职责，完善工作机制，制定工作规范，适当解放基层社区工作压力；丰富社区志愿服务内容和方式，增强社区的自我管理能力和枢纽型机构管理各社区的能力，提高社会工作者的专业能力和薪酬待遇，更好地发挥区志愿者协会的联动作用，引导居民自治，完善党委领导、政府负责、社会协同、公众参与的社会治理新格局。

### 2. 社区美化建设需求

良好的社区环境有助于提升居民的幸福感，然而部分社区由于居住的人群较复杂，难以有效管理。楼道脏乱差、小区环境不卫生等现象时有出现，单纯依靠行政力量无法真正起到整治社区环境的作用，如何积极地引导居民自治，如何引进社会各方力量的参与尤为关键。社区的美化建设除了最基础的环境治理问题外，社区的特色化建设也是近年来和平区社区发展的重要着力点。美丽社区的打造离不开对社区及社区周边的充分了解，以及对社区内外环境资源的整合，这对当前和平区的环境治理提出了更高要求，也为志愿服务推进社会治理提供了新的需求。

### 3. 社区业态建设需求

社区作为居民安居乐业的家园，应当具备由完整业态共同组成的便民服务体系，满足社区居民吃饭、购物、娱乐等日常消费需求。传统业态一般包括超市、美发店、农贸市场、药店、洗衣店、金融网点等，和平区在传统业态的配置上较完备。但是随着社会文明和科技的进步，居民对便捷快速和针对性的服务要求更高，对于社区业态建设也有了更高的要求，志愿服务成为实现供需精准对接的中间桥梁；除了传统业态外，社区又涌现出许多新业态建设的需求，随着居民业余爱好和文化生活的不断丰富，相对应的文化设施建设被提到了社区建设的议程，通过搭建志愿服务平台可以引进各种社会力量开展居民喜闻乐见的文体志愿服务活动，在满足居民文化需求的同时还可提升社区整体文化魅力。总之，新时代下社区业态建设的需求是多样化和新兴化的，和平区必须牢牢把握居民需求，结合时代热点与已有资源，不断开拓创新，打造与居民关系密切的社区业态。

## （三）居民美好生活需求

### 1. 流动人口治理需求

和平区有着大量的流动人口。如今国家的流动人口规模越来越大，跨地区流动已成为一种常态，社会流动人口的加大给社会治理带来许多新问题，和平区也面临着同样的难题，和平区下各个社区有大量的外地租客，如何去管理和帮助这些流动人口成为摆在和平区面前的一道难题，是社会治理必须要去解决的一项任务。

### 2. 老龄化社会需求

和平区 60 周岁以上的老年人已达 11 万 3 千余人，个别社区老年人已占社区人口的三分之二。随着老龄化的加剧，社会对于与养老相关的志愿服务需求越来越大。与此同时，随着时代的进步，老年人对于生活质量的需求也越来越高，所要求的志愿服务形式也越来越多样化，如互联网时代下延伸出对于智能设备学习的新需求。

### 3. 居民多元需求

党的十九大报告指出，中国特色社会主义进入新时代，我国社会主要矛盾已经转化为人民日益增长的美好生活需要和不平衡不充分的发展之间的矛盾。人民美好生活需要日益广泛，不仅对物质文化生活提出了更高要求，而且在民主、法治、公平、正义、安全、环境等方面的要求日益增长。群众的民生诉求逐步呈现多层次、多样性、个性化趋势。这要求和平区创新社会治理理念，推动社会治理重心向基层下移，充分发挥社会组织作用，实现政府治理、社会调节和居民自治良性互动。对于志愿服务而言，意味着除了传统的帮扶类型服务和文化娱乐类志愿服务以外，必须引进更为专业的社工队伍，为群众开展诸如法律咨询、管理咨询、IT 支持等更多专业性志愿服务。

总之，创造更高水平的城市美好生活是和平区居民的共同愿景。这要求和平区必须对治理方式进行不断革新，加快推进政府职能转变，创新社会治理体制机制，进一步激发社会创造活力，进一步加强社会组织建设，强化社区自我服务功能，增强社会各类主体参与社会事务和公共事务的意识，为公众提供高质量、差异化的社会公共服务，实现从政府单一主体的单向度管理，走向多元主体的协同治理，进一步增强和平区全区协同一致、共同发展的向心力与凝聚力。

## | 第二章 | **和平区志愿服务的概况**

〔**引言**〕

2019 年 1 月，总书记来到和平区朝阳里社区，对志愿者群体进行了亲切的问候并给予了充分的肯定，全国上下开始掀起强烈的志愿服务热潮。和平区志愿服务从 1988 年 13 个人自发组建的为民服务小组开始，到逐步成立社区志愿服务联合会并扩大至区级层面，2005 年区志愿者协会的成立标志着和平区志愿服务已经逐步向标准化、项目化的方向发展。30 年后的今天，全区充分调动社会积极性，11 万余人自下而上参与全域志愿服务，在历史的传承与延续中不断砥砺前行。和平模式不是起点也不是终点，要不断改革创新，引领中国志愿服务的发展。

## 一、和平区志愿服务发展历程

### （一）第一阶段：把握方向，拓展延伸（1988—1999）

20 世纪 80 年代末，随着我国改革开放的深入，单位制解体，一批单位人变为社会人，社区工作量骤然加大。然而当时社会福利与服务功能市场化水平尚低，单纯依靠政府难以完全解决新的问题和困难群体的需要。在这种情况下，为贯彻国家民政部提出的"以社区服务为重点，抓好城市保障工作"和市委、市政府"一切为了人民，一切依靠人民"的指示精神，1988 年初，和平区民政局、新兴街道办事处开展以了解居民群众急需、需要社区提供哪些服务为内容的社区服务万户居民问卷调查。新兴街道朝阳里社区居委会在问卷调查过程中发现有 13 户居民，急需他人帮助，其中军属 3 户、孤老户 4 户、残疾户 2 户、生活困难户 4 户。居委会主任宋元朴和居民董光义、陈菊福、袁效班、徐德珍、黄秀珍、封彦珍、吴秀兰、陈秀文、张翠芳、田秀英、张颖、刘荣均 13 人自发组织起为民服务小组，承包 13 户居民的生活服务。7 月，新兴街道办事处总结推广朝阳里服务小组的经验，其他居委会积极响应，相继建立服务小组，开展邻里互助活动。

1989 年 3 月 18 日，全国第一个社区服务志愿者组织——新兴街道社区服务志愿者协会成立。协会制定《章程》和管理办法，选举产生理事会，提出"上为党和政府分忧，下为居民群众解愁"的口号。同时在新兴街道 24 个居委会成立社区服务志愿者协会分会，健全志愿者组织街道、社区两级网络，志愿者会员发展到 407 人。一时间，邻里互助成为时尚，志愿服务活动在新兴街这片热土上轰轰烈烈地开展起来。同年，和平区委、区政府敏锐地捕捉到群众中的积极因素，因势利导，及时推广新兴街经验。10 月中旬，小白楼、劝业场、南营门、体育馆、解放桥、甘市路、民园、清和、东兴、兴安路、四面钟 11 个街道办事处相继成立社区服务志愿者协会，261 个居委会街道、社区也相继成立社区服务志愿者协会，志愿者迅速增到 5000 人，全区党员干部全部成为志愿者。次年，天津医科大学护理系学生，集体加入新兴街道社区服务志愿者协会，成为新兴街道第一个社区志愿服务团体会员单位，是全国最早的大学生志愿者团体。志愿者服务在千家万户，社区志愿服务活动春风般地温暖了整个和平区。

1991 年初，天津社会调查事务所对新兴街道开展社区志愿服务活动情况进行系统调查评估。调查显示：新兴街道的社区志愿服务活动在邻里互助的基础上逐步形成了比较系统的服务网络，建立社区服务中心、文化活动中心、老年人健身中心，并安装志愿知音电话；协会个人会员发展到 1100 余人，团体会员发展到 107 个；服务对象从最初的困难群体发展到包括一般居民、老军人、孤老户、残疾人、优抚对象、婴幼儿、小学生等在内的多类群体；服务项目已达 26 类；服务形式由最初的邻里互助拓展到单项服务、协同包户服务、设点服务、大型集中服务、挂牌服务等多种形式。

"楼院挂牌服务"活动由新兴街道社区志愿者协会发起，志愿者以自身楼门院居民为主要对象，以居民挂牌自报特长、邻里之间互助为基本形式，开展志愿服务活动，解决群众日常生活中的一些难题，群众有小事不出楼院就可以解决。在开展"挂牌服务"的基础上，又以楼院带小区、小区带大区为工作思路，将社区内各楼院中的先进"挂牌服务"项目与志愿者统一调配，形成由"挂牌服务"楼院联合体组成的"微型文明小区"，做到群众的一般困难不出小区，由此带动全区志愿服务活动深入发展。

连同新兴街在内的区内外 11 个街道社区服务志愿者协会先后在区民政局社团管理办公室进行登记，隔年，和平区社区服务工作委员会成立。1999年 3 月 17 日，国家民政部和中国社会工作协会在天津召开社区志愿服务活动 10 周年论证会。国家领导及市委常委领导、社会各界专家学者参加会议，从理论上与实践结合，对和平区和新兴街坚持十年开展社区志愿服务活动的基本经验、思想渊源、社会意义和发展前途进行了精辟论述，并给予充分褒奖，为之后发挥社区志愿服务优势、全面推进社区建设拉开了序幕。

## （二）第二阶段：深化服务，规范管理（1999—2009）

1999 年，区委、区政府印发《关于深化社区服务志愿者活动的意见》，提出以巩固全国"社区服务示范区"成果为目标，以拓宽社区服务领域、壮大社区服务志愿者队伍、加强社区服务硬件设施建设为重点，使社区志愿服务活动向队伍多结构、服务多层次、形式多样化、设施现代化、管理规范化、活动经常化方向发展，在巩固、提高、辐射、延伸上下功夫。从此，和平区志愿服务活动开始有条不紊地完善并逐步形成有和平特色的"和平志愿服务模式"。

### 1. 成立协会，健全网络

2005 年，区委、区政府下发《关于进一步深化社区服务志愿活动的意见》，同年 3 月 18 日，和平区社区服务志愿者协会第一次会员代表大会召开，161 名会员代表出席会议。会议通过《和平区社区服务志愿者协会章程》，选举产生 29 人成为和平区社区服务志愿者协会第一届理事会成员。和平区社区服务志愿者协会依法成立。

（1）协会组织架构

第一层次是区级社区志愿者协会。会员代表大会是最高权力机构，会员代表大会选举产生区志愿者协会理事会成员，理事会选举产生志愿者协会会长，协会秘书长由民政部门专管志愿服务的工作人员兼任。区志愿者协会负责对全区志愿服务活动以及对各协会工作的指导,协调全区志愿服务活动,评选表彰志愿服务活动先进集体和个人。

第二层次是各街道社区服务志愿者协会,街道志愿者协会会长专职分管街道辖区内志愿服务活动,受区级志愿者协会业务指导,在街道范围倡导互助互济,协调街道办事处内外部关系,实现街道统一领导下的归口管理,最大限度地动员驻区单位,实现单位现有服务能力与社区志愿服务的结合。

区、街道级志愿者协会都是在民政部正式注册的社会组织,有一定的管理要求,设有章程、理事会,围绕政府指示,由政府管理的社会组织牵头,组织开展各种大型志愿服务活动。区、街道协会由政府指定专人负责,政府工作人员不在协会担任职务。街道志愿者协会受街道工委和街道办事处领导,受区协会业务指导。除区级十大志愿服务项目之外,街道工委、街道办事处根据不同街道特色有序开展特色志愿服务。

第三层次是社区居委会设社区服务志愿者协会分会,在街道备案成立。社区分会会长由社区居民担任。居委会选举产生3名不坐班委员,分别担任志愿者协会会长、老年协会会长和残疾人协会会长。社区志愿者协会会长通过牵线搭桥,实现服务者与居民需求相结合,记录服务情况,统计服务成果,实现自我安排、自我服务、自我调节,依靠自身力量为社区居民服务。

"区—街道—社区"三级社区志愿服务者协会,使和平区志愿服务活动由早期的志愿者自发的松散组织向项目化、体系化、规模化、规范化发展。

(2)协会新格局

和平区社区服务志愿者协会是群众性志愿服务队伍,已形成"一支队伍、三个层次结构、四个服务体系、八种服务类型、八种服务形式"的新格局。

一支服务队伍是指不同阶段、不同国籍、不同信仰的志愿者共同组成志愿服务队伍；三个层次结构即区、街、社区三级志愿服务协会；四个服务体系是老年人服务体系、助残服务体系、优抚服务体系、便民利民服务体系；八个服务类型是衣、食、住、行、生、老、病、死；八种服务形式是双向互动服务、单向服务、协同包户服务、设点服务、挂牌服务、电话网络服务、特别服务。这八种服务方式，相互补充，彼此衔接，实现志愿者服务活动经常化的同时，还把每年四月第三周定为"全区社区服务志愿者奉献日"。

社区服务形式分为：无偿、低偿和有偿三种形式。对社区孤老户、军烈家属等实行无偿服务；对特困户，老、弱、残群体实行低偿服务；对社区居民开展便民利民服务项目实行有偿服务。

2009 年 6 月 19 日，区社区服务志愿者协会制定《关于全面开展志愿服务活动的实施意见》。

**2. 夯实基础，规范推动**

（1）搭建平台，健全机制

2005 年，和平区成立区志愿者协会，并通过协会《章程》，全区志愿者组织在区志愿者协会协调下开展活动，2006 年，全国第一家社区志愿服务网站——天津市和平区新兴街社区志愿服务网正式开通（http://www.tjxinxing.org）。依托和平政务网，建立和平志愿者网页，实现了群众上网点击需求，志愿者上门服务，并集中宣传报道和平区社区志愿服务活动。同时，健全的管理机制使和平区志愿服务活动逐步走向科学化、规范化、常态化。

①组织管理机制：三级协会组织分别在社团部门注册或备案，分别有规范的《章程》、成立理事会、明确工作职责、建立工作制度、实行百分考核

等基础管理，确保协会组织职能作用发挥。

②项目管理机制：将志愿服务活动项目化运作，通过调研了解群众所需，制定项目方案，明确服务内容标准，招募志愿者，签订承诺书，开展项目评估，使志愿服务活动常态化开展，规范化管理。

③党员奉献机制：通过组织开展党员"认岗""认亲""认难题"，机关干部到社区报到参加志愿服务活动等形式，为党员志愿者发挥示范作用搭建了平台。

④服务互动机制：通过建立开展"爱心银行""爱心超市"等服务形式，让"人人为我，我为人人"的理念产生良性循环，产生了 1+1>2 的效益，实现人人奉献的良性互动。

⑤整合协调机制：发挥专业志愿服务团队和各志愿者组织作用，根据群众需求将志愿服务活动内容进行整合配置，做到哪里有需要，哪里就有相应的志愿服务。

⑥志愿者培训机制：通过建立"志愿服务大讲堂"，开展岗前培训、技能培训、素质培训、志愿文化培训，提高志愿者服务意识和服务能力。

⑦激励回报机制：通过坚持每年评选表彰，通过多种方式的宣传激励，建立对优秀志愿者的关爱奖励制度，让奉献者得到回报，激发志愿者再做奉献的热情。

（2）加强管理，规范队伍

①招募注册，扩大队伍

社区志愿服务工作与时代发展同步前进。为此，和平区志愿者协会及时总结多年社区志愿服务活动的经验和发展规律，探索建立起一套反映时代特点、符合发展规律的运行管理机制，并随着时代发展，在实践中不断充实完善。2008年出台志愿者登记注册文件，完善志愿者志愿时长登记机制。

为使志愿服务理念深入人心，全区利用各种形式宣传志愿者精神，多种渠道开展志愿者招募注册活动。2006年6月，朝阳里社区依托民政部志愿者注册管理系统，在区、街道的指导下，率先开展社区志愿者注册登记工作，让广大志愿者有了"身份"归属。随着志愿服务不断深入，社区还形成了多种便民的注册模式：一是依托相关系统，由志愿者自己在网上注册登记；二是利用大型集中设点的时机，现场宣传招募，由志愿者分会集中注册；三是依托社区志愿服务站常年接待上门登记注册。社区很注重创新志愿者招募宣传形式，鼓励、动员、吸纳社区居民、在学校生、驻区单位职工积极参与志愿服务。区委、区政府将开展志愿服务活动纳入政府工作目标，提出全区党员、干部和各机关单位都应该自觉成为志愿者和志愿会员单位的要求。全区党员干部积极响应带头注册，560个机关、企业、学校、部队、街道、社区注册成为志愿者团体会员单位。

2008年，区民政局制定《和平区社区服务志愿者注册工作的实施方案》。6月6日，和平区社区服务协会组织召开"和平社区志愿者注册工作动员会"，新兴街道作为全国志愿者网上注册工作试点单位介绍经验。全区开始由区协会牵头6个街道志愿者个人和团体单位网上注册工作。

②志愿服务阵地建设

志愿服务阵地是志愿服务实体化、有形化、可持续化的重要载体。和平区大力加强志愿服务阵地建设，开设"天津V站""社区学雷锋志愿服务站""市民学校"等一系列满足解决人民群众需求的志愿服务站点，形成一批具有和平特色的志愿服务基地。

首批在滨海国际机场、铁路天津站、地铁营口道站、公交体育中心站、天津文化中心、滨海新区文化中心、和平区五大道文化旅游区和河西区人民公园设置 8 个"天津 V 站"服务岗，作为全市志愿服务站的统一形象，打造了天津志愿服务的响亮品牌。"天津 V 站"具备高起点建设、高标准要求、高水平服务、有标识、有场所、有队伍、有项目、有制度、有台账的特点。"天津 V 站"成为和平区特色示范志愿服务岗，逐步在全市公交、地铁、旅游区、公共文化场馆等地推广建设，逐渐成为津城一道靓丽的风景。志愿服务阵地的建设也如火如荼地开展起来。

2000 年，和平区普遍建立"社区志愿服务求助站"，并与"区社区求助中心"联网，建立了较为系统的线下供需对接平台。2012 年社区建立"学雷锋志愿服务站"，社区居委会主任兼任站长，依托志愿者分会招募、培训和管理志愿者，为社区公益活动和社会保障工作提供服务。在做好新注册志愿者培训的同时，经常邀请专家、学者走进社区，与志愿者探讨交流参与志愿服务的经历，为志愿者开展健康教育、计算机知识、应急救助等专业技能培训。

着眼于提高志愿服务活动组织和团队管理水平，社区还利用各类宣传文化阵地、市民学校开展志愿服务相关知识和技能培训，加强对志愿者骨干、志愿服务项目带头人的培养，带动提升团队整体服务能力、专业水平。节假日在志愿服务广场开展大型志愿服务活动，带动大批市民参与到活动中来。

### 3. 扩大范围，丰富内容

和平区志愿服务对象已由孤、老、残、病、军烈属发展为面向社区广大群众和社会，志愿服务力量也广泛来源于全体社会成员，包括并不限于退休党员、退休干部、居委会成员、退役军人、普通群众、学生、在职工作人员、人民团体等；在服务地区方面实现全覆盖。和平区志愿服务领域已由解决群众日常物质生活为主扩展到精神文化领域，以实现物质帮扶和精神文化服务并重。和平志愿服务地域已经从门楼院落、小区社区等邻里生活场域扩展到交通旅游、文化设施、广场等公共生活场域；在机制方面，志愿服务纳入各机关单位"文明城市创建"和"卫生城市创建"考核评比。志愿服务的制度设计、长远规划也融入到日常社区工作，志愿服务被纳入社区十大标准化服务内容之一；日常社区集体议事中，如社区党委会、议事协商委员会、社区成员代表大会，均把志愿服务工作纳入其中整体部署。充分发挥居民自发性和荣誉感，通过"老三送""新三送""双向服务"等8种志愿服务形式，实现了"居民有需求，志愿者有服务"志愿服务常态化。高校、中小学纷纷通过"区校联动"，建立志愿服务基地，全年常态化开展志愿服务，充分发挥志愿服务立德树人、实践育人的积极作用。

### 4. 文化熏陶，党员引领

经过30年历史和文化的积淀，志愿服务已经成为和平区市民生活的一部分。奉献精神、志愿服务意识、作为全国第一个社区社会组织发源地的荣誉感和越来越多志愿服务标兵的榜样作用，使一代又一代的和平人，生活在"有爱心学志愿者，有能力做志愿者，有条件当志愿者"的志愿服务文化氛围里。

党员在和平区志愿服务事业中一直发挥着先锋模范带头作用，朝阳里社区志愿服务协会的发起成员的核心力量是党员，在常态化志愿服务过程中的标杆人物是党员，不管是退役退休党员还是在职在任党员，党员除了个人以身作则，个人身体力行参与志愿服务外，还通过组建团队创优争先实施志愿服务。2005 年，《深化志愿服务活动实施意见》颁布，将志愿服务纳入精神文明建设，机关在职党员参与志愿服务已经成为一种规定。

2009 年，开展"迎国庆，讲文明，树新风"志愿服务活动。和平区制定《和平区关于深入开展"迎国庆讲文明树新风"活动的通知》，召开全区"迎讲树活动"部署会议，全区广大机关干部、社区群众、青少年学生和社区志愿围绕文明礼仪宣传、市容环境整治、交通秩序维护等活动开展志愿服务。全区各级志愿者组织开展"绿色家园、绿色梦想"义务植树活动、"我爱家乡的河"志愿服务行动、红十字志愿服务活动、"真情送万家志愿服务"活动等，弘扬志愿者无私奉献精神。

2010 年，开展"机关党员志愿者注册日"活动，各职能部门分别建立"法律援助志愿服务""医疗卫生志愿服务""关爱未成年人志愿服务""消防安全志愿服务""平安志愿者"等专业志愿者队伍。组织开展"爱园护绿""城市窗口""关爱空巢老人"等志愿服务活动。成立"关爱行动"推动组，摸清社区空巢老人基本情况。有针对性地招募专业志愿者队伍，为空巢老人提供生活照料、心理抚慰、应急救助、健康保健、法律援助、文体健身等多种形式的服务活动，营造全社会关爱空巢老人的氛围。以"关爱生命，文明出行"为主题，开展文明交通志愿服务活动，组织和招募 100 余名党员机关干部、600 名社区群众和 1500 名大学生成为文明交通志愿者，在南京路、曲阜道、成都道等 8 条主干道上的 25 个路口上岗执勤，倡导文明交通行为，叫响"文明之行，始于足下；文明驾驶，始于轮下"行动口号。和平区开展的文明交通志愿服务经验，得到天津市文明办，市公安局的肯定，并在召开"天津市文明交通志愿服务行动"现场会上，推广和平区经验。

## （三）第三阶段：完善标准，创新发展（2009—2019）

### 1. 规范体系，完善志愿服务活动

为进一步完善社区志愿服务体系，规范社区志愿服务管理工作，健全社区志愿服务工作机制，推动社区志愿者队伍发展，加强社区志愿服务活动经常化制度化建设，根据中央文明委《关于推进志愿服务制度化的意见》和民政部关于《中国社会服务志愿者队伍建设指导纲要（2013—2020年)》，2015年6月30日，和平区民政局下发《关于加强和平区社区志愿服务活动的指导意见》（以下简称《意见》）。

《意见》进一步梳理了和平区志愿服务活动的指导思想、工作内容以及相关要求；优化完善和平区志愿服务工作的组织结构与领导体系，促进志愿服务工作制度化发展；按照《和平区志愿服务记录管理办法》的具体要求，坚持志愿者注册、招募、记录、考核等八项制度，加强志愿者培训，推动志愿服务活动科学化、规范化、常态化。

（1）完善保障激励机制

经费保障方面，《意见》指出，和平区财政自2015年起各街道要在区财政每年划拨街道的社区活动经费中，用于社区志愿服务活动经费不低于10万元；划拨每个社区的活动经费中，用于社区志愿服务活动经费不低于3万元。对各级志愿者协会的煤、水、电、暖、网络等刚性支出实报实销。志愿服务活动经费使用要做到专款专用，严格审批制度，接受财务部门审计。

表彰激励方面，和平区出台相关政策完善志愿者的全流程管理，2012年开启了"线上记录"和"手工记录"同步"双轨"记录，这为和平区志愿者的考核激励表彰以及志愿服务正规化奠定了良好的基础。根据志愿者和志

愿服务团队参加志愿服务时间、服务质量以及社会影响力等多种因素，每年"3·5"学雷锋日命名并授牌一批星级志愿者，每两年评选表彰一批和平区优秀志愿者、优秀志愿服务团队，每五年评选表彰一批和平区志愿者奉献杯荣誉标兵，大力营造志愿服务光荣的氛围，激发更多的人加入志愿者队伍，更多的志愿者无私奉献，营造崇尚志愿服务的社会氛围。

和平区以区委区政府的名义逐年评选并表彰志愿服务先进典型，已经连续30年。近年来又开展志愿服务先进典型专项表彰，如"百颗星"。开展志愿服务激励专项活动，如"关爱老雷锋"（"看津门新变化，看津城新面貌"）。出台政策把65岁以上"老雷锋"列入政府买单居家养老服务。区委、区政府主要领导在重大节日探访慰问"老雷锋"，在"老雷锋"去世时，到家悼念敬献挽联。

（2）完善供需对接机制

线上对接方面，早在2006年开通了全国第一家社区志愿服务网站后，通过线上平台实施志愿服务的对接，并依托"和平政务网"，建立和平区志愿者网页，实现了群众上网点击需求，志愿者上门服务。随着全国志愿服务信息平台的开通和开放，2013年，社区广泛开展了志愿者网上注册、发布项目，为有意愿、能胜任的志愿者登记注册，提供实名认证、推荐审核、菜单发布、供需对接、记录兑换、互动评价、信息发布、定位搜索、留言反馈等服务，推进志愿服务供需有效对接。

线下对接方面，在社区层面，和平区利用社区各种场地设施，如学雷锋志愿服务站、残疾人之家、老年人日间照料室、儿童之家、文化活动室、市民学校、志愿服务广场建设志愿服务阵地，为普通居民开展日常生活化的志愿服务提供场所、项目、记录、信息发布、反馈等实施供需对接。在机关单位，机关党员通过志愿服务与社区党建融合，"在职党员到社区报到"，通过"三认四百双结对"项目，设立"十大先锋岗"，为党员带头、党组织凝心聚力搭建平台。在各级志愿者协会，定期开展常态化志愿服务项目以及重大节点日志愿服务项目，依据项目开展志愿者的招募组织动员，同时开展手工记录和线上记录双轨记录。

### 2.制定标准，推动志愿服务规范化

（1）志愿服务注册标准化

2013年，社区广泛开展了志愿者网上注册、发布项目，为有意愿、能胜任的志愿者登记注册，提供实名认证、推荐审核、菜单发布、供需对接、记录兑换、互动评价、信息发布、定位搜索、留言反馈等服务，推进志愿服务供需有效对接。

（2）志愿服务时间记录标准化

依法成立的志愿者协会、公益慈善类组织（包括备案的社区志愿者协会，全区各行业条口志愿者团队）等通过"全国志愿者队伍建设管理信息系统"（http://202.108.98.108/zyzmanage/）或《和平区社区志愿者奉献记录手册》《中国社区志愿者证》记录志愿者参加志愿服务的信息。采取纸质和网络记录双轨制办法，以纸质记录为依据定期向网络系统输入服务时间记录。

（3）评选表彰机制标准化

每两年评选表彰和平区优秀志愿者、志愿者标兵、志愿者荣誉标兵、区级优秀志愿者组织；每五年评选表彰和平区志愿者奉献杯荣誉标兵。评选表彰以志愿者参加服务时间和服务质量为基本条件，推荐天津市和全国优秀志愿者均从服务时间长、服务质量好的志愿者中产生。

凡志愿服务记录时间累计达到 100 小时、300 小时、600 小时、1000 小时和 1500 小时的志愿者，区民政局、区志愿者协会依次授予一星级、二星级、三星级、四星级、五星级志愿者胸牌，并在和平区志愿者网站公示各星级志愿者名单。

通过实施和平区关爱"老雷锋"行动示范项目，对服务时间达到四星级以上或荣获和平区志愿者荣誉标兵以上称号的志愿者，作为"老雷锋"开展关爱帮扶活动，对其中 65 岁以上的纳入和平区政府买单居家养老服务对象。

### 3. 扩大影响，推动品牌志愿活动项目化

（1）开展丰富多彩的志愿服务活动

坚持通过每年开展"万户居民问卷调查"活动，针对居民问卷调查中提出的需求，组织志愿者开展针对性志愿服务活动。同时围绕中心工作开展重点性志愿服务活动，在全运会期间先后举办"爱我家园，迎全运为品质和平做贡献""助力全运会，当好东道主，扮靓美丽家园"志愿服务活动，全区千余名社区志愿者分别在海河沿岸、比赛场馆、街心公园、社区里巷开展文明引导、卫生清整、捡脏护绿、擦拭公共设施、摆放共享单车等志愿服务活动；在创建国家卫生区期间，组织开展"志愿奉献，扮靓丽家园"主题志愿服务活动，多次组织卫生大清整活动，3 万多名社区志愿者参加每周一次卫生集中清整日活动，志愿者不仅带头进行自家清整，还做邻里工作进行自清自整；创建全国文明城区期间，组织开展"我参与，我奉献，做文明有礼和平人"主题志愿服务活动，广大志愿者走上街头巷里，宣传文明礼仪，制止不文明行为，坚持每月开展一次文明督导日活动，志愿者们站岗执勤，义务指路，交通维护。围绕节假日纪念日开展节点日志愿服务活动。每年春节区

志愿者协会都组织开展系列"送温暖，献爱心"志愿服务活动；每到端午、中秋、重阳等传统节日都开展各种主题志愿服务活动；每年的"3·5"学雷锋日、"3·18"和平志愿者日、"12·5"国际志愿者日都举办声势浩大的纪念、表彰、庆典或大型志愿服务广场日活动，营造了浓郁志愿服务氛围。

在社区层面广泛开展志愿服务，打造"一居一特一街一品"。社区根据自己辖区内居民的特殊需求开展志愿服务，解决老百姓生活中的实事难题。

（2）规范志愿服务形式内容，开展项目化志愿服务活动

采取把志愿服务活动按照项目设计运作，用项目管理方式推进志愿服务活动开展。通过了解居民实际需求，整合区内资源，先后组织实施了"爱心助空巢""关爱农民工""关爱流动花朵""关爱老雷锋"等10个区级志愿服务项目，街道、社区志愿服务项目千余个，均收到很好社会效益。

和平区老龄化比例较高，空巢独居老人居多，志愿者与空巢老人结成帮扶对子，通过"早看窗帘晚看灯"进行每日关照结对老人起居，做到"五访、五送、五清楚"；"关爱农民工"活动，使1000多名农民工和他们的子女受益，坚持每年春节组织开展"情系农民工兄弟，温暖在第二故乡"慰问春节坚守岗位环卫主题志愿服务活动，连续6年通过开展走进农民工子弟学校送图书、送体育用品，签订帮困助学协议。

启动新的志愿服务项目，为志愿者搭建奉献平台。2017年区志愿者协会又启动了一批新的志愿服务项目，如："佳节一家亲"志愿服务项目，每到传统节日都有主题志愿服务活动；"文化乐民"志愿服务项目，近2000名文化爱好志愿者在自娱自乐的同时，义务为群众演出，丰富社区文化生活；"爱我家园"和"关爱母亲河"志愿服务项目，通过每周两次项目志愿者捡脏护绿，擦拭公共设施，文明引导宣传，为创建美丽社区做出了贡献；"三关爱"工作室

项目，常年为群众提供免费理发、包缝、测血糖、血压、小家电维修等十余项服务。"学雷锋服务月"项目，将"3·5"学雷锋日、"3·8"妇女节、"3·12"植树节、"3·15"消费者权益日、"3·18"和平志愿者日串成系列志愿服务活动，营造学雷锋志愿服务活动高潮。各街道社区也结合实际将志愿服务活动按照项目设计运作，相继创建了"阳光助残出行""圆梦帮帮团""志愿服务广场"等1693个志愿服务项目，很好地推动了全区志愿服务活动常态化开展。

## （四）第四阶段：继往开来，开启新篇（2019年至今）

2019年1月17日，习近平总书记来到和平区朝阳里社区，走进社区志愿服务展馆，与社区志愿者们亲切交谈并为他们点赞，称赞他们是为社会做出贡献的前行着和引领者，和平区的志愿服务得到了总书记以及全国人民的肯定。

作为全国志愿服务的牵头人，和平区在保留特色与开拓创新方面都已经取得了瞩目的成就，随着总书记的到来，和平区区委、区政府调整思路，不断进取，在总结社区志愿服务模式的基础上，就如何进一步纵深发展进行了积极地探索与实践。

### 1.深化志愿服务活动内容

2019年4月，和平区举办了更多具有特色的志愿服务活动，特别是"牢记总书记嘱托志愿服务薪火相传"系列活动，取得了非常出色的效果；举办和平区社区志愿服务活动30周年纪念大会暨民政部在和平区设立"贯彻落实习近平总书记关于志愿服务重要指示工作联系点"和天津市"社区是我家，温暖你我他"专项行动启动仪式。区社会组织孵化中心在区委、区政府的大力支持下举办 2019 年度公益创投大赛，在各街道持续打造 1—2 个经典品牌项目，促进专业社会组织融入社区志愿服务，提升社区服务专业化、精准化、精细化和便利性。

### 2. 扩大志愿服务活动半径

发挥"文明先锋"宣讲团"草根式""点单式""体验式""互动式"的基层宣讲优势，组织总书记视察朝阳里社区的部分亲历者和优秀志愿者开展"新时代文明说"主题宣讲，深入街道社区、机关学校、企业楼宇开展各类宣讲 90 余次，与基层群众分享感受、畅谈体会，传达总书记重要讲话精神和重要指示要求，直接听众近万人；设立和平区社区志愿服务工作驿站，规划学雷锋志愿服务站、社区志愿服务工作研究室、社区志愿服务精神宣传室、"三关爱"志愿服务项目工作室、机关工委活动阵地和社区志愿者之家等 6 项功能，使之成为和平区社区服务志愿者协会志愿服务的活动阵地和服务窗口。

### 3. 创新志愿服务活动形式

组建市民文明志愿监督团，面向社会招募 200 名志愿者，针对公厕卫生、市容环境、窗口服务、公共秩序等创文薄弱环节开展专项监督，参与全域文明指数测评，利用"随手拍""啄木鸟""即时办"等平台即时发布，各单位同步衔接、同期整改；举办"牢记总书记嘱托　社区志愿服务三十年"——和平区慰问志愿者专场演出，组织近千名志愿者共同欣赏津味话剧《海河人家》；邀请社会各界优秀志愿者代表共同学习交流总书记致中志联第二届会员代表大会贺信精神，参观社区志愿服务展馆，重温总书记视察情景；常态化开展学雷锋志愿服务活动，以"3·5学雷锋日"，春节、清明节等传统节日为时间节点，围绕"关爱他人、关爱社会、关爱自然"开展"三关爱"志愿服务活动。

### 4.构建全域志愿服务新格局

贯彻落实习近平总书记"各级党委和政府要为志愿服务搭建更多平台，更好发挥志愿服务在社会治理中的积极作用"的重要指示要求，紧密围绕"五位一体"总体布局和"四个全面"战略布局，聚焦经济建设、政治建设、文化建设、社会建设、生态文明建设，加强志愿服务顶层设计，积极搭建制度体系、宣传交流、供需对接、团队组织、教育培训、服务保障六大平台，逐步构建全员参与、全域覆盖、全时服务、全效提升的全域志愿服务体系。

一是坚持将志愿服务同京津冀协同发展、"一带一路"建设等重大国家战略结合起来，广泛开展扶贫、环保、教育、医疗等志愿服务活动；二是坚持将志愿服务同"以人民为中心"的发展思想结合起来，持续开展"三认四百双结对""万名党员进社区"等活动，为群众提供精细化服务；三是坚持将志愿服务同推进"战区制、主官上、权下放"党建引领基层治理体制机制创新结合起来，组织志愿者开展重点巡控、矛盾化解等活动，探索志愿者、团队参与基层治理的新途径；四是坚持将志愿服务同绿色发展示范区结合起来，开展"爱我家园、扮靓母亲河""垃圾分类从我做起"等系列活动，引导广大市民清脏护绿、绿色出行、绿色生活；五是坚持将志愿服务同培育和践行社会主义核心价值观结合起来，开展文明祭扫、文明出行、大雁行动等活动，以志愿者的爱心善举，提升文明素养，营造温馨环境。

## 二、和平区志愿服务大事记

和平区志愿服务发展历程不仅谱写了近三十年来和平区社区及社会发展的脉络，更是为全国志愿服务发展贡献了许多"第一"。如全国第一个社区服务志愿者组织——新兴街道社区服务志愿者协会。天津医科大学志愿服务队，全国最早的大学生志愿者团体。全国第一家社区志愿服务网站——天津市和平区新兴街社区志愿服务网。现将和平区志愿服务大事记梳理如下：

**表 2-1 和平区志愿服务大事记梳理总结表**

| 时间 | 事　　迹 |
|------|---------|
| 1989 年 3 月 | 全国第一个社区服务志愿者组织——新兴街道社区服务志愿者协会成立 |
| 1989 年 4 月 | 和平区委、区政府敏锐地捕捉到群众中的积极因素，因势利导，及时推广新兴街经验 |
| 1990 年 | 天津医科大学护理系学生，集体加入新兴街道社区服务志愿者协会，成为新兴街道第一个社区志愿服务团体会员单位，是全国最早的大学生志愿者团体 |
| 1991 年 4 月 | 新兴街道社区志愿者协会发起，全区普遍开展志愿者"楼院挂牌服务"活动 |
| 1991 年 12 月 | 新兴街道社区服务志愿者协会及区内外 11 个街道社区服务志愿者协会先后在区民政局社团管理办公室进行协会登记 |
| 1992 年 2 月 | 25 日，和平社区服务工作委员会成立 |
| 1993 年 | 新兴街道社区服务志愿者协会形成由"挂牌服务"楼院联合体组成的"微型文明小区" |
| 1994 年 | 新兴街社区服务志愿者协会荣获全国社区志愿服务先进集体称号 |
| 1996 年 10 月 | 中共中央宣传部组织全国 13 家新闻单位记者到和平区采访社区精神文明建设的经验 |

续表

| 时间 | 事　迹 |
|---|---|
| 1997 年 1 月 | 和平区获天津市"社区服务模范区"称号 |
| 1999 年 3 月 | 国家民政部和中国社会工作协会在天津召开社区志愿服务活动 10 周年论证会 |
| 1999 年 4 月 | 区委、区政府印发《关于深化社区服务志愿者活动的意见》 |
| 2003 年 | 新兴街道办事处获评"天津市社区志愿者先进集体" |
| 2005 年 2 月 | 区委、区政府下发《关于进一步深化社区服务志愿活动的意见》 |
| 2005 年 3 月 | 和平区社区服务志愿者协会第一次会员代表大会召开 |
| 2006 年 3 月 | 全国第一家社区志愿服务网站——天津市和平区新兴街社区志愿服务网正式开通 |
| 2006 年 | 中国社工协会社区志愿者委员会确定新兴街为全国第一批志愿者注册登记管理试点单位 |
| 2008 年 | 区民政局制定《和平社区服务志愿者注册工作的实施方案》 |
| 2008 年 6 月 | 区社区服务志愿者协会组织召开"和平区社区志愿者注册工作动员会",新兴街道作为全国志愿者注册工作试点单位介绍经验 |
| 2008 年 7 月 | 在人民大会堂召开的"中国社区服务发展论坛暨表彰大会"上,和平区被授予"全国社区服务先进区" |
| 2009 年 3 月 | 国家民政部给天津市民政局发函:《民政部关于确认天津市和平区新兴街为"全国第一个社区志愿者组织发祥地"》 |
| 2009 年 3 月 | 天津市政府新闻办召开"和平社区志愿服务活动 20 周年新闻发布会" |
| 2009 年 6 月 | 区社区服务志愿者协会制定《关于全面开展志愿服务活动的实施意见》 |
| 2009 年 | 和平区劝业场街的"爱心银行"和新兴街的"居家养老"项目荣获全国志愿服务品牌项目 |
| 2010 年 | 开展"机关党员志愿者注册日"活动 |
| 2011 年 7 月 | 和平区志愿者协会关爱农民工志愿服务项目启动,志愿服务活动项目化运作模式拉开序幕 |
| 2012 年 11 月 | 民政部出台《志愿服务记录管理办法》,配套出台"全国志愿者队伍信息管理系统",确定天津市和平区为全国志愿服务记录制度试点地区 |
| 2012 年 11 月 | 召开"和平区孝亲敬老先进事迹报告会暨'爱心助空巢'志愿服务项目启动仪式" |
| 2012 年 12 月 | 举行"爱心助空巢"志愿者与结对老人认亲仪式 |

续表

| 时间 | 事　迹 |
|---|---|
| 2013 年 | "关爱老雷锋"获首届全国优秀志愿服务项目三等奖。 |
| 2013 年 1 月 | 和平区志愿者协会通过申办公益创投项目——关爱"老雷锋"行动示范项目启动 |
| 2013 年 6 月 | 为履行全国志愿服务记录制度试点地区职责，区民政局、区志愿者协会出台并推行《和平区志愿服务记录管理办法》和《和平区志愿者奉献手册》，实行双轨制记录服务时间 |
| 2013 年 12 月 | 和平区获全国社区志愿服务示范城区 |
| 2014 年 12 月 | 朝阳里社区志愿者群体被中宣部、中央文明办、中国志愿服务联合会授予"全国最美志愿者"称号 |
| 2015 年 4 月 | 和平区民政局、区志愿者协会主办的"和平志愿服务"微信公众平台上线运行 |
| 2015 年 5 月 | 和平区社区志愿服务展馆暨和平区志愿服务教育基地在全国志愿服务活动发祥地新兴街朝阳里社区落成 |
| 2015 年 6 月 | 和平区民政局制定《关于加强和平社区志愿服务活动的指导意见》 |
| 2016 年 8 月 | 在新落成的和平区社会组织孵化中心，和平区志愿者协会"三关爱"工作室志愿服务项目启动 |
| 2017 年 3 月 | 和平区"学雷锋"志愿服务月首次以项目化运作方式开展活动 |
| 2017 年 5 月 | 和平区财政局、和平民政局联合下发《关于街道志愿服务活动经费使用指导意见》，对于街道社区志愿服务工作专项经费的使用和管理做了规定 |
| 2018 年 3 月 | 天津新闻广播《公仆走进直播间》栏目，专访和平区志愿服务工作 |
| 2018 年 3 月 | 全市志愿服务活动，发布"天津 V 站"视觉形象标识，五大道文化旅游区作为首批"天津 V 站"被授牌 |
| 2018 年 3 月 | 3 月 13 日，市文明办征集历年优秀志愿者和优秀志愿服务组织骨干信息上保险。3 月 28 日，新增 100 个名额 |
| 2018 年 4 月 | 中国文明网公布，2017 年学雷锋志愿服务"四个 100"先进典型名单，其中和平区王志仁（天津市和平区新兴街朝阳里社区志愿者）上榜最美志愿者，天津市和平"爱心助空巢"志愿服务项目上榜最佳志愿服务项目 |

| 时间 | 事　迹 |
| --- | --- |
| 2018 年 9 月 | 印发和平区"文明交通　志愿和平我先行"主题活动工作方案》，组织全区机关党员干部 2000 余名马路站岗 |
| 2018 年 11 月 | 和平区图书馆、和平区文化宫、和平区少年儿童图书馆、滨江道"金街"V 站、和平区税务局、和平区行政审批服务中心、和平公证处、和平区妇女儿童保健中心、南市街庆有西里社区、劝业场街兆丰路社区、劝业场街滨西社区、五大道街福林里社区、新兴街朝阳里社区、南营门街文化村社区等 14 个志愿服务岗站入选第二批"天津 V 站" |
| 2018 年 12 月 | 和平区文化宫志愿服务岗、小白楼街树德里社区、南营门街香榭里社区、南京路社区"老军医学雷锋志愿服务队"、和平区关爱农民工志愿服务项目等 5 个先进典型被评为 2018 年天津市学雷锋志愿服务"五个 10"先进典型 |
| 2018 年 12 月 | 交管和平支队政委王泰明作为和平区文明交通优秀志愿者当选天津市"文明交通　你我同行"活动的形象代言人 |
| 2018 年 12 月 | 上线志愿和平网络服务平台及其 App |
| 2019 年 1 月 | 17 日，习近平总书记到和平区朝阳里社区考察调研，在社区志愿服务展馆和和平区 19 位志愿者代表亲切交流，并作出重要指示 |
| 2019 年 2 月 | 出台《关于强化新时代全域志愿服务，打造"志愿和平"的实施意见》，编写《新时代和平全域志愿服务发展模式研究》，探索制定《和平区志愿服务发展规划》，推动志愿服务成果转化 |
| 2019 年 3 月 | 举办"牢记嘱托志愿同行　青春奉献共促发展"活动，启动全域旅游青年志愿服务共建项目 |
| 2019 年 3 月 | 组织"牢记总书记嘱托　社区志愿服务 30 年"——和平区慰问志愿者专场演出，近千名志愿者共同欣赏津味话剧《海河人家》 |
| 2019 年 3 月 | 举办"牢记总书记嘱托，志愿服务薪火相传"——和平区社区志愿服务活动 30 周年纪念大会暨民政部在和平区设立"贯彻落实习近平总书记关于志愿服务重要指示工作联系点"和天津市"社区是我家，温暖你我他"专项行动启动仪式 |
| 2019 年 4 月 | 承办中央文明办"牢记总书记嘱托　推动志愿服务工作再上新水平"全国志愿服务工作现场会 |

| 时间 | 事 迹 |
|---|---|
| 2019 年 5 月 | 社区志愿服务工作驿站正式投入使用，驿站具备学雷锋志愿服务站、社区志愿服务工作研究室、社区志愿服务精神宣传室、"三关爱"志愿服务项目工作室、机关工委活动阵地和社区志愿者之家 6 项功能，成为社区服务志愿者协会志愿服务的活动阵地和服务窗口 |
| 2019 年 7 月 | 中宣部"核心价值观百家讲坛·走进天津和平"活动落地天津音乐厅 |
| 2019 年 7 月 | 中国志愿服务联合会第二届会员代表大会召开，继和平区学雷锋促进会当选中志联首届集体会员代表后，朝阳里社区党委书记苗苗、区社区服务志愿者协会、区劳模协会入选个人会员和集体会员并参会 |
| 2019 年 10 月 | 和平区"文明先锋"宣讲团累计开展"新时代文明说"主题宣讲活动 90 余次，探索"线上线下讲理论、微信微博开课堂"的宣讲新模式，被评为天津市基层理论宣讲先进集体 |

## 三、和平区志愿服务荣誉

30 年来，和平区社区志愿服务活动紧紧围绕党和政府的中心工作，顺应社会发展和群众的需求，成为党和政府服务群众的桥梁，成为政府管理社会和公共服务的重要补充；紧紧围绕践行社会主义核心价值观，弘扬社会正能量，成为提升居民道德素养，密切人际关系，营造和谐社会，推动全区政治、经济、社会全面发展的重要力量。

### （一）率先垂范，持续荣获国家荣誉

志愿服务活动的开展，为和平区成功创建并多次蝉联全国文明城区、全

国卫生城区、平安杯、全国和谐社区示范城区、全国志愿服务示范城区、全国社会治理创新实验区等全国性荣誉做出了贡献。和平区社区志愿服务活动先后在1996年、2004年、2015年被中宣部、中央文明办进行了三次集中宣传报道；2008年7月，在人民大会堂召开的"中国社区服务发展论坛暨表彰大会"上，和平区被授予"全国社区服务先进区"称号，志愿者服务北京奥运会、残奥会成绩突出，被党中央、国务院表彰为"北京奥运会残奥会先进集体"。2013年12月，和平区获全国社区志愿服务示范城区。

在中宣部、中央文明办、民政部、团中央等13家单位共同发起的宣传推进志愿服务"四个100"先进典型活动中，和平区"心目影院"为盲人讲解电影志愿服务主题活动荣获2015年最佳志愿服务项目，新兴街"阳光奶奶"志愿服务队、天津医科大学志愿服务团队荣获2015年最佳志愿服务组织，和平区新兴街朝阳里社区荣获2015年全国志愿服务"四个100"最佳志愿服务社区，五大道文明旅游志愿服务项目"最美风景"荣获2016年最佳志愿服务项目，南市街庆有西里社区荣获2016年全国志愿服务"四个100"最佳志愿服务社区，"爱心助空巢"志愿服务项目荣获2017年最佳志愿服务项目。

作为全国社区志愿服务组织的发祥地，和平区新兴街社区服务志愿者协会在1994年荣获"全国社区志愿服务先进集体"称号，2008、2009年分别被授予全国社区志愿者注册工作先进单位；1994年10月，国家民政部、中国社会工作者协会授予和平区新兴街道办事处"全国社区志愿服务先进集体奉献杯"奖牌，1995年，被中华人民共和国民政部授予"中国街道之星"奖牌，2003年荣获"全国志愿者先进单位"称号，2005年获"全国社区志愿者活动示范街道"称号。

和平区南市街道、体育馆街道、小白楼街道、南营门街道、新兴街道获"全国社区志愿服务示范街道"称号,新兴街街朝阳里社区、南市街庆有西里社区分别获 2016 年、2018 年全国第三批、第七批"社区学雷锋服务联络工作示范站"的光荣称号。

与此同时,和平区志愿者协会也先后被评为全国和天津市"优秀志愿服务组织",全国和天津市"先进社会组织",被天津市社会团体管理局评定为 4A 级社会组织。在 2009 年,和平区劝业场街的"爱心银行"和新兴街的"居家养老"项目荣获全国志愿服务品牌项目;2013 年"关爱老雷锋"获首届全国优秀志愿服务项目三等奖。30 年来,全区共有 24 名志愿者荣获"全国优秀志愿者"称号,34 个集体荣获"全国志愿服务先进集体"称号。

## (二)全域覆盖,市级模范不断涌现

1997 年 1 月 26 日,天津市社区服务志愿者标兵颁奖慰问大会在市人民体育馆举行,和平区获"社区服务模范区"称号。2003 年,新兴街道办事处获评"天津市社区志愿者先进集体"。2008 年 11 月,和平区社区服务志愿者协会被天津市民政局评为"天津市先进社会团体",栗岩奇、张家兰、何家平获评"天津市优秀志愿者",王一智荣获"区志愿者标兵""天津好人"等荣誉称号。

30 年来,和平共有 81 名志愿者荣获"天津市优秀志愿者",44 个集体荣获"天津市志愿服务先进集体"称号。新兴街先后荣获"治安先进集体""优秀志愿服务社区"等荣誉称号,社区党委书记张凯玲同志荣获"全国社区先进工作者"称号;天津医科大学青年志愿服务队、五大道街福林里社区志愿服务队、和平区平安志愿者支队等获评"天津市优秀志愿服务团队","爱洒回家路"老年人二维码腕带项目、和平区"心目影院"志愿服务项目等获评"天津市优秀志愿服务项目",除此之外,和平区南京路社区老军医学雷锋志愿服务队获评"天津市'五个10'优秀志愿服务团队",和平区南营门街香榭里社区、小白楼街树德里社区获评"天津市'五个10'优秀志愿服务社区"的荣誉称号。

### (三)顶层引领,国家领导肯定赞誉

2019年1月17日,习近平总书记到和平区朝阳里社区考察调研,在社区志愿服务展馆和19位志愿者代表亲切交流,并作出重要指示。总书记嘱咐:志愿者是现代化管理事业的一个重要方面,志愿者在整个社会上培养的这种爱心是社会主义核心价值最核心的东西。你们是这种贡献的前行者、引领者,为你们点赞!总书记强调,志愿服务是社会文明进步的重要标志,是广大志愿者奉献爱心的重要渠道。各级党委和政府要为志愿服务搭建更多平台,更好发挥志愿服务在社会治理中的积极作用。总书记对志愿服务的高度重视和对广大志愿者的关怀厚爱和殷殷嘱托,令在场人员倍感温暖,深受鼓舞。和平区把总书记的亲切关怀厚爱转化为强大的政治定力、精神动力、工作动力,进一步强化志愿服务在全域创建文明城市和维护全区改革发展稳定等各项工作的突出作用,不断提升城区整体文明素质和社会治理水平。

| 第三章 | **和平区志愿服务的发展现状**

〔引言〕

和平区志愿服务发展离不开政策上的支持，区委、区政府印发的《关于深化社区服务志愿者活动的意见》《关于进一步深化社区服务志愿者活动的意见》发挥了重要的引导作用。在政策的支持及推动下，和平区志愿者、志愿服务团队及志愿服务项目数量均实现了不同程度上的增长。截至 2019 年 11 月，和平区注册志愿者总数已达到 115830 人，占和平区常住人口的 33.03％，注册志愿服务团队数量达 665 个，注册志愿服务项目已经达到了 2229 个，并在区、街道、社区建立了三级社区服务志愿者协会，和平区志愿服务日益制度化、常态化。

## 一、和平区志愿服务的政策法律环境

和平区志愿服务的广泛开展离不开和平区各类政策的支持。多年来，和平区区委、区政府高度重视志愿服务，出台相关文件加强规范管理，使志愿服务薪火相传，生生不息，逐步实现规范化、常态化、制度化。

## （一）章程类

章程，是组织、社团经特定程序制定的关于组织规程和办事规则的规范性文书，是一种根本性的规章制度。组织章程是该组织的最高准则，具有纲领的性质，属下所有组织和成员都得承认、遵守。和平区志愿者协会为了构建完善的组织机制，经和平区志愿者第一次会员代表大会，选举产生了和平区社区服务志愿者协会第一届理事会，并通过了《和平区志愿者协会章程》、明确工作职责、监管制度、考核规则，确保协会组织职能，规定全区社区志愿者组织均要在区志愿者协会组织协调下开展活动。除了区志愿者协会，和平区内的各个街道也均制定了自己的协会章程，比如和平区南营门街道通过了《和平区南营门街道志愿者协会章程》指导志愿服务工作有序进行。

### 天津市和平区南营门街道志愿者协会章程（摘录）

#### 第一章 总 则

第一条 本团体的名称是天津市和平区南营门街道志愿者协会。

第二条 本团体的性质是由和平区南营门街道单位和个人自愿结成的联合性、非盈利性的社会组织。

第三条 本团体的宗旨是坚持以邓小平理论和"三个代表"重要思想为指导，认真学习贯彻党的十七大精神，全面落实以人为本的科学发展观，坚持正确的政治方向，坚持一切从实际出发，坚持与时俱进，奉行奉献、友爱、互助、进步的准则，遵守社会主义道德风尚。

第四条　本团体的登记机关是和平区社团登记管理机关。本协会接受和平区南营门街道办事处的业务指导，是和平区志愿者协会的团体会员单位。

第五条　本团体的住所地天津市和平区贵阳路吉利花园 A 座。

第二章　加强党的建设

第六条　本团体按照《中国共产党章程》及有关规定建立党的组织或接受上级党组织派遣党建工作指导员。

第七条　本团体党组织要积极发挥政治引领、先锋模范、监督管理和规范行为的主导作用，保障社会组织健康发展。

第八条　本团体党组织按照《中国共产党章程》和有关规定开展组织活动，按期进行换届选举。

第九条　本团体党组织要在本单位的诚信自律、反腐倡廉建设中发挥积极作用。

第十条　本团体党组织必须严格执行和维护党的纪律，党员必须自觉接受党的纪律约束，接受上级党组织的考评。

第三章　业务范围

……

## （二）意见类

意见是上级领导机关对下级机关部署工作，指导工作原则、步骤和方法的一种文体。意见指导性强，有时是针对当时带有普遍性问题发布，有时是针对局部性问题而发布，意见往往在特定的时间内发生效力。1999年4月5日，区委、区政府印发《关于深化社区服务志愿者活动的意见》。提出以巩固全国"社区服务示范区"成果为目标，以拓宽社区服务领域，壮大社区志愿者队伍，加强社区硬件设施建设为重点，使社区志愿服务向队伍多结构、服务多层次、形式多样化、设施现代化、管理规范化、活动经常化方向发展，在巩固、提高、辐射、延伸上下功夫。2005年2月，区委、区政府下发《关于进一步深化社区服务志愿者活动的意见》，从社区志愿服务活动的意义、指导思想、基本原则、指导力度、组织建设、制度建设、机制建设、宣传力度等方面对新形势下完善社区志愿服务的内容与机制提出了要求。2009年6月，和平区社区服务志愿者协会下发了和平区《关于全面开展志愿服务活动的实施意见》。《意见》指出全面开展志愿服务活动的重要意义，并提出开展志愿服务活动，建立志愿服务体制机制，大力营造志愿者光荣的浓厚氛围的相关要求。2015年6月，和平区民政局制定《关于加强和平区社区志愿服务活动的指导意见》。《意见》对社区志愿服务建立组织、完善制度、划定场所、经费保障、活动内容、评比表彰等方面做出了规定。2017年5月，和平区财政局、民政局联合下发《关于街道志愿服务活动经费使用指导意见》，对于街道社区志愿服务工作专项经费的使用和管理做了规定。

## 关于加强和平区社区志愿服务活动的指导意见（摘录）

为进一步完善社区志愿服务体系，规范社区志愿服务管理工作，健全社区志愿服务工作机制，推动社区志愿者队伍发展，加强社区志愿服务活动经常化制度化建设，根据中央文明委《关于推进志愿服务制度化的意见》和民政部关于《中国社会服务志愿者队伍建设指导纲要（2013—2020年）》的精神，结合和平区实际，现提出如下指导意见。

一、指导思想

以党的十八大、十八届三中、四中全会精神为指导，深入学习贯彻落实习总书记系列讲话精神，积极培育和践行社会主义核心价值观，大力弘扬志愿者精神，营造"我为人人、人人为我"的社会风尚，通过社区志愿服务活动推进和谐社区、美丽社区建设。

二、工作内容

（一）建立组织。区、街成立志愿者协会，并在区社团办注册；社区成立社区服务志愿者分会，并在所属街道备案。各志愿者协会要建有《章程》，设有会长、秘书长，协会理事会。会长、秘书长经理事会选举产生，会长由非在职人员担任；区协会秘书长由区民政局干部担任；街道协会秘书长由民政科干部担任；社区分会秘书长由社区分管民政工作的副主任担任。

（二）完善制度。按照《和平区志愿服务记录管理办法》的具体要求，坚持志愿者注册管理制度、志愿者招募制度、志愿服务记录制度、志愿者协会理事会制度、工作例会制度、评比考核制度、信息报送制度、档案管理制度，健全志愿服务记录查询和证明机制，推动志愿服务活动科学化、规范化、常态化。坚持培训与服务并重的原则，根据志愿服务项目的要求，加强志愿者相关知识和技能培训，不断提高服务意识、服务能力和服务水平。

（三）划定场所。各街道要把社区志愿服务设施建设纳入社区综合服务设施提升改造总体计划之中，确保志愿服务办公有用房，活动有场地。每名志愿者协会在职工作人员配有专用电脑并能连接互联网，确保志愿者注册和服务时间记录工作开展。

（四）经费保障。各街道在区财政每年划拨街道的社区活动经费中，要用于社区志愿服务活动经费不低于10万元；划拨每个社区的活动经费中，用于社区志愿服务活动经费不低于3万元。对各级志愿者协会的煤、水、电、暖、网络等刚性支出实报实销。志愿服务活动经费使用要做到专款专用，严格审批制度，接受财务部门审计。

（五）活动内容。区、街道、社区三级志愿者组织要积极发动广大志愿者和志愿服务团队围绕中心工作和群众需求，开展各种便民利民、邻里守望、帮困助残、助老敬老、关爱弱势群体等社区志愿服务活动，引导居民积极参加美丽社区、和谐社区、清洁社区建设工作。

1. 坚持常态化组织开展志愿服务活动。各街道、社区要发挥志愿者……

## （三）通知类

通知，是向特定对象告知或转达有关事项或文件，让对象知道或执行的公文。2015年6月，和平区民政局下发了《关于印发〈关于加强和平区社区志愿服务活动的指导意见〉的通知》，加快了对和平区志愿服务指导工作的进度。2017 年，为了贯彻落实《关于街道志愿服务活动经费使用指导意见》，和平区民政局和财政局下发了《关于印发〈街道志愿服务活动经费使用指导意见〉的通知》。和平区城市管理综合执法局发布了《关于印发〈成立和平区城管文明督导队伍实施方案〉的通知》来保证督促区内城管文明督导队伍的建立。

## 关于推进社区志愿服务制度化工作的通知（摘录）

区各有关单位：

为贯彻落实中央文明办和市、区文明委关于推进志愿服务制度化的有关精神，进一步推动全区社区志愿服务活动制度化建设，促进学雷锋活动常态化，依据中央文明办《社区志愿服务方案》、区文明委《关于推进志愿服务制度化的实施方案》，现将推进社区志愿服务制度化工作的有关事宜通知如下：

一、推进社区志愿服务制度化的总体思路

二、社区志愿服务活动组织工作流程

1.采集需求，设计项目。坚持以需求为导向，组织社区工作人员、楼门长到空巢老人、农民工、残疾人、困难职工等群众家中，了解他们的志愿服务需求，并以此为依据，建立服务需求数据库，有针对性地设计志愿服务活动项目，为社区居民关爱他人、奉献社会搭建平台。

2.发布信息，招募注册。志愿服务活动项目确定后，社区及时发布招募信息，明确志愿服务所需的条件和要求，吸纳社区居民报名参加。由社区审核后予以登记注册，并发放《志愿者证》。同时，依托和平志愿服务网、天津志愿者平台，为注册志愿者建立统一的登记注册平台。登记注册时，由居民提供个人基本信息，包括姓名、性别、年龄、身份证号、服务技能、服务时间和联系方式。各类社区志愿服务队伍到所属社区志愿服务站（社区志愿者分会）进行登记注册，明确具体服务项目和队伍负责人。

3. 组织培训，加强管理。

4. 开展活动，提供服务。

5. 做好记录，建立台账。

6. 嘉许激励，开展回馈……

## （四）制度类

制度是指一个系统或单位制定的要求下属全体成员共同遵守的办事规程或行动准则。制度可使某个团体或单位的所有成员共同遵守某些办事规程和行动准则，从而为完成任务或目标提供保证。

为了扩大志愿服务的覆盖面，提升志愿服务的组织性与专业性，2013年6月为履行全国志愿服务记录制度试点地区职责，区民政局、区志愿者协会出台并推行《和平区志愿服务记录管理办法》和《和平区志愿者奉献手册》，实行双轨制记录服务时间。和平区新兴街道志愿者协会出台了《社区服务志愿者协会工作管理办法》，保证街道下属各社区志愿服务活动的组织性和正规性。2017年7月和平区文化宫出台了志愿服务队机制说明、注册培训、组织协调、考核管理、活动运行、服务记录、回馈激励等一系列制度文件，这系列文件保证了和平区文化志愿服务的规范性与专业性，也让和平区的创文创卫工作在全国大放异彩。

## 天津市和平区志愿服务记录管理办法（摘录）

### 第一章　总　则

第一条　为了规范和促进和平区志愿服务工作，完善社会志愿服务体系，落实民政部关于开展志愿服务记录制度试点工作的要求，根据民政部《志愿服务记录办法》制定本办法。

第二条　本办法所称志愿服务组织、志愿者是指在我区注册登记或备案，不以物质报酬为目的，利用自己的时间、技能等资源，自愿为社会和他人提供服务和帮助的社会组织和自然人。

本办法所指的注册志愿者是指按照规定的程序，在《全国志愿者队伍建设管理信息系统》注册登记、参加服务活动的志愿者。

志愿服务是指不以获取报酬为目的，自愿奉献时间和智力、体力、技能等为他人和社会提供服务和帮助的公益行为。

第三条　本办法所称志愿服务记录，是指依法成立的志愿者协会、公益慈善类组织（包括备案的社区志愿者协会，全区各行业条口志愿者团队）等通过《全国志愿者队伍建设管理信息系统》（http://202.108.98.108/zyzmanage/）或《和平区社区志愿者奉献记录手册》《中国社区志愿者证》记录志愿者参加志愿服务的信息。采取纸质和网络记录双轨制办法……

## 二、和平区志愿服务组织发展现状

志愿服务组织是志愿服务的重要主体，是供需双方有效对接的主要平台，是汇聚社会资源、传递社会关爱、弘扬社会正气的重要载体，是形成向上向善、诚信互助社会风尚的重要力量。2016 年，中共中央宣传部、中央文明办、民政部、教育部、财政部、全国总工会、共青团中央、全国妇联印发《关于支持和发展志愿服务组织的意见》，要求到 2020 年，基本建成与经济社会发展相适应，布局合理、管理规范、服务完善、充满活力的志愿服务组织体系。在和平区委、区政府的孵化、培育、促进和支持下，和平区志愿服务组织不断涌现，这对促进志愿服务活动广泛开展，推进精神文明建设、推动社会治理创新、维护社会和谐稳定发挥了重要作用。

### （一）志愿服务组织规模不断壮大

近年来，和平区志愿服务组织发展规模不断扩大。截至 2019 年 11 月，和平区已注册的志愿服务团队数量达到了 665 个，相比于 2017 年 550 个同比增长了 21%（见图 3-1）。

### （二）志愿服务组织管理体系日益完善

20 世纪 80 年代末，新兴街建立全国第一个社区服务志愿者协会后，区

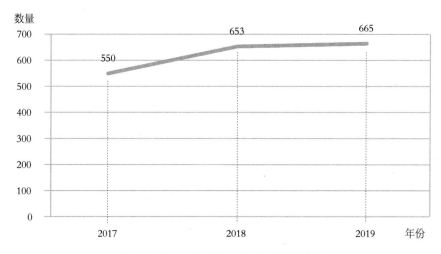

图 3-1　和平区志愿服务组织数量近三年对比图

委、区政府及时总结经验，迅速建立了区、街道、社区三级社区服务志愿者协会管理体系，助其组织化、规范化发展。同时整合医疗、教育、卫生等部门资源，建立专项学雷锋志愿服务队，设立志愿服务站，最终形成三级志愿者协会组织协调、学雷锋服务站常年设点、志愿服务队开展专项服务覆盖全区的志愿者组织网络。

为了更好地打造和管理志愿服务组织，和平区还成立了社会组织孵化中心，通过平台进一步推进志愿服务活动开展。孵化中心采用壳内壳外并进、区街两级互动的孵化模式，为入驻的社会组织提供孵化、提升、督导等服务。至今和平社会组织孵化中心已经成功孵化了蓝天救援队，霞霞公益组织、同行公益工作坊、"三关爱"工作室、良友心灵驿站等优秀的志愿服务组织。

## （三）社区志愿服务组织成为中坚力量

和平区的志愿服务起源于社区，亦扎根于社区，自新兴街建立第一个志愿者协会开始，全区所有的街道社区都成立了志愿者协会。和平区将志愿服务活动和基层社区治理深深融合在了一起，各社区根据自身实际情况成立了多种职能的志愿服务组织，和平区有六个街道，每个街道的各个社区都拥有自己特色的志愿服务团队和志愿服务项目。如南市街庆有西里小区以楼栋党支部带头开展志愿服务活动，每一个楼门就是一个志愿服务组织。小白楼街树德里社区则建立了和平区首个社区心理咨询服务站——树德里社区"心家园"心理咨询服务站，为社区提供心理知识普及和心理健康辅导。劝业场街滨西社区建立"爱心银行"，与其他银行不同，爱心银行存取的并不是钱而是储户奉献社会、服务他人的风险记录。

## （四）民间志愿服务组织逐渐专业化和规范化

和平区是社区志愿服务的发祥地，其特点便是群众自下而上自发形成，因此民间志愿服务组织一直是区志愿服务活动的主力军。在和平区政府的引导、支持和孵化下，民间志愿服务组织不断专业化、规范化，志愿服务工作由群众自发开展逐步演变成由组织引导有序开展。如天津市和众社会工作服务中心，主要服务老年人群体，在社会组织孵化中心的指导下，以社工多专业融合的方式，促进社工专业的服务进步，推动三社联动向四社联动、五社联动的发展。另一方面，大多数民间志愿者组织中，不论是管理者还是项目实施人员，多是兼职人员，志愿者秉承"奉献、友爱、互助、进步"的志愿精神，发扬无私和互助的特性。如"学雷锋爱乐团"团长陈杰长期从事学雷锋志愿服务活动，完全靠着自身热情，将近十年，以学雷锋为载体，进学校、进养老院、进机关、进军队开展雷锋讲堂等学雷锋志愿服务项目。

和平区政府、区委对志愿服务工作给予了高度重视，每年都会按照一定规定对街道、社区、正式注册的志愿服务组织和部分的品牌志愿服务项目进行资金支持，每年每个街道 15 万元，每个社区 5 万元，再比如和平区发起的 10 个区级项目，已经得到了大约 200 万元的资金支持，"老雷锋"项目申请公益创投后区里每年会拨款 20 万元。入驻孵化中心的民间志愿服务组织的资金来源多重化，含政府补贴、社会嵌入式微型机构的服务收入、企业以及基金会的服务收费。也有很多未入驻孵化中心的民间志愿服务组织无项目资金支持，依靠志愿者自筹资金维持运作的。

## （五）志愿服务组织类型不断多元化

和平区紧紧围绕党和政府中心工作和群众所需所盼，不断创新志愿服务组织注册、备案制度，鼓励政府机关、群团组织、企事业单位、其他社会组织和基层群众性自治组织围绕养老、助残、助医、助学、治安、救灾、环保、文艺演出、学雷锋系列等重点领域成立志愿服务组织，志愿服务组织类型呈多元化发展。和平区积极推进党员志愿服务、医院志愿服务、老年志愿服务、学生志愿服务、助残志愿服务、文化志愿服务发展，努力打造志愿服务品牌项目。同时围绕图书馆、文化旅游景点、博物馆等公共文化设施机构组建志愿服务队伍，开展志愿服务活动。更进一步搭建平台，通过平台定期举办志愿服务论坛和沙龙活动，扩大志愿服务组织之间的交流合作，总结提炼志愿服务经验，在全区乃至全市进行推广。

以志愿者来源为标准，志愿服务组织可以分为学校志愿服务组织、医院志愿服务组织、党员志愿服务组织、综治志愿服务组织、企业志愿服务组织、文化志愿服务组织和退役军人志愿服务组织等。

表 3-1　和平区志愿服务组织类型举例

| 分类标准 | 类别名称 | 代表组织 |
|---|---|---|
| 志愿者来源 | 学校志愿服务组织 | 天津市第五十五中学"朝阳公益"社团 |
| | 医院志愿服务组织 | 口腔健康直通车志愿服务队 |
| | 党员志愿服务组织 | 兆丰路社区党员志愿服务小分队 |
| | 综治志愿服务组织 | 平安志愿者服务队 |
| | 企业志愿服务组织 | 乐聆智慧养老服务有限公司 |
| | 文化志愿服务组织 | "新时代"和平文艺小分队 |
| | 残疾人志愿服务组织 | "爱在身边"残疾人志愿服务小分队 |
| | 专业机构志愿服务组织 | 蓝天救援队 |
| | 退役军人志愿服务组织 | 南市街两参退役军人志愿服务队 |

## 三、和平区志愿者发展现状

根据"全国志愿服务信息系统"信息平台数据及和平区相关统计数据，从总体情况来看，和平区志愿服务规模不断扩大，志愿者的活跃度较高，星级志愿者逐渐增多；从志愿者构成来看，志愿者性别分布均衡，其中青壮年及老年占比较大。

## （一）和平区志愿服务总体情况

### 1. 志愿服务规模不断扩大

近年来，和平区志愿服务发展规模不断扩大。据统计，截至2019年11月，和平区注册志愿者总数已达到115830人，占和平区常住人口的33.03%，实名认证志愿者总数112509人。注册志愿者团队共有665个，注册志愿服务项目共有2229个，志愿服务时长达1224万小时（见表3-2）。

表3-2 和平区志愿服务规模

| | |
|---|---|
| 注册志愿者总人数 | 115830人 |
| 实名认证志愿者总数 | 112509人 |
| 注册志愿者团队 | 665个 |
| 注册志愿服务项目 | 2229个 |
| 志愿服务时长 | 1224万小时 |

### 2. 星级志愿者逐渐增多

截至2019年11月，在"志愿和平"系统登记注册的志愿者中有1770名达到"五星志愿者"认定时数；1663名达到"四星志愿者"认定时数；3727名达到"三星志愿者"认定时数；8442名达到"二星志愿者"认定时数，达到"一星志愿者"认定时数的最多，为20459名（见表3-3）。

表3-3 和平区星级志愿者数量分布

| 星级等级 | 划分标准（单位：小时） | 人数（单位：人） |
|---|---|---|
| 一星 | 10 ≤时长 <300 | 20459 |

| 星级等级 | 划分标准（单位：小时） | 人数（单位：人） |
|---|---|---|
| 二星 | 300 ≤时长 <600 | 8442 |
| 三星 | 600 ≤时长 <1000 | 3727 |
| 四星 | 1000 ≤时长 <1500 | 1663 |
| 五星 | 时长≥ 1500 | 1770 |

## （二）和平区志愿者构成分析

### 1. 志愿者性别比例较均衡

和平区注册志愿者性别比例较为均衡。其中，女性志愿者占 53.11%；男性志愿者占 46.89%；女性志愿者所占比例略大（见图 3-2）。

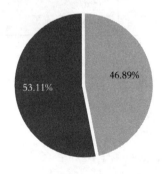

■ 男性　■ 女性

图 3-2　和平区注册志愿者性别分布

### 2. 志愿者年龄中青壮年及老年占比较大

目前，和平区注册志愿者各个年龄层都有分布，截至 2019 年 11 月，6—18 岁志愿者占比为 2.37%，19—45 岁志愿者占比最高达到 49.38%，46—60 岁志愿者占比为 18.63%，60 岁及以上志愿者占比为 29.61%（见图 3-3）。

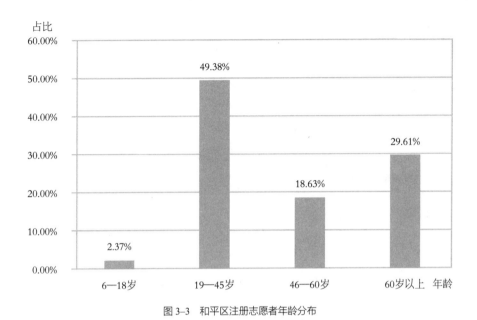

图 3-3 和平区注册志愿者年龄分布

整体上来看，青壮年和老年人志愿者人数最多，其次是中年人，未成年人也积极加入志愿者队伍，但人数较少。

### 3.志愿者学历高中及以下占比最高

在填写了受教育程度的注册志愿者中，高中中专及以下的有 26347 人，占到 52.1%，；本科有 16318 人，占 31.8%；硕士有 1792 人，占 3.5%；最高学历博士有 175 人，占 0.3%，其他 6639 人（见图 3-4）。

### 4.志愿者服务领域以社区服务为主

目前，和平区注册志愿者服务领域和来源广泛，其中社区志愿者 82293 人，占比最高，为 73.14%。部分领域如文明志愿者、文化志愿者、青年志愿者、助残志愿者、教育志愿者，人数介于 1000 人至 6000 人之间，占比适

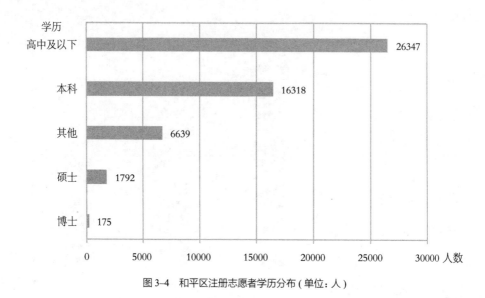

图 3-4　和平区注册志愿者学历分布（单位：人）

中，分别为 5.41%、3.75%、3.1%、1.43%、1.21%。其他领域如医疗志愿
者、巾帼志愿者、消防志愿者、红十字志愿者、扶贫济困志愿者；人数均低

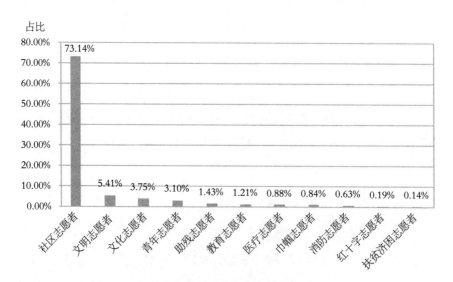

图 3-5　和平区部分服务领域志愿者分布

于 1000 人，占比均低于 1%，规模较小（见图 3-5）。

### 5. 志愿者从业状况以离退休人员及在校学生为主

在已填写从业状况的注册志愿者中，三类人员最多，分别为退（离）休人员 11674 人，职员 11462 人，在校学生 9547 人。工人、专业技术人员、国家公务员（含参照、依照公务员管理）人数均为 1000 人左右。其他如老师、自由职业者、现役军人、个体经营者，人数较少，占比较低（见图 3-6）。

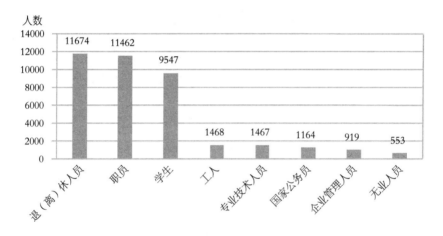

图 3-6　和平区部分志愿者从业状况分布（单位：人）

### （三）和平区志愿服务街道分布

和平区有 6 个街道，分别是新兴街、五大道街、小白楼街、南市街、南营门街和劝业场街。所有街道共有常住人口 35.07 万人，注册志愿者 115830 人，注册志愿者占常住人口的 33.03%。在 6 个街道中，新兴街街道注册志愿者人数最多，为 20339 人；小白楼街道注册志愿者人数最少，为 9310 人（见图 3-7）。

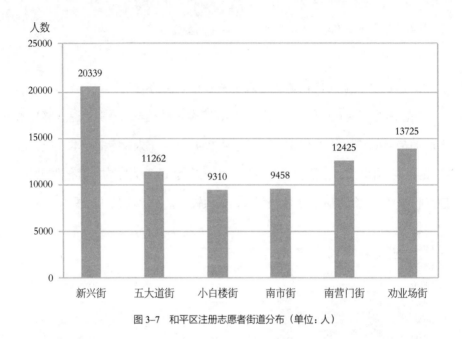

图 3-7　和平区注册志愿者街道分布（单位：人）

## 四、和平区志愿服务项目发展现状

　　和平区广泛动员志愿者力量，积极开发形式多样的志愿服务项目，进一步完善志愿服务项目开发机制，实现志愿服务供需对接。围绕养老助老、扶贫、助残、保护环境、心理咨询、文化艺术等，积极开发了一批优秀的志愿服务项目和主题活动。这些项目在创新社会治理、精神文明建设等方面发挥了积极作用。和平区是全国社区志愿者组织发祥地，至今和平区开展志愿服务活动已经有 30 年历程，注册志愿服务项目不断增加。除了项目、数量上的增长，和平区志愿服务项目的发展还具有以下特点：

## （一）依托区志愿者协会开展志愿服务项目

### 1.围绕中心工作开展重点志愿服务项目

和平区志愿服务项目紧紧围绕区中心工作，并依托区志愿者协会开展。如2018年，区政府部署开展创建全国健康城区和推广生活垃圾分类工作，区志愿者协会积极组织社区志愿者开展"从我做起，倡导环保绿色生活，带头做好垃圾分类"志愿服务活动，聘请环保组织开展"爱我家园—绿色种子，环保及垃圾分类培训"和"垃圾换绿色种子"志愿服务活动，普及了垃圾分类知识，提高了志愿者环保意识，推动了政府工作的实施。

在迎接第十三届全运会和全运会期间，区志愿者协会分别以"扮靓美丽家园，迎全运为品质和平做贡献"和"助力全运会，当好东道主，扮靓美丽家园"为主题，先后两次组织大型现场志愿服务活动。全区千名志愿者积极响应，活动期间，在街心公园、居民小区、海河沿岸、居民晨练场地到处可以看到身着和平志愿者蓝体恤的志愿者在捡脏护绿、擦拭公共设施、摆放共享单车、文明督导、义务指路、文明祭扫、站岗执勤，群众称之为"和平志愿蓝，扮靓全运会"。期间，和平志愿者累计参加志愿服务五千余人次，记录志愿服务时间五万小时。

为响应市委、市政府"共建美丽天津一号工程"号召，区志愿者协会以"共建清洁社区志愿者在行动"为主题，与区文明办一同成立99支志愿服务队，在学雷锋日、公共文明引导日和各种纪念日多次组织开展大型清整公共设施、楼道巷里、爱园护绿志愿服务活动，推动了和平区创建清洁社区、美丽社区活动开展。与此同时，在和平区创建国家卫生城区、全国文明城区活动中，区志愿者协会组织开展相关志愿者主题活动，助推和平区创建国家卫生城区，为和平区成功创建全国文明城区并保持五连冠做出了积极的贡献。

### 2. 围绕节点日开展志愿服务项目

传统佳节是弘扬中华文化，传承民族传统，凝聚党心民心的时刻，也是志愿者关爱他人，营造欢乐和谐氛围的时机。和平区志愿者协会充分利用传统节日、重要节点日设计开展不同主题志愿服务活动，为志愿者搭建服务群众的平台。

每年元旦过后，都会举行"关爱启新程 志愿送温暖——和平区志愿服务项目暨'两节'送温暖志愿服务活动启动仪式"，全区数千余名志愿者广泛开展为群众送温暖、献爱心志愿服务活动。每年的"3·5"学雷锋日、"3·18"和平志愿者日、"12·5"国际志愿者日和平区都会举办声势浩大的纪念、表彰、庆典或大型志愿服务广场日活动，营造浓郁的志愿服务氛围。每到端午、中秋、重阳等传统节日，区志愿者协会都设计开展"端午粽香情""志愿庆团圆""重阳献爱心"等系列主题志愿服务活动。

### 3. 项目化服务

和平区志愿者协会用项目管理方式推进志愿服务活动开展。先后组织实施了和平区志愿者协会"爱心助空巢"志愿服务项目、关爱"老雷锋"行动项目、关爱农民工志愿服务项目、关爱"流动花朵"志愿服务项目、"爱我家园""扮靓母亲河"志愿服务项目、"佳节一家亲"志愿服务项目、"文化乐民"志愿服务项目、"三关爱"工作室志愿服务项目、学雷锋服务月志愿服务项目共计 10 个区级志愿服务项目。和平区全区注册的志愿服务项目数量不断增加，截至 2019 年 11 月，街道、社区志愿服务项目已有 2229 个，均收到很好社会效益。

### 4.整合社会资源开展志愿服务项目

全区各级文明单位广泛发动，引导干部职工注册成为志愿者，普遍成立学雷锋志愿服务队，开展多种形式的志愿服务活动。区委、区志愿者协会还积极引导辖区医院、退役军人、学校、企事业单位参与志愿服务，如天津外国语大学、天津工业大学、天津理工大学等纷纷成立青年志愿者协会，天津市出租汽车行业、天津金耀集团、天津港物流发展公司等陆续成立志愿者服务站或志愿服务队。同时鼓励各职能部门，如司法局、卫健委、文化和旅游局根据特色开展相应服务。先后启动全域旅游青年志愿服务共建项目、"法援出征"法律咨询志愿服务活动、"智慧新悦读　志愿传书香"文化志愿服务活动等。

## （二）依托团区委开展志愿服务项目

### 1."区校共建"志愿服务工作

重点依托天津医科大学、天津外国语大学两所高校，加强校地青年志愿服务交流共融，着力为青年志愿者服务地方中心工作、参与区域社会治理、开展社会实践锻炼、提升自身能力素质搭建广阔平台。2017 年 9 月，团区委与两所高校联合举办了"校地携手志愿同行，青春共建'品质和平'"——2017 年和平区、天津医科大学、天津外国语大学共青团"双服务"签约仪式，分别签订了健康城市、全域旅游志愿服务合作共建协议，努力实现"服务区域经济社会发展，服务大学生社会实践"的互动双赢局面。2018 年 12 月，团区委联合天津医科大学团委共同举办了和平区健康城市青年志愿服务天津医科大学社会实践基地合作共建项目启动仪式，在和平区各街道、社区，住建委和城管委下属单位，教育、卫生和养老机构等单位建立 100 家青年志愿服务社会实践基地，并组织 100 家实践基地负责人与 100 个天津医科大学青年志愿服务团队负责人进行了现场签约，形成了长期共建关系，积极助力国家健康城市试点建设。

### 2."团社联动"志愿服务项目

充分发挥共青团进行业务指导的 3 家青年社会组织的积极作用，将天津市和平区常青藤社会服务中心、天津市和平区龙之风采青少年成长服务中心、天津市和平区共益青少年心理发展服务中心作为和平区青年志愿服务团队的骨干力量，分别在开展外来务工人员子女帮扶、优秀传统文化传播、青少年心理健康辅导等方面发挥专业优势。2018 年常青藤社会服务中心开展了"你妆点我城市，我扮靓你家园"项目，已经为 11 户家庭困难的外来务工人员子女提升和改造了学习生活环境，10 月 20 日，该项目在 2018 年天津志愿服务交流会暨第四届中国青年志愿服务项目大赛天津赛区中获得一等奖；2018 年，团区委、区少工委组织全区中小学校广泛开展"美丽和平是我家 携手'创卫'靠大家"主题团、队日活动，面向全区 53000 名在校中小学生及家长朋友发放《倡议书》，以主题日、队日的形式，深入 6 个街、63 个社区开展"创卫"志愿服务，通过学生影响家庭，通过家庭影响社区，打响"创卫"工作的全民"保卫战"。

### （三）依托公共文化设施开展志愿服务项目

公共文化设施作为传递社会主义核心价值观的重要阵地，不仅承担重要的社会教育功能，亦是开展文化志愿服务活动的重要载体。和平区文化和旅游局积极开展文化志愿服务活动。面向社会，加大力度，积极招募热心社会公益事业的文化志愿者参与到日常工作与相关活动中来，更好地发挥教育的功能。

和平区文化和旅游局依托区图书馆开展了急救传递活动、爱心天使阳光助残活动；和平文艺小分队走进各个社区为空巢老人和视障人士表演了丰富多彩的文艺演出；区少年儿童图书馆的文化志愿者每年都会开展关爱困境儿童、残障儿童志愿服务活动；和平区文化宫每年都会开展"心目影院"活动为盲人朋友们"读"电影。这一系列的文化志愿活动在丰富居民文化娱乐生活的同时，也在传承和保护着我国的传统文化。

### （四）依托医疗卫生系统开展志愿服务

和平区卫生健康委志愿者服务工作在区文明办的指导下，积极发挥行业特色，以开展医疗服务、健康教育宣传、普法宣传为主要志愿服务方向。卫健委充分发挥卫生健康、卫生监督等领域行业特色，以业务骨干为主要力量，开展送健康志愿服务活动，体现志愿服务专业性、特色性。以爱牙日、卫生日、无烟日、禁毒日等健康节日为契机，组织健康宣传、义诊咨询活动进社区、进商场、进公园，向居民宣传医疗服务、健康知识、保健常识、惠民政策，引导居民树立健康观念、培养健康行为、提高健康素养。委属各医疗单位与辖区养老院开展医养结合服务，定期开展特色健康服务，促进我区

"医养结合"全面发展，让老人得到更专业、更有效、更及时的医疗服务。

卫健委还充分利用"七一""八一"、重阳节等重点节日，开展走访慰问、精准帮扶、健教咨询等志愿服务活动，深化党员学习效果，使志愿服务接地气、有实效，使志愿服务与党性教育创新结合。同时积极动员团青队伍，发挥团青队伍在志愿服务的先锋作用。以学雷锋志愿岗、志愿导诊台为阵地，以现场答疑、入户宣传为形式，实施首问负责制，解决患者、居民的需求与疑问。积极参与到无偿献血、扫雪志愿队伍中，从各个方面贡献力量，弘扬志愿服务精神。

### （五）依托社会组织开展志愿服务项目

社会组织是开展志愿服务项目的重要载体，近年来和平区涌现出许多优秀的社会组织，这些社会组织开展了一系列丰富多彩的志愿服务项目。包括和平区中华遗嘱库以解决家庭继承问题为初衷，把与家庭继承相关的专业知识和政策法规传播给社区居民，目前已经服务了 2 万余人；蓝天救援队对天津市所有的学校进行紧急避险宣传、培训，和平区所有大学生急救员考核均是在蓝天救援队进行；学雷锋爱乐团在新兴街新兴北里开展"雷锋精神扮靓我的家园"活动，通过雷锋精神进楼门，做楼门文化，同时依托雷锋精神，为楼门清整做服务。

### （六）群众自发开展志愿服务项目

志愿服务活动的开展离不开群众的力量，群众自发进行志愿服务活动是和平区一道靓丽的风景线，也是和平区最鲜明的特征，这些志愿者尽管有着不同的工作背景、年龄、学历等，但都有一颗想去帮助他人的心，并真正付诸行动，坚持奋战在志愿服务工作第一线。栗岩奇先生31年来累计无偿献血270余次，献血总量高达5.4万毫升；赵章义先生20年来默默无闻利用自己的技术特长义务为居民修理自行车万余次；张家兰女士照顾非亲非故的孤寡老人18年，还曾为素不相识的农村妇女捐献"熊猫血"……和平区到处都是这样自发去帮助他人的可爱的群众。

和平区还有着大量群众自发组织的志愿服务团队，这些志愿服务团队围绕居民实际所需开展了一系列贴近民众生活的志愿服务项目：新兴街阳光奶奶志愿服务队秉承"奉献爱心，服务社会，播撒文明，创建和谐"的宗旨，努力做政府所想、社会所需、百姓所盼的好事；劝业场老军医志愿服务队是在2012年由解放军二七二医院的12名退休军医自发组建的，这些老专家们定期在社区为居民举办健康讲座和就医咨询，为群众服务；庆有西里社区的党员们自觉发挥模范带头作用，以楼院党支部为单位主动开展楼院自治活动，共同打造和谐楼门。

## 案例：居民先进志愿者——兰长燕

兰长燕，女，72岁，中共党员，和平区新兴街新兴北里社区居民。2001年退休后成为社区志愿者，担任所在楼门的楼长、社区党委委员。

作为楼长，她尽心竭力，当志愿者，她尽己所能，保管钥匙，她不负重托，为邻里应急解难，帮独居老人照应起居，用诚心打开了邻里心窗，用行动诠释了诚信友善的核心价值。

兰长燕在职时早出晚归工作忙，与邻居们相对陌生，但一有空就干些清洁环境、美化楼门的事，她一退休，大家就推举她当了楼长。为了熟悉情况，她挨家挨户询问每家每个人的姓名、年龄、工作单位、文化程度、联系电话，甚至连血型都记录在笔记本上，20余户人家无一落下。从此，楼里的大事小情都装在了心里。

2004年，楼里开始更换旧水管、水表，每户需要留人。邻居们有的单位离不开，有的要看护住院老人，一下子，兰长燕收到了6把钥匙，当时她也没考虑，就是觉得别人把整个家都交给自己，是对自己的信任，一定帮着人家把水管换好。于是，兰长燕一户一户地跟着，锁上这户，打开那户，一天下来，她楼上楼下几十趟。邻居们回来纷纷感谢她，令兰长燕最欣慰的是收获了大家的信任。从此邻居们外出经常把钥匙交给她保管。一次，一户人家要去孩子家住一段日子，把家里唯一的一把钥匙交给了兰长燕，没想到，刚出门下水道就跑水了。兰长燕二话不说，用保管的钥匙打开房门淘水，足足干了几个小时，才将屋子擦拭干净，避免了邻居更大的损失。渐渐地，兰长燕成为邻居心中信赖的人，有的邻居甚至将自己的存折交给她保管。"钥匙阿姨"的称呼也传开了。

除了帮邻居代缴水电、燃气费，照应大事小情，兰长燕还每天扫楼道、擦扶手。她用名人语录、治家格言等装饰，把楼道环境布置得像客厅一样。她坚持每晚把气象信息抄写在楼门口提示牌上，提醒居民关注。在兰长燕的影响下，邻居们也加入美化楼道的行动中，邻里间心扉敞开了，关系更融洽了。

当志愿者后，兰长燕每年都从自己微薄的退休金中拿出一部分钱都助他人，为困难老人购买食品，为她们编织毛衣、毛袜子、围巾、护膝、帽子，给邻居们绘制祝福卡片，抄写养生手册。一些社区老人没有老伴、子女不在身边，更需要精神上的关怀慰藉，在居委会支持下，2005 年兰长燕成立了"银发聊天角"，充实空巢老人的生活，为他们带来了欢乐，打开老人的心门。每周三、五，都会有一群银发老人聊天、倾诉、唱歌、学习，雷打不动坚持了 11 个年头。老人们信任兰长燕，喜欢向她倾诉心事。兰长燕不但保管着邻居们的家门钥匙，更用心灵钥匙打开了老年人的心灵之门，带动了邻里坦诚相待、诚信友善的社区好风气。

兰长燕先后获得天津市劳动模范、中国好人榜好人、全国首批优秀五星级志愿者、第二届中国志愿者之星等荣誉称号，当选天津市和平区第十六届、第十七届人大代表。

| 第四章 | # 和平区社区志愿服务的概况

〔引言〕

作为全国社区志愿服务的发祥地，和平区社区志愿服务的发展既浓缩了20世纪国家经济体制转型下深刻的社会变化，也体现了优秀党员及热心群众在社区中互助互惠，解决社会问题及居民困难的民间力量，更体现了和平区委、区政府的战略目光和高瞻远瞩。经过30年的发展，和平社区志愿服务在组织体系、志愿者人数、服务机制、服务类型、志愿者激励回馈及文化氛围营造方面都取得显著成效。

## 一、和平区社区志愿服务的由来

20世纪80年代的改革开放给社会带来了许多就业、养老、教育等领域的新问题，政府对社会问题的发现，制定及实施相应社会政策存在时间差。和平区的社区志愿服务正是为弥补这种空缺而诞生。和平区群众的邻里互助、乐善好施为社区志愿服务的前期发展奠定了良好的社会基础，而13名积极分子的无私奉献和舍己为人更是起到积极的示范效应和先锋作用。与此同时，和平区区委、区政府对社区志愿服务的重视及推广，进一步让其成为全国典范。

## （一）国家经济体制转型，民生需求凸显

20 世纪 80 年代末，随着我国改革开放的深入，地方政府大力助推国有企业和事业单位改革，把原来单一的公有制经济发展为以公有制经济为主体的多种所有制经济共同发展，从而使社会上出现了大量的自由流动资源和自由活动空间，一批单位人从单位体制中解放了出来，转变为社会人。其中的部分人自愿下岗，在时代的洪流中抓住了机遇，迎难而上，靠自己的勤劳和智慧做起了生意，在解决了再就业和家庭的温饱问题甚至过上了比之前更加富裕的生活的同时，也给国家市场经济增添了活力；另一部分被迫下岗的群体比如退役军人、工人等，大多处在上有老下有小急需用钱的境遇，在失去了原有的收入来源及养老保险、医疗保险后，生活水平一落千丈。他们中有些年过半百的人为了生存不得不忙碌于社会底层，做起了扫大街、卖馒头、踩三轮等工作来补贴家用，然而起早贪黑换来的微薄收入满足不了自己家庭的温饱需求；有些人甚至负担不起生病治疗的费用，导致英年早逝，让原本就不富裕的家庭雪上加霜。这类人群的出现及数量的增加，给国家、社会带来很多有关就业、养老、教育及犯罪率提高等方面的新问题。由于政府在发现问题和出台相应政策措施之间存在着一定的时间间隔，单纯依靠政府难以迅速彻底满足困难群体的需要，同样地，原有的主要管理"社会闲散人员"的街道和居委会体制在新形势、新问题面前并不能完全适应，这些棘手的问

题给时代的发展带来了新的挑战。

在此大背景下，富有智慧、热心善良的天津市和平区人民群众开始探求一条解决下岗职工生活困难及孤寡老人的养老及医疗、贫困家庭的孩子的教育等问题的新出路，在社区中逐渐产生了一些居民互助小组，这些居民互助小组的成员主动扛起上为党和政府分忧、下为居民群众解愁的旗帜，他们自发地组织起来，不为追求浮名与利益，而是无私奉献自身的力量为社区中需要帮助的人们送去爱心与温暖，比如在冬天为孤寡老人送去过冬的煤炭和炉具，帮助残疾人理发，给贫困儿童捐献文具、书籍等。与此同时，在这些互助小组的带动下，居民也越来越重视自己所居住的社区，开始参与一些社区公共事务，社区成员之间相互支持，大家纷纷有觉悟、乐奉献、身体力行地奉献着自己的力量。在社区成员的共同努力下，和平区的社区环境越来越和谐，居民的生活幸福感也越来越强。

## （二）淳朴的党政民风，传承优秀文化

1988 年初，为了贯彻落实政府的"一切为了人民，一切依靠人民"的指示精神，和平区开展了社区服务万户居民问卷调查。调查得出广大群众中存在着诸如小孩照护、就医困难、生活拮据等多种困难。然而单纯依靠党和政府不可能把群众的困难和问题全部解决，还必须依靠群众之间互相帮助和互相支持。在此背景下，新兴街道朝阳里社区 13 名积极分子结合调查中困难群众的情况，主动组成服务小组对 13 户生活困难家庭开展义务包户服务，帮助有困难的孤独老人剪头发、打扫卫生、修理家里的物件、定期进行体检等，这些服务活动不仅切实地解决了弱势群体的生活困难，让困难群众感受

到了人间的温暖与善良，同时也给社区群众带来了启发，受到社区成员的一致好评。

众所周知，天津群众骨子里原本就带有热心善良、扶贫济弱的特点，尤其是在 13 位积极分子的带动下，一时间邻里互助成为一种风尚，志愿者们舍己为人、无私奉献、殚精竭虑、任劳任怨地为社区志愿服务的发展做出贡献。比如当时作为朝阳里社区志愿服务活动发起人之一的董光义先生，身体力行地践行"为人民服务"的宗旨，他心系社区，组织群众建小区、管小区，同时他更关爱弱势群体，发起建立"社区扶危济困资金"并带头捐款；曾任朝阳里社区服务志愿者分会第三任会长的王志仁先生，先后倡导并实施了"爱心超市""扶危济困"等志愿服务项目，带头捐资助学，并创作了一批讴歌志愿精神的文艺作品；荣获天津市优秀志愿者的何云一女士，作为劝业场街的居民，她志愿服务近 20 年，为居民的幸福生活做出卓越的贡献，她成立"快乐小分队"为空巢老人送娱乐，十年如一日照顾孤老夫妇，而且帮助十几对大龄青年走进婚姻殿堂；在天津市和平区像这样无私奉献的志愿者还有很多。在志愿者们的努力下，和平区的百姓安居乐业，邻里亲如一家，社区环境越来越和谐。从此，社区志愿服务活动在新兴大地如火如荼地开展起来，并取得了良好成效，与此同时社区志愿服务活动的影响力也越来越大，很快在全区、全市，乃至全国形成燎原之势。

### （三）自下而上的开展，群众基础良好

在朝阳里社区志愿服务取得良好成效的基础上，1989 年 3 月 18 日，新兴街道办事处成立了社区服务志愿者协会，并在各居委会成立了分会，健

全了两级组织网络，会员一下子发展到了 400 余人。和平区委、区政府及时推广新兴街经验，因势利导，1 个月内全区 12 个街道的 261 个居委会街道、社区相继成立社区服务志愿者协会，全区党员干部全部成为志愿者，为千家万户服务，社区志愿服务活动如火如荼地开展了起来。和平区志愿服务活动，在天津市乃至全国产生了很好的反响，和平区新兴街在全国率先成立"社区服务志愿者协会"这一群众首创事件，被载入《中国社会工作百科全书》。

与此同时，天津市和平区的社区志愿服务活动也受到了党中央和其他国家的重视。1996 年 10 月，中共中央宣传部组织全国包括《经济日报》《人民日报》在内的 13 家新闻单位记者到和平区采访社区精神文明建设的经验，多家全国性新闻单位和天津市新闻媒体多次以较大篇幅报道了和平区志愿者服务活动。随后全国各省、国家有关部委等单位先后到新兴街道等单位考察。美国、俄罗斯、英国等 20 多个国家和香港地区的学者、记者以及国际组织的代表前往访问、采访。

为了顺应信息化的大趋势，2006 年 3 月，全国第一家社区志愿服务网站——天津市和平新兴街社区志愿服务网正式开通。依托和平政务网，建立和平志愿者网页，实现了群众上网点击需求，志愿者上门服务，并集中宣传报道和平区社区志愿服务活动。2010 年，相关部门又对原有网站进行了改版升级。新改版后的网站增添了影像新兴、辉煌在线、会员展示、公益课堂、志愿之歌等 9 个板块，还增加了"网络注册""服务项目""爱心超市"三大平台，进一步扩大了新兴街社区志愿服务工作的宣传和影响，助推志愿服务活动的开展和水平的提高。

顺应时代的发展，天津市和平区社区志愿服务形成了三个转变：服务对象从以弱势群体为主到向全社区成员转变；服务内容从以物质帮扶为主向以物质帮扶和精神帮扶并重，更加注重精神层面转变；志愿者组织从官办向民、官、商相结合转变。2009 年，在新兴街社区服务志愿者协会成立 20 周年之际，国家民政部专门发函确立新兴街为"全国第一个社区志愿者组织发祥地"。

作为社区志愿服务活动发祥地，新兴街朝阳里社区坚持 27 年以志愿服务活动推动社区工作开展，薪火相传，长盛不衰。2014 年 12 月，朝阳里社区志愿者群体被中宣部、中央文明办、中国志愿服务联合会授予"全国最美志愿者"称号。2015 年 2 月，中宣部、中央文明办组织《人民日报》、新华社、《光明日报》、《经济日报》、中央人民广播电台、中央电视台、《中国青年报》、《中国妇女报》等中央主要新闻媒体，对和平区和新兴街朝阳里社区志愿服务活动进行集中采访报道。《天津日报》、《今晚报》、天津广播电台、天津电视台、《每日新报》、《城市快报》、《渤海早报》、《中老年时报》、北方网、天津文明网等本市主要媒体同步进行了采访报道。各网络媒体报道转发 6 万余条。再次对和平区、新兴街和朝阳里社区坚持志愿服务活动给予肯定褒奖，并将经验做法推向全国。

2019 年 4 月，高标准承办中央文明办"牢记总书记嘱托　推动志愿服务工作再上新水平"全国志愿服务工作现场会。中央文明办三局和全国 25 个省市自治区志愿服务工作代表及当代雷锋庄仕华、时代楷模张黎明等先进典型 200 余人齐聚天津，通过志愿服务现场交流座谈会、朝阳里社区志愿者展馆和"最美五大道"项目实地交流、津湾广场志愿服务先进典型现场交流活动等，展示志愿和平的良好精神风貌。期间社区志愿服务 30 周年专题 logo、礼赞志愿者入场仪式、志愿时光隧道、薪火相传志愿火炬等环节得到与会来宾好评；7 月，中宣部"核心价值观百场讲坛·走进天津和平"活动首次落地天津音乐厅，围绕志愿服务入法入规进行系统讲述。光明网、《光明日报》客户端现场直播，650 余名干部群众现场聆听，全国 217 万网友收看，13.9 万网友通过微博、论坛参与交流互动。

## 二、和平区社区志愿服务发展脉络

志愿服务从朝阳里新兴街起步，历经 30 年遍布和平区的每个社区与街道，志愿者协会经三级组织架构不断完善与规范，逐渐成为有规模有影响力的区级组织。近年来，和平区志愿服务不断系统化、规范化，已成为和平区具有标志性的新时代文明建设成果。2019 年，习近平总书记来到朝阳里新兴街视察并给予赞扬，至此，和平区社区志愿服务开启新篇章。

### （一）社区志愿服务组织兴起

1988 年初，和平区民政局、新兴街道办事处开展万户居民问卷调查，随后 13 人自发成立为民服务小组，和平区社区志愿服务进程拉开帷幕。1989 年 3 月 18 日，全国第一个社区服务志愿者组织——新兴街道社区服务志愿者协会成立。协会制定《章程》和管理办法，选举产生理事会，同时在新兴街道 24 个居委会成立社区服务志愿者协会分会，健全志愿者组织街道、社区两级网络，志愿者会员发展到 407 人。同年，和平区委、区政府及时推广新兴街经验，在区内其余 11 个街道办事处相继成立社区服务志愿者协会，261 个居委会街道、社区也相继成立社区服务志愿者协会，全区党员干部全部成为志愿者，志愿者数量迅速增加。1991 年，连同新兴街在内以及区内外 11 个街道社区服务志愿者协会先后在区民政局社团管理办公室进行登记，隔年，和平区社区服务工作委员会成立。

### （二）社区志愿服务三级架构形成

2005 年 3 月 18 日，和平区社区服务志愿者协会第一次会员代表大会召开，会议通过《和平区社区服务志愿者协会章程》，选举产生第一届理事会成员，和平社区服务志愿者协会依法成立。协会通过"区—街道—社区"三级组织架构使志愿服务活动由志愿者自发松散的活动变为有组织成规模的活动。社区分会会长与分会委员在区、街道协会的带领下，实现社区居民自我服务与需求相适应的良好态势。社区建立"学雷锋志愿服务站""社区志愿服务求助站"等服务站点，形成和平特色的志愿服务志愿基地；邀请专家学者进社区，进行专业技能培训；社区还利用各类宣传文化阵地、市民学校开展志愿服务相关知识和技能培训，加强对志愿者骨干、志愿服务项目带头人的培养，带动提升团队整体服务能力、专业水平。

### （三）注册管理明确"身份"归属

2006 年 6 月，朝阳里社区依托民政部志愿者注册管理系统，率先开展社区志愿者注册登记工作，让广大志愿者有了"身份"归属。"社区志愿服务站"常年接待上门登记注册志愿者，通过鼓励、动员、吸纳社区居民、在学校生、驻区单位职工、发动党员积极参与志愿服务。

### （四）完善体系奠定坚实基础

2013 年，社区扩大志愿者参与途径，提供了网上注册、发布项目等多种参与方式，为有意愿、能胜任的志愿者登记注册，提供实名认证，推进了志愿服务供需的有效对接。此外，在社区内打造"一居一特，一街一品"的志愿服务项目，社区根据自己辖区内居民的特殊需求展开志愿服务，解决老百姓生活中的实事难题。2015 年，和平区进一步完善社区志愿服务体系，加快社区志愿服务制度化建设，实现志愿服务规范化、常态化。同时，财政划拨志愿服务活动经费保障了各级志愿服务活动的顺利开展，双轨制记录为考核激励表彰奠定坚实基础。

目前，和平区社区志愿服务已经初具规模，通过 30 年的发展已经形成适用于当地政治、文化、经济等多方面和谐发展的社区志愿服务系统模式，志愿服务已经渗透进人们的日常生活，在扎根社区不断扩大的同时，相信和平区社区志愿服务会在全国形成更大的影响力。

## 三、和平区社区志愿服务发展成效

和平区志愿服务在有条不紊地持续推进，基于此，社区志愿服务也获得长足的进步。社区志愿服务制度化实现了新发展，五级组织体系实现了新突破，社区志愿者、志愿服务队伍、项目规模实现了新增长，社区志愿服务实践实现了新融合，社区志愿服务回馈实现了新激励，社区志愿服务成果实现了新转化。

## （一）社区志愿服务制度化实现新发展

早在 1999 年，区委、区政府印发《关于深化社区服务志愿者活动的意见》。提出以巩固全国"社区服务示范区"成果为目标，以拓宽社区服务领域，壮大社区志愿者队伍，加强社区硬件设施建设为重点。2005 年 2 月，区委、区政府下发《关于进一步深化社区服务志愿者活动的意见》，区志愿者协会认真落实区委要求，立足社区实际，从协会工作组织管理入手，建立健全了在组织管理、项目管理、党员奉献、服务互动、整合协调、志愿者培训、激励回报等方面的工作机制。2015 年，和平区民政局制定《关于加强和平区社区志愿服务活动的指导意见》。《意见》对社区志愿服务建立组织、完善制度、划定场所、经费保障、活动内容、评比表彰等方面作出了规定……和平区持续聚焦社区志愿服务发展中的新问题、新挑战，通过顶层设计、方向引领，在社区志愿服务制度化探索中取得了新发展。

## （二）社区志愿服务组织体系实现新突破

1989 年，新兴街建立全国第一个社区服务志愿者协会后，区委、区政府及时总结推广新兴街经验，创新性地在区、街道、社区建立了三级社区服务志愿者协会，使志愿服务活动由志愿者自发松散的活动变为有组织有规模的活动。在坚持党委政府领导、区文明委统筹规划、区文明办协调指导、民政部门协调管理、相关部门各负其责下，和平区在全区范围内整合资源，将与服务群众相关的单位部门，如医疗、教育、卫生、司法、供热、供水等单位列入区志愿者协会直属团队，在各条口建立学雷锋志愿服务队，在公共场所和社区建立学雷锋志愿服务站，形成了三级志愿者协会组织协调，学雷锋服务站常年设点便民服务，志愿服务队开展专项志愿服务的横向到边、纵向到底覆盖全区的正式志愿者组织网络。

在此基础上，和平区积极将志愿服务触角向下延伸，聚焦居民实际需求，增设了特色化非正式的楼院服务和家庭服务单元，探索形成了区社区志愿者协会、街道志愿者协会、社区志愿者分会、楼院服务小组、家庭互助对子五级志愿服务组织体系。其中，区社区志愿者协会、街道志愿者协会、社区志愿者分会为正式三级组织，楼院服务小组、家庭互助对子为两级非正式组织，两者互相补充，实现了和平区社区志愿服务组织体系的新突破。

### （三）社区志愿服务规模实现新增长

为使志愿服务理念深入人心，和平区利用各种形式宣传志愿者精神，多种渠道开展志愿者招募注册活动。全区党员积极发挥先锋模范作用，560 个机关、企业、部队、学校、街道、社区注册成为志愿者团体会员单位。全区采取在区、街志愿者网站设立志愿者招募注册窗口；在学雷锋服务站常年设立志愿者招募注册点；在志愿者广场日设立志愿者招募注册现场，积极招募社区志愿者。目前，每 3 个和平人中就有 1 个志愿者，11 余万注册志愿者，近 700 个志愿者团队，超过 2000 个志愿服务项目活跃在和平区各个社区中，书写着"奉献、友爱、互助、进步"的新时代雷锋故事。

和平区把志愿服务活动按照项目设计运作，用项目管理方式推进志愿服务活动开展。先后组织实施了"爱心助空巢""关爱农民工""关爱流动花朵""关爱老雷锋""佳节一家亲""文化乐民""爱我家园""关爱母亲""三关爱"工作室和"学雷锋服务月"10 个区级志愿服务项目，除此之外，在街道、社区层面，根据社区居民的个性需求有条理地进行专项志愿服务活动。

### （四）社区志愿服务实践实现新融合

首先，和平区坚持推进社区志愿服务与社区党建相融合，开展"在职党员到社区报到"，设立十大先锋岗，为党员带头奉献、党组织凝心聚力搭建平台。其次，推进社区志愿服务与居民需求相融合，通过每年开展"万户居民问卷调查"活动，针对居民问卷调查中提出的需求，组织志愿者开展针对性志愿服务活动。通过推行双向互动服务、单向服务、协同包户服务、设点服务、挂牌服务、网络服务、志愿者广场服务、项目服务 8 种社区服务形式，实现了居民有需求，社区有服务，志愿者服务活动经常化。

其次，和平区积极推进社区志愿服务与精神文明建设相融合，以"组织措施完善、环境秩序良好、功能设施完备、公益宣传浓厚、宣传教育深入、文化活动丰富、志愿服务经常、居民行为文明"为主要内容，深入推进文明社区、文明小区、文明楼院、文明家庭等创建活动，定期开展优秀志愿者、道德模范、中国好人等优秀事迹宣讲，弘扬志愿服务精神。如开展"我的幸福奋斗故事"征文活动、优秀童谣征集活动等，鼓励居民积极进行文化创作，将优秀的艺术作品和鼓舞人心的正能量传承下去；在社区中举办垃圾分类宣传活动讲座，向居民群众发放垃圾分类宣传材料，并通过具体的实物和实例讲解如何正确分类垃圾，促使居民群众进一步树立低碳环保的生活理念；为使未成年人从小树立崇高理想，社区组织未成年人观看爱国题材影片，通过展现共产党人为国家解放，人民幸福所做出的伟大贡献，体现了共产党人不忘初心，牢记使命，为人民谋幸福的信念，从而达到教育未成年人要勤奋学习、报效国家的目的；在新中国成立 70 周年之际，为号召学生为实现中国梦而努力学习，社区倡导学生和家长开展向国旗敬礼活动，希望学生树立科学的世界观、人生观、价值观，成长为一个有爱心、有思想、敢于承担、敢于担当的人。

### （五）社区志愿服务回馈实现新激励

和平区社区服务志愿者协会制定出台《和平区志愿服务项目志愿者服务时间积分兑换工作方案（试行）》《和平区志愿者协会志愿服务项目积分兑换管理办法》，探索建立社区项目志愿者服务时长积分兑换；落实志愿服务嘉许激励政策，深化"关爱老雷锋""时间银行""星级志愿者评定"等志愿回馈品牌。鼓励各单位对优秀志愿者在入学就医、就业创业、金融信贷、社会保障、交通旅游、文化生活等方面实行守信激励。鼓励各部门将志愿服务时间作为本行业、本领域相关评优、评先工作的重要参考。鼓励企事业单位、社会组织将志愿服务时间作为招聘用工的依据。各单位、各部门对家庭遭受自然灾害、罹患重病、严重伤残、生活困难的优秀志愿者要进行医疗救助、法律援助或家庭帮扶支持，发动社会各界给予关心关爱、帮扶救助。

同时，和平区加强志愿服务保险保障，鼓励多渠道筹资为志愿者购买保险，为诸多优秀志愿者、志愿服务组织骨干力量等购买人身意外保险，保险金额达 8 亿 6 千万元；加强教育培训，区社区服务志愿者协会常态化开展志愿服务培训，区委宣传部、区文明办组织全域新时代文明实践志愿服务专题培训，邀请全国知名专家结合全国新时代志愿服务精神对全区基层单位志愿服务工作人员进行工作解读及平台培训。

## （六）社区志愿服务成果实现新转化

30年来，和平区通过坚持每年评选表彰、大力宣传优秀志愿者、团队先进事迹等途径，营造浓郁的志愿服务光荣氛围。和平区通过创建《和平区社区志愿服务展览馆》暨和平区社区志愿者教育基地，创办《和平志愿者》杂志，编印《志愿者之歌》——优秀志愿者事迹汇编、志愿者《荣誉册》、志愿服务画册、制作社区志愿服务活动专题片、举办优秀志愿者事迹报告会、演讲会、经验交流会等多样化渠道与手段，倡导"有爱心学志愿者，有能力做志愿者，有条件当志愿者"的理念，场景化、立体式呈现了社区志愿服务的辉煌历程与丰硕成果，不断创新转化社区志愿服务成果。

# 第二部分　模式与创新

| 第五章 | 和平区志愿服务的
"五位一体"模式

〔引言〕

和平区志愿服务薪火相传 30 年，逐渐形成了一套极具地域特色、自成体系、行之有效的运行模式——"五位一体"志愿服务发展模式。该模式与党中央提出的"五位一体"（经济、政治、文化、社会、生态）总体布局相呼应，真正回应了志愿服务作为一种有效的组织形式如何服务于社会治理创新，如何践行社会主义核心价值观，如何社会化动员全区各战线、各团体、居民服务于改革发展稳定大局、服务于党政中心工作。"五位一体"志愿服务模式成为和平区推进国家治理体系和治理能力现代化，打造社会治理共同体的重要探索。

## 一、一条主线：和平区志愿服务的社会化运作

2019 年 2 月 28 日，中共中央政治局委员、中宣部部长黄坤明强调，制度化常态化是推动学雷锋志愿服务持续健康发展的关键所在。要积极培育志

愿服务组织和队伍，加强志愿服务项目和阵地建设，弘扬志愿服务精神、志愿文化，健全志愿服务保障机制，形成全社会广泛参与、各方面共同支持的生动局面。志愿服务的制度化常态化离不开全社会的广泛参与、各方面的共同支持。因此，要发展志愿服务不能仅仅自上而下，而应该实现社会化运作。在当前中国志愿服务普遍以"行政推动"来获得发展的模式下，和平区志愿服务的社会化运作无疑为志愿服务的中国化提出了一个新的方向和思路。更可贵的是，和平区 30 年矢志不渝坚持社会化运作，从而实现了"投入相对较少却取得最好效果"的成效。实践证明，和平区的这种志愿服务社会化运作思路是符合社会发展规律的，符合人民根本利益的，是有着广泛群众基础的社会治理创新举措。

### （一）社会化的人员选聘机制

和平区创新性地成立了"区—街—社区"三级志愿者协会并采取社会化运作。区级和街道级协会在民政部门正式注册为社会团体法人，区、街、社区三级社区服务志愿者协会分别在社团部门注册或备案，分别建有规范的章程，在此基础上实现成立理事会、明确工作职责、建立工作制度、实行百分考核等基础管理。各级协会会长均为社会化招募，协会秘书长由民政系统工作人员担任。

志愿者的组织动员以各级志愿者协会为主导，确保了志愿者协会组织职能的发挥。和平区坚持发挥和平区志愿者协会的枢纽作用，培育发展各类志愿服务组织，并面向各行业、各领域吸纳团体会员、拓展分支机构，做好相应的指导和服务。同时，和平区借鉴社区志愿者协会的工作经验，在原有的学雷锋志愿服务总队—支队—分队三级学雷锋志愿服务组织体系的基础上形成了各系统的志愿者协会。

## （二）多主体的志愿服务参与

和平区充分利用辖区内各类资源、动员各种力量共同参与志愿服务。一是创建文明城市领导工作小组、卫生城市领导小组，统筹协调辖区文明单位和卫生单位开展志愿服务。二是充分发挥"区域化大党建"作用，动员人民团体、辖区医院、退役军人、学校、企事业单位等共同参与志愿服务。三是各志愿服务职能部门负责组建、统筹协调各志愿服务团队、组织，发挥领导干部带头示范作用。四是面向社会、市民广泛开展志愿服务活动，搭建起更加开放的服务平台。

### 1.政府职能部门是和平区开展志愿服务的基础力量

和平区各个区级职能部门在区政府、区文明办的督导下，结合自身工作特点开展各具特色的志愿服务活动。如区团委等多部门共同举办"牢记嘱托 志愿同行　青春奉献共促发展"活动，启动全域旅游青年志愿服务共建项目，进一步发挥区、校、集团青年志愿服务共建工作机制优势。区司法局先后举办文明条例普法骑行、"法援出征"法律咨询、"中国梦·法治梦"法治文化展览、模拟法庭、白话公正等志愿服务活动，向居民群众及单位企业提供法律咨询、法治宣传、人民调解、法律援助等公共法律服务。区卫健委以爱牙日等节日为契机组织义诊宣传活动。区生态环境局为企业单位开展环保法律法规讲座。区人社局开展以"全民参保"为主题的政策咨询活动。区人民法院成立了硕士法官法律志愿者服务队，深入社区开展诉前调节工作。区文化和旅游局开展"智慧新悦读 志愿传书香""小雨点智慧营地""新时代文艺小分队"等活动，成立书香满和平领读志愿者团队，号召更多群众参与到文化阅读之旅活动中来，引领新时代全民阅读书香风尚。各职能部门相互合作、沟通，携手助力和平区志愿服务向纵深发展。

### 2.群团组织是和平区开展志愿服务的重要抓手

群团组织很多目标、宗旨与志愿精神一脉相承。发挥群团组织对志愿服务的促进作用，既有利于志愿活动的开展，又巩固群团组织的地位。和平区充分释放群团组织的志愿服务促进力量，让其主动在开展志愿服务活动中与政府部门有效对接，进而高效整合资源。典型的如区红十字协会围绕"三救三献"核心业务，开展救灾救助救护的志愿服务行动，进行献造血干细胞献器官献遗体活动。区残联建立残疾人之家，配备专门的助残扶残队伍。区妇联建立妇女巾帼志愿服务队，服务内容涉及法律、科技、保健、宣讲、普法、心理咨询等多个领域。区总工会成立劳模协会，由全国劳模工匠的带头人撰写爱劳动报告，到各个学校进行宣讲。

### 3.民间志愿服务组织和团队是和平区开展志愿服务的中流砥柱

民间志愿服务力量是激发社会活力的重要推动因素。在和平区社会组织孵化中心的推动下，和平区涌现了大量民间志愿服务组织，如天津市和众社会工作服务中心、中华遗嘱库、蓝天救援队、雷锋爱乐团等。这些民间志愿服务组织在孵化中心指导下围绕幼有所育、学有所教、劳有所得、病有所医、老有所育、住有所居、弱有所扶等民生关切领域，为居民提供相应服务。相比于群众自发组成的志愿服务团队，民间志愿服务组织提供的服务更具专业性和针对性。

除此之外，群众自发组成的志愿服务团队遍布于全区 64 个社区之中。此类团队更加贴近居民日常生活，其服务领域集中于助老助残、文娱演出、环境美化等与社区生活息息相关的方面，真正体现了知民所需、帮民所困、解民心忧。

### （三）多渠道的动员招募体系

和平区不断优化志愿者招募、培训、激励流程，逐步从以行政动员、组织招募为主向社会化动员、社会化招募为主过渡，逐渐吸引了各阶层、各类别社会成员自觉参与到志愿服务中来，并采用了各种形式宣传志愿服务精神，多种渠道进行志愿者动员。在扩大覆盖面积方面，和平区采取在区、街志愿者网站网页设立志愿者招募注册窗口；在学雷锋服务站常年设立志愿者招募注册点；在志愿者广场日设立志愿者招募注册现场等途径，面向居民招募志愿者，扩大社会化动员覆盖面。在增加覆盖年龄段方面，和平区组织开展第一代志愿者在第二代、第三代传递活动中招募中年、青年志愿者；通过走入学校、走入辖区单位、走到青年学生中来宣讲志愿者精神，联合开展社会实践活动。通过这些活动，和平区动员和招募了一批又一批青年学生和有一技之长的人员注册成为志愿者，不断壮大了志愿者队伍，优化了志愿者队伍的年龄和专业结构。截至 2019 年 11 月，通过社会化动员招募的和平区注册志愿者已有 115830 人。

## 二、两个引领：和平区志愿服务的引领方式

"党建引领 + 文化引领"是和平区志愿服务的引领方式。通过发挥党员的引领示范带动作用，和平区志愿服务有了坚强的领导核心和先锋队。通过积淀丰富的志愿服务文化，使得和平区形成了"有爱心学志愿者，有能力做志愿者，有条件当志愿者"的浓厚氛围。在和平区，志愿服务已经成为每个人的生活方式。

### （一）党建引领

和平区通过"五级联动，四网协同"的党建引领基层治理体系，在创新基层社会治理工作中融入志愿服务，充分发挥"大党委"工作优势。将党组织结对、党员志愿者培训及开展服务、党员联系群众等工作作为建设服务型党组织的重要抓手，纳入推进"两学一做"学习教育常态化、制度化的工作中，为全区党员开展志愿服务活动，非公经济组织、社会组织建立党组织提供了有力保证。

#### 1. 创新载体，为志愿服务引领方向

和平区党员志愿服务一直是和平社区志愿服务的品牌和旗帜，党建引领、党员带动就是和平区社区志愿服务的红色传统。30 年前发起朝阳里社区志愿服务协会"为民服务小组"的核心成员董广义是党员，现今常态化志愿服务过程中的标杆人员党员占多数。和平区通过创新活动载体，强化城市

基层党建凝聚力，坚持"聚资源"与"用资源"相统一，立足街道社区党组织这一"主轴"，搭建平台，使辖区内各类资源充分涌流。一是深化"三认四百双结对"活动。组织党员志愿者进百家门、知百家情、解百家难、暖百家心，敲开居民门，送上联系卡，留下反馈单，联系困难家庭2700余户，解决问题3700多个，做到老百姓的事儿，件件有回音；组织机关党组织与社区党组织结对、驻区单位与社区党组织结对，解决企业用工、家属安置等问题700多个。二是创新开展"六联共建"活动。深入开展"组织联建、党建联抓、党员联管、资源联用、活动联办、服务联手"为内容的"六联共建"活动，推动479个驻区单位与街道社区签订共驻共建协议，根据志愿服务需求清单、服务清单、考核清单，实现双向发力、双向受益。三是结合第二批"不忘初心、牢记使命"主题教育活动，9000余名在职党员，带头至少参加一次志愿服务活动。

## 案例：南市街党委整合辖区资源开展志愿服务活动①

　　2019年7月，和平区南市街食品街社区党委开展以"守初心，担使命"为主题的党员志愿服务日活动，深入贯彻落实"战区制，主官上，权下放"推进党建引领基层治理，充分发挥社区大党委核心作用，进一步整合辖区资源。

　　活动当天邀请了四家驻区金融共建单位参与党员志愿服务，向居民们提供了防伪防假、网上银行投资识别等金融知识讲解以及投资理财业务咨询等惠民服务，发放了网络安全知识、反诈骗、

---

　　① 《和平区南市街食品街社区党委开展党员志愿服务日活动》，2019年7月4日，http://www.tjzbsh.cn/p/16637.html。

人民币识假等宣传折页，引导广大居民提高安全风险意识。此外，社区工作人员以及在职党员志愿者也加入志愿服务的队伍，对社区卫生环境进行清整，并向社区各楼门及商户发放垃圾分类、食品安全、居民安全知识、防火安全等宣传品，通过志愿服务进一步拉近了党员与群众的距离，使在职党员在社区亮身份、树形象、做表率的同时，也增强了党员干部服务群众、奉献社区的宗旨意识。

通过开展志愿服务日活动，不仅发挥了共建单位的优势，引导社区在职党员们发挥模范带头作用，以实际行动践行初心，担当使命，同时也让更多居民受益于志愿服务，在社区营造共建、共享的良好氛围。

### 2. 多方参与，为志愿服务提供动力

和平区委区政府要求各级党组织吸收各行各业特别是具有一技之长的党员积极参与志愿服务活动，把城市基层各类组织和群众紧紧凝聚在党组织周围，使党员志愿者队伍真正成为保民生、保稳定的重要力量。党组织通过表彰激励机制，增强居民荣誉感、满足感，引导其志愿服务回馈社会，如新兴街道党工委连续 18 年开展"百颗星"评选表彰宣传活动，推行"爱心传递链"活动，形成了志愿服务的"多米诺"效应。对于非公经济组织，依托"党建之友"联谊会、联席会，充分吸纳有影响力、有热情的非公经济人士，定期组织"业主沙龙""发展论坛""党建课堂"等活动，实行"一对一"包保，引导他们积极参与区域发展和治理。

## 案例：和平区社会组织孵化中心，发挥非公党建示范带头作用

2016 年《关于改革社会组织管理制度促进社会组织健康有序发展的意见》指出，要发挥党组织的政治核心作用，加强社会组织党的建设，确保社会组织发展的正确政治方向。面对新时代非公党建难题，和平区积极探索，主动作为，加强社会组织党建工作。和平区社会组织孵化中心作为"两新"组织党建工作示范点，一是认真学习党的十九大精神，以党建为引领，全力促进社会组织各项工作开展，使和平区社会组织工作走在全市乃至全国前列。二是围绕中心，服务大局，紧紧围绕和平区重点工作、20 项民心工程和重点政务目标来开展社会组织工作，找准自己的位置，提高开展社会组织参与社区治理工作的能力。三是遵守纪律，严格规范自己，加强行业自律，提高业务能力，以过硬的本领更好地为社会组织开展服务。依托党建平台，和平区社会组织孵化中心在履行本职工作的同时开展了多项志愿服务活动，切实发挥了非公党建示范带头作用。

### （二）文化引领

习近平总书记强调："一个民族的复兴需要强大的物质力量，也需要强大的精神力量。""我们讲要坚定文化自信，不能只挂在口头上，而要落实到行动上。""文化自信是更基本、更深沉、更持久的力量。"和平区的志愿服务以弘扬社会主义核心价值观为特色，以增强人民的精神力量为目的，始终

坚定文化自信，引导人民树立正确的历史观、民族观、国家观、文化观，始终扎根基层，坚持为人民服务、为社会主义服务，发扬党员干部的公仆精神、居民群众的雷锋精神，最终积淀了独居特色的和平区志愿服务文化，使得志愿服务成为和平区每个人的生活方式。

### 1. 志愿服务阵地，促进文化传播

为了让志愿服务精神广泛覆盖各领域、多类型、全行业，和平区规范化建设全区 64 个社区志愿服务站、10 个公共文化设施志愿服务站、7 个公园景区志愿服务站、89 个窗口单位学雷锋志愿服务岗，全区 15 个学雷锋志愿服务岗先后入选"天津 V 站"。依托这些阵地和平区让雷锋精神成为志愿服务精神的内核所在，形成了浓厚的"人人为我，我为人人"的社会氛围，雷锋精神和"奉献、友爱、互助、进步"的志愿服务精神融合共生，共同成为和平区志愿服务的文化底色。此外，和平区社区志愿服务展馆暨和平区志愿服务教育基地，作为一个典型的志愿服务文化场馆，将无形的志愿服务文化具象化，尤其是在从小培养和平区居民的志愿服务理念上发挥了重要作用，成为志愿服务文化传播的场景载体。

### 2. 志愿服务荣誉，增强文化引领

和平区志愿服务为全国志愿服务发展贡献了多个"第一"。区内有全国第一个社区服务志愿者组织、全国最早的大学生志愿者团体、全国第一家社区志愿服务网站。和平区多次成功创建并蝉联全国文明城区、全国卫生城区、全国和谐社区示范城区、全国志愿服务示范城区、全国社会治理创新试验区等全国性荣誉。诸多的荣誉奖项，增强了对志愿服务的文化引领。志愿

服务成果的集中展示、志愿服务荣誉的积累、志愿服务标兵的榜样力量,共同构成了鼓舞和激励一代又一代和平人的精神力量,形成了浓厚的"人人为我,我为人人"的社会氛围。"有爱心学志愿者,有能力做志愿者,有条件当志愿者"的理念在和平区深入人心,成为每一个和平人的内心与行为准则。

## 三、三个全面:和平区志愿服务的全面铺开

### (一)服务对象面对全体社会成员,服务力量来自全体社会成员

传统志愿服务的服务对象主要是社会弱势群体。和平区志愿服务通过多年发展,其服务对象已由孤、老、残、病、军烈属发展为面向社区广大群众。如在每年的学雷锋日,和平区都会开展丰富多样的志愿服务活动,如测血压、义务理发、教育咨询、法律咨询等。志愿服务的力量更是来自全体社会成员。最初 13 个发起人来自社区老人、上门医生、社区英语教师、加拿大访问学者、天津医科大学护理系、天津师范大学、中华职业中等专业学校国际贸易班等社会各界,现在更是扩展到包括但不限于党员、退休人员、居委会成员、退役军人、普通群众、学生、在职工作人员、社工、爱心人士等各个年龄段、各个社会职业、各个阶层。截至 2019 年 11 月,和平区志愿者已经从最初的 13 人发展到 11 万余人,注册志愿者团队 665 个,志愿服务项目 2229 个,全区注册志愿者总服务时长为 1224 万小时。和平区志愿服务实现从全员里来,到全员里去。

## 案例：和平区劝业场街全员参与志愿服务活动①

2018年，劝业场街按照和平区志愿者协会制定的《2018年和平区学雷锋志愿服务月项目活动方案》，各街道、社区积极响应，结合"学雷锋日""3·8巾帼志愿服务日"开展了丰富多彩的志愿服务活动。

来自天津市眼科医院，市、区红十字会，红十字医院，汇文中学，建华中学，国家统计局天津调查总队，和平司法局，劝业场街司法所，新疆路社区卫生服务站，锦州银行，南京路社区老军医"学雷锋"志愿服务队，国安社区，八路公交"雷锋"车队等近20家辖区单位志愿服务团队的120多名志愿者，在云台花园小区广场上为居民群众提供医疗义诊咨询、血压和血糖测量、教育咨询、法律咨询、图书捐赠、小家电维修、义务理发等30个便民服务项目。各志愿服务团队的志愿者充分发挥各自专业特长，面向辖区的居民、保洁队新市民以及困难群体提供了有针对性的志愿服务，现场受益群众达400余人。

### （二）服务领域覆盖物质精神领域，服务地域覆盖和平全境全域

传统的志愿服务致力于满足群众的日常物质需求。和平区志愿服务以对生活困难家庭提供义务帮助服务开头，到发展为"老三送"（送煤、送菜、

---

① 和平区融媒体中心：《和平区劝业场街举办志愿服务活动》，2019年3月14日，http://www.tjhp.gov.cn/tjhp/rdxw/2019-03/14/content_10f3641e57a3486d81580436f8f844d1.shtml。

送炉具），再到进步为"新三送"（送岗位、送知识、送健康），现在已经将服务内容扩展到"新新三送"（送服务理念、送服务渠道、送生活方式），形成了包括单项服务、双向服务、协调包户服务、大型集中服务、设点服务、邻里互助挂牌服务、信息网络服务、节假日集中服务 8 种常态化志愿服务形式。和平区志愿服务的服务内容现今已经涉及社区科教、文化娱乐、体育健身、治安、环境建设、再就业、便民服务等物质和精神领域多个系列 70 多个种类。志愿服务真正实现了以群众实际需求为出发点、立足点，形成了物质帮扶和精神文化服务并重的格局。

和平区志愿服务的服务地域也从最开始的门楼院落、小区社区等邻里生活场域，扩展到了道路、文化设施、广场、景区等公共生活场域。现而今，和平区的图书馆有专门面向盲人的阅读推广活动。和平区的地铁站等交通枢纽有志愿者提供的交通疏散服务。和平区的文明景区有志愿者提供的景点讲解服务。和平区志愿服务已经实现了志愿服务的全域服务，成为和平区人民生活的不可缺少的部分，形成了和平区的一道亮丽风景线。

### （三）服务实施频率从偶发到常态，服务时间从节点拓展到全年

传统的志愿服务主要围绕中心重点工作和重大节假日开展活动，服务实施频率相对偏低，不能很好地满足居民的有效需求。和平区经过 30 年的摸索，逐渐实现了志愿服务的常态化、制度化，真正根据群众需求、形势发展，拓展活动内容，创新活动形式。

一是密切结合区情实际完善推进志愿服务常态化的整体规划。建立健全了注册登记、团队管理、项目创新、教育培训、考核评价、激励引导等各项

制度机制，为志愿服务常态化发展提供了有力的制度支撑。二是突出需求导向和目标导向。对各类志愿服务平台、资源进行了全面优化整合，把志愿服务与医疗、养老、困难帮扶等群众迫切需求和民生保障的重点工作有机结合起来，常态化地满足群众多元化、个性化的需求。三是推进志愿服务工作融入社区日常工作。在社区集体议事中，志愿服务制度设计、长远规划均被列入核心议题。志愿服务成为助力社区治理的有效载体。社区志愿服务聚焦于居民的日常需求，真正实现了常态、全年开展服务。

## 案例：朝阳里社区全民参与，打造社区志愿服务新常态[①]

朝阳里社区党委围绕建设志愿服务型社区的目标，通过引入"日常化、制度化、规范化"机制，推动社区志愿服务从靠自觉、凭热情走向靠制度、守规矩的常态化轨道。朝阳里社区志愿服务活动的开展依托于每年一次的社区居民问卷调查。社区党委每次都是在充分了解居民的实际需求后，才联系相应的志愿者和辖区内单位为居民提供服务。每季度，社区都会专门召开一次志愿者理事会，与理事会成员协商后可及时调整志愿服务项目。每月18日是社区组织开展大型集中设点志愿服务活动的时间，届时在朝阳里小区、新河里小区和新兴里小区同时开展志愿服务活动。目前，社区的日常服务已形成社区文化、社区体育、社区治安、社区再就业、社区便民服务等类型志愿服务项目。

经过30年的薪火相传，朝阳里社区党委力推的志愿服务活动

---

① 《天津市和平区：党建引领树标杆 志愿服务赢民心》，《天津日报》2016年7月6日。

由最初的星星之火变为燎原之势。志愿者、志愿服务、志愿精神也成为朝阳里社区党委的一张靓丽名片。

## 四、四个机制：和平区志愿服务的运行机制

### （一）"多维"立体的保障激励机制

#### 1.经费保障方面

多年来，和平区多方力量投入资金保障志愿服务的全面开展。2013年，和平区志愿者协会出资8万余元，为107名老年志愿者提供130项健康体检。此外，和平区将65岁以上"老雷锋"纳入政府买单居家养老服务范畴，首批59名年老体弱的"老雷锋"每人每月享受120元居家养老服务。自2015年开始，和平区财政划拨街道层面的社区志愿服务活动经费就不低于10万元/年，划拨社区层面的志愿服务活动经费就不低于5万元/年。2015年以来，和平区投入了5亿多元将全部社区综合服务设施新建、改扩建了一遍，并在建设中明确把志愿服务列为社区综合服务设施9大功能之一，落实了区、街、社区三级志愿者协会的办公用房和志愿服务活动场地。区里为每个社区安装了宽带，为志愿者协会配备了电脑，实施了煤、水、电、暖等刚性支出实报实销的举措，志愿服务活动经费实现专款专用、专项审计。此外，和平区累计为优秀志愿者、志愿服务组织骨干力量及大型活动志愿者购买人身意外保险，保险金额达8亿6千万元。

**2. 人员保障方面**

和平区、街、社区三级志愿者协会均设有完善的组织架构和非政府编制的专职工作人员，民政系统工作人员兼任协会秘书长，在组织动员方面给予支持和协助。除了志愿者协会工作人员外，社会组织孵化中心也会定期对各个社会组织志愿服务人员进行专项培训，以此来保证他们开展志愿服务的专业性和有效性。

**3. 政策保障方面**

和平区委、区政府多年来始终关注志愿服务，陆续出台了相关文件以加强规范管理。如1999年4月5日，和平区委、区政府印发《关于深化社区服务志愿者活动的意见》；2005年2月，和平区委、区政府下发《关于进一步深化社区服务志愿者活动的意见》；2009年6月，和平区社区服务志愿者协会下发和平区《关于全面开展志愿服务活动的实施意见》；2013年6月，和平区民政局、区志愿者协会出台并推行《和平区志愿服务记录管理办法》和《和平区志愿者奉献手册》，实行双轨制记录服务时间；2015年6月，和平区民政局制定《关于加强和平社区志愿服务活动的指导意见》；2017年5月，和平区财政局、民政局联合下发《关于街道志愿服务活动经费使用指导意见》，对于街道社区志愿服务工作专项经费的使用和管理做了规定。

**4. 激励回报方面**

和平区始终坚持把褒奖和宣传优秀志愿者作为推进志愿服务的有效手段，探索建立志愿服务时长积分兑换机制，将积分兑换与激励回馈挂钩，在全面考察个人经历、工作态度、工作业绩、服务时间次数等基础上给予志愿者精神和物质双重奖励，并及时进行认可与表彰。区委、区政府连续 30 年评选表彰志愿服务先进典型，积极开展志愿服务先进典型专项表彰、专项激励。除此以外，和平区还鼓励各单位对优秀志愿者在入学就医、就业创业、金融信贷、社会保障、交通旅游、文化生活等方面实行守信激励。

## 专栏：百星璀璨　铸就辉煌①

2019 年 9 月 11 日，和平区在 21 中学举办第十届精神文明"百颗星"颁奖典礼。区委领导、"百颗星"获奖代表、街道机关干部、社区工作人员、居民代表、共建单位代表近 400 人参加。新兴街第十届精神文明"百颗星"颁奖典礼共分为文明共建、真情服务、条例宣促、志愿服务、退役风采、群众问题六个环节，每个环节包含人物简介、颁发奖牌、现场采访、致敬礼赞、文艺表演等。以优秀先进人物、集体的事迹，引导广大党员干部、群众学习，大力弘扬崇尚模范、学习先进的传统美德。第十届精神文明"百颗星"活动历时四个月，经过社区推荐、审核上报、宣传公示、投票选举等程序，共评选出 44 名先进集体、96 名先进个人。此次评选的先进人物、集体事迹突出，率先典范，对社区治理和精神文明创建工作做出突出贡献。

新兴街每两年举办一次"百颗星"评比表彰活动，2019 年是第十届，截至目前，共评选 1096 名优秀先进个人和集体。这些先进典型以催人奋进的力量，诠释精神文明创建工作的成果，彰显新兴人团结奋进的精神风貌。

---

① 《百星璀璨　铸就辉煌——新兴街举办第十届精神文明"百颗星"颁奖典礼》，2019 年 9 月 12 日，https://www.sohu.com/a/340621812_100236156。

## （二）"双轨"运行的供需对接机制

线下对接方面，早在 1991 年，和平区在全区普遍开展志愿者"楼院挂牌服务"，居民志愿者挂牌自报特长，服务自身楼门院居民，邻里之间自发进行供需对接。2000 年，和平区普遍建立"社区志愿服务求助站"，并与区社区求助中心联网，建立了较为系统的线下供需对接平台。目前，线下志愿服务搭建了更为广阔的对接平台。一是社区志愿服务供需对接平台。社区利用各种场地设施、常态化志愿服务项目，通过区域化党建、与高校中小学联建志愿服务基地、与社区商户企业搭建"结对"等多种形式，建立社区供需平台。二是机关单位供需对接平台。机关单位设立"十大先锋岗"，参与"三认四百双结对""文明交通""捡脏互绿"等项目开展对接。二是社会组织供需对接平台。区社会组织服务孵化中心依托"和平社区志愿服务工作驿站"，推介入驻社会组织志愿服务项目展开对接。

线上对接方面，2006 年，和平区率先开通了全国第一家社区志愿服务网站（http://www.tjxinxing.org），通过线上平台实施志愿服务的对接。并依托"和平政务网"，建立和平志愿者网页，实现了群众上网点击需求，志愿者上门服务。随着"全国志愿服务信息平台"的开通和使用，和平区依托全国志愿服务信息平台搭建"志愿和平"网络服务平台，为志愿者提供实名认证、推荐审核、菜单发布、供需对接、记录兑换、互动评价、信息发布、定位搜索、留言反馈等服务。采用"滴滴打车式"对接平台实现志愿服务"指尖全过程""服务全定制""信息全记录"三大突破，达到志愿服务供需线上线下即时同步、精准对接。和平区逐渐形成以"志愿和平"网络服务平台为主平台，以党建云、和平教育公共服务云平台、"和平志愿服务""青彩和平""和平妇联"等微信公众号为线上分平台，以街道社区微信公众号、微信群等管理平台为线上子平台的志愿服务网络平台联动机制，为志愿者拓展渠道、提供服务，共享信息。

### （三）"双社"联动的组织孵化机制

和平区联动社会组织孵化中心和社区，发挥自身优势分别对专业志愿服务组织和备案类志愿服务组织进行孵化培育。

专业志愿服务组织的孵化培育主要依靠社会组织孵化中心。2015 年，和平区成立了社会组织孵化中心，围绕公益理念普及、社会组织孵化培育、公益资源共享等十项功能运作，引导公益慈善类、社区服务类社会组织开展志愿服务，催生多形态志愿服务组织。孵化中心通过定期举办孵化培育社会组织社区推介会，为社区与社会组织搭起了沟通与合作的平台，拓展了为社区居民提供多样化、专业化服务的渠道。除了孵化社会组织外，孵化中心还会针对不同类型社会组织进行综合能力的培养和提升，逐年从各街道、社区社会组织中选拔一定数量的团队，与高校专家团队、高水平的社会组织进行对接，通过共同开展社区公益服务的方式，助力社区社会组织的成长。

备案类志愿服务组织（志愿服务队伍）的孵化主要依托社区，社区通过提供服务场地、居民动员、小额项目资金支持、协助参加申请公益创投、组织专业培训等形式孵化社区志愿服务组织，把互益型社区文体队伍逐渐转化为公益型志愿服务组织。孵化中心也利用各类资源优势来引导和支持基层建立社会组织孵化园，实现社区社会组织直接在社区层面进行孵化培育，落地生根。目前，小白楼街道最先建成社区社会组织孵化园，小白楼街道已经孵化出"心家园"心理咨询服务站、乐聆智慧养老企业等多个志愿服务组织，深入各社区开展志愿服务活动。

### （四）"多方"参与的项目管理机制

和平区坚持用项目管理的方式推进志愿服务，这使得志愿服务从松散的偶发性志愿服务活动发展到有组织的常态化志愿服务项目。在现有志愿服务项目基础上，和平区结合社区治理的需求，加强志愿服务项目孵化的调研、设计、论证、实施和成效评估，着力孵化开发重点项目和特色项目，拓展丰富志愿服务的领域和内涵，不断形成覆盖全区、符合社会需求的项目体系。

和平区自 1988 年首次开展"万户居民需求问卷调查"以来，民政局坚持每年开展此项调查，进行社区志愿服务需求管理。需求问卷调查通过全面深入的调查研究，精准聚焦社区服务存在的问题与需求。摸清志愿服务需求后，和平区依托志愿者协会等组织通过资源对接，积极引导鼓励各类志愿服务组织结合自身实际，以需求为导向，设计志愿服务项目，对针对性强、实效性强、居民受益的优秀志愿服务项目给予重点扶持。志愿服务组织通过执行或外包方式，利用社会组织、专业团队特长优势，使志愿服务项目落实、落地。区社会组织孵化中心通过"使命之路"等公益创投专项资金，支持各类志愿服务项目。先后组织实施了"爱心助空巢"等 10 大区级志愿服务项目，街道、社区等 1300 余个志愿服务子项目，项目均通过三级志愿者协会常态化实施并开展管理、考核、评估。多方参与的项目管理机制为社区居民带来了个性化、精准化的服务。

## 五、五级体系：和平区志愿服务的组织体系

和平区志愿服务依托三级正式组织（区—街—社区志愿者协会），两级非正式组织（楼院互助小组、家庭互助对子）构成条块结合、管理与服务并重的五级志愿服务组织体系。其中，三级正式组织侧重于管理，两级非正式组织侧重于服务。

### （一）区级层面志愿服务

和平区明确了全区志愿服务工作由区委、区政府、区文明委领导，区文明办、区民政、团区委牵头组织，各区级职能部门协调配合，驻区企事业单位、社会组织共同参与的领导机制，并将和平区志愿者协会作为全区开展志愿服务的枢纽性组织。区志愿者协会是正式注册的社会团体法人，设立决策、执行、监督等完善的组织架构，拥有全职工作团队。协会会长社会化聘用，协会秘书长由民政局干部兼任。

区志愿者协会负责全区的志愿服务组织、推动、规划、协调工作，规划区级层面的志愿服务工作。具体而言，将妇联、工委、共青团、医疗系统等都纳入协会成为理事，共同商讨如何为民服务；确定年度全区志愿服务重点工作；管理维护"全国志愿服务信息服务平台"；统筹全区志愿者的登记、注册、时长记录、供需对接、评选、激励、表彰以及开发志愿服务项目。此外，区志愿者协会将与群众日常生活密切相关的单位部门，如医疗、教育、司法、供热、供水等单位纳入协会直属团队。协会对其他各条

口建立的学雷锋志愿服务队进行业务指导，开展志愿服务供需对接、专业培训。

## （二）街道层面志愿服务

街道层面志愿服务的具体工作由街道社会事务管理科管理，街道志愿者协会负责落实。街道级志愿者协会是正式注册的社会团体法人，设立决策、执行、监督等完善的组织架构，设 1 名全职会长，会长采用社会化招募；1 名秘书长，秘书长由民政系统社会事务科科长兼任，街道志愿者协会的最高权力机构是会员代表大会，会员代表大会每三年召开一次，理事会是会员代表大会的执行机构。街道志愿者协会受街道工委和街道办事处领导，受区志愿者协会业务指导。

街道级志愿者协会负责协调内外部关系，整合内外部资源，最大限度地动员驻区单位，实现街道统一领导下的归口管理，实现街道范围内服务能力与服务需求的匹配、志愿者与服务对象的对接。同时，街道级志愿者协会指导各社区分会的运行，考核各社区分会的实施情况，组织实施"万户居民大调查"、推选优秀志愿者候选人。

## （三）社区层面志愿服务

作为社区志愿服务的发源地，和平区不断完善与发展社区志愿服务发展体系。和平区社区志愿服务主要由社区志愿者协会主导，社区志愿服务分会属于备案制志愿服务组织，设有完善的组织架构，设专职会长 1 人，秘书长由分管民政的社区副主任兼任。

社区志愿者分会的主要工作包括结合社区日常工作以及区街两级志愿者协会的安排，组织开展常态化的志愿服务活动，记录统计志愿服务信息，开发小微志愿服务项目，培训骨干志愿者，发展个人会员和团体会员，在社区设立学雷锋志愿服务示范站。每个社区都会结合自身具体特点依据"一居一特、一街一品"模式打造社区专属的志愿服务，真正实现自我安排、自我服务、自我调节，依靠内生力量为社区居民服务。

### （四）楼院层面志愿服务

社区是社会治理的基层单位，若想充分发挥基层优势，必须将管理服务的触角延伸至各个楼院，只有解决了楼院居民普遍关心的热点难点问题，社区才能更好发展。和平区将发展楼院志愿服务作为社区志愿服务的重点工作。

楼院服务小组是未正式注册备案的志愿服务队伍，小组通常由楼院内核心骨干志愿者组成，大多数情况下以楼院党支部为枢纽，在楼院内常态化开展志愿服务工作，楼院服务小组即为社区志愿服务团体雏形。楼院层面志愿服务是社区组织、队伍以贴近居民家门口的楼院为空间，通过党的领导、居民自治、发扬楼门文化开展一系列楼院层面志愿服务活动。这极大提升了邻里互助、邻里参与意识，增强了社区认同感、政治认同感，形成了楼院共建共治共享格局。

### （五）家庭层面志愿服务

构建和谐家庭是构建和谐社会的基础，充分发挥家庭力量在志愿服务中的作用，有利于社区和谐和社会稳定。家庭层面志愿服务主要分为两个方面，一方面是注重于家庭内部的志愿服务，和平区团区委通过开展"小手拉大手"等活动将家庭志愿服务引入社区，动员广大居民以家庭为单位参与志愿服务。另一方面是通过家庭结对服务让有困难的家庭和正常家庭结成互帮互助的对子，家庭结对服务是和平区社区志愿服务的典型形式之一，家庭互助对子是和平区志愿服务组织体系的最小单元。通过家庭互助对子，实现了志愿服务"门对门""户对户"。家庭互助对子对于补充社区公共服务有着极大的作用。

## 案例：家庭互助中的人间大爱

在家庭互助对子活动中，最能体现人间大爱、体现人性光辉的当属张森林和邵奶奶、袁玉蕙和朱向东"母女"。

在宁夏路22号日本式的旧房里，一道墙隔开了张家和邵家两户人家。在邵家的房间里，住了一位88岁高龄的邵奶奶，邵奶奶生于乱世，命途多舛，相继遭遇了少年丧父、中年丧夫、晚年丧子的不幸，孤独一人，无人照拂。在1956年搬进了宁夏路22号后，邵奶奶的生活开启了转折，隔壁善良热心的张家总是无私地照顾她的生活，特别是当时还是个孩子的张森林，放学后一直帮她做些烧水、熬粥等家务活，令徐奶奶感受到了温暖。在邵奶奶退休后，张森林又主动承担了帮她买早餐的任务，张森林的妻子亦是贤惠地承担了帮助邵奶奶洗衣服、换被褥等家务,并在日常生活里对老人体贴入微。互帮互助是中华民族的传统美德,张家身体力行地把这份美德传承了下去,用爱心温暖了邵奶奶的晚年生活。

无独有偶,在营口道桐寿里7号的一幢老式楼房里,住着袁玉蕙和朱向东。袁玉蕙是一名教师,爱人刘士新是一名工程师,遗憾的是两人婚后一直没有生育,他们便把爱倾注到了隔壁朱家六姐妹身上,指导六姐妹的学习,逢年过节还给六姐妹添置新衣服、文具等。六姐妹也深深地敬爱袁玉蕙夫妇,主动认了"干爸""干妈",其中,最讨袁玉蕙夫妻喜欢的当属姐妹中排行第五的朱向东了,袁玉蕙夫妻对朱向东视如己出,朱向东亦是将袁家看作自己的家,力所能及地帮袁玉蕙夫妇做家务,买菜、洗衣、打扫屋子等。"文革"期间,袁玉蕙被列为重点批斗对象,但六姐妹坚持保护她,特别是朱向东,一直精心地照顾她。1968年,朱向东插队落户到了内蒙古乌拉特前旗,1976年,朱向东与男知青邱家恒结婚,袁玉蕙夫妇寄去了贵重的上海牌手表当作贺礼。过了三年,朱向东正式返回天津,袁玉蕙夫妇的身体情况每况愈下,朱向东便主动担负起了照看两位老人的责任,在刘士新住院期间悉心照料,刘士新去世后,朱向东夫妻又将袁玉蕙接至家中同住,让她颐养天年。在袁玉蕙与朱向东身上,我们看到了人与人之间与物质无关的真情,看到了人间的大爱,看到了越来越美好的未来。

从1988年,自发组成了服务小组(即最早社区志愿服务团体的雏形)进行邻里守望,到新兴街志愿者协会一成立就响亮地提出了"上为党和政府分忧，下为居民群众解愁"的口号，到全区、全市、全国推广新兴街社区志愿服务经验……和平区志愿服务始终坚持从群众中来，到群众中去，自下至上依托五级组织体系，秉持社会化运作，服务对象和力量来自全体社会成员，服务领域、地域实现全覆盖，通过"多维"保障、"双规"对接、"双社"孵化、"多方"管理，使志愿服务与社会发展同步，形成命运共同体。志愿服务精神代代传承，也从朝阳里、和平区、天津市走向了全国，成为新形势下为民服务的有效载体，经久弥新，展现出强大的生命力。

## |第六章| **和平区志愿服务的全员参与模式**

〔引言〕

经过 30 年的发展，志愿服务已经成为助力和平区创新社会治理的重要载体和实践主体。在践行志愿服务的过程中，和平区建立了党委领导、政府协调、社会协同、全民参与的志愿服务新格局，打造了横向到边、纵向到底、覆盖全区的三级志愿者协会组织网络，形成了制度化、常态化、全民化的参与格局。区内党员、党政机关、群团组织、民主党派、退役军人、企事业单位、社会组织、居民共同参与组建各类志愿服务队伍，打造志愿服务阵地，开展多项志愿服务活动，推进和平区志愿服务蓬勃发展。


## 一、党员与志愿服务

党员志愿者是和平区志愿服务的品牌和旗帜，发起朝阳里社区志愿服务协会的核心力量是党员，常态化志愿服务过程中的标杆人物也是党员。1988年，第一次组织发起居民服务社会调查的董春芙，是位优秀的共产党员，发起成立新兴街社区志愿者协会的董光义，也是区优秀共产党员和志愿者标兵。30 年来，党员志愿者为和平区志愿服务发展做出了突出贡献，截至 2018 年底，和平区历届获得志愿服务标兵 469 人，其中党员占大多数；和平区"十佳公仆"共表彰 270 人次。为了提高志愿服务工作科学化、规范化水平，和平区委先后制定印发《关于在全区党员中深入开展志愿服务活动的通知》《关于全区党政机关、企事业单位在职党员到社区报到开展志愿服务的意见》《关于在职党员到社区报到开展志愿服务的通知》。截至 2019 年 11 月，和平区所有 31000 余名机关在职党员，全部注册为志愿者。历经 30 年，和平区积淀了丰富的志愿服务文化，通过发挥党员引领示范带动作用，使志愿服务有了坚强的领导核心和先锋队。和平区党员参与志愿服务模式如下：

## （一）不断优化党员志愿服务队伍结构

为充分发挥党员志愿者的先锋作用，进一步夯实工作基础，围绕不断拓展党员志愿服务的领域和层次，满足群众的多样需求，和平区各级党组织吸收各行各业特别是具有一技之长的党员积极参与志愿服务活动，不断优化志愿者队伍的知识结构、年龄结构，从开始的老党员居多，到现在老、中、青共同参与，专业志愿者的比例也有了大幅提升。志愿者服务的内容实现了从向社区服务发展到向社会服务的发展，从最初"老三送"演变为"新三送"。志愿服务的形式由"一对一"服务发展到 8 种特色化服务。通过志愿服务和平区把城市基层各类组织和群众紧紧凝聚在党组织周围，使党员志愿者队伍真正成为保民生、保稳定的重要力量。为有效扩大党员志愿服务活动社会影响，和平区委、区政府积极调动社会资源，充分吸纳有影响、有热情的社会人士，引导其通过服务回馈社会，增强志愿者们的社会荣誉感与社区归属感。为确保志愿服务落到实处，和平区委、区政府建立社会组织孵化中心，结合居民需求大力培育发展社区社会组织，实现居民、社区与社会组织之间的供需对接，真正做到志愿服务问需于民、服务群众，实现党员志愿者的全员动员与参与。

全区形成了"任务清单""服务清单"对接模式。区内社区结合在职党员业务知识、专业特长、服务时间、可提供的资源等情况，把服务项目派给服务团组或党员个人，形成在职党员的"任务清单"。党员根据职业特点和兴趣特长，采取主动接单和自主认领服务项目等方式，为群众提供个性化、精细化的服务，形成"服务清单"。两者的无缝对接促进了党员工作在单位、活动在社区、奉献在岗位，切实解决服务群众"最后一公里"。

## （二）推动党员志愿服务制度化发展

和平区充分调动党员志愿者为政府解难、为群众分忧。坚持把开展党员志愿服务作为建设服务型党组织的重要抓手，创新在职党员联系服务群众路径，动员在职党员分片分块分点服务到家，鼓励在职党员走进社区，与群众需求精准对接。区内各街道、社区建立个性化档案，对持卡报到的每一名在职党员的基本情况、职业特点、专业特长和服务意向等信息，进行细致全面地收集、整理、归档，并按照报到的住址将其分配到网格中，实现与网格长、楼院党支部书记、楼长的信息对接。如朝阳里社区，社区把志愿服务与基层党建相结合，采取社区党组织、居委会与社区志愿组织负责人交叉任职，强化党组织对志愿服务工作的引领和指导。社区制定实施规范的章程，成立理事会，明确工作职责和工作评价考核内容，确保志愿服务组织职能发挥到位。社区依托天津志愿服务平台，运用二维码、手机客户端等新媒体技术，对 1173 名志愿服务者实名注册，及时记录志愿者服务内容和时间，为定期表彰回馈提供可靠依据。

## 案例：朝阳里社区党员志愿服务[①]

朝阳里社区党委把志愿服务与群众需求相结合，围绕社区工作特点，充分发挥社区"大党委"整体功能，整合优势资源，积极探索志愿服务新模式。把过去社区志愿服务的"老三送"（送煤、送菜、送炉具）转变为现今的"新三送"（送岗位、送知识、送健康），让服务内容不断适应居民群众的现实需求；以社区"大党委"为纽带，以在职党员进社区报到为契机，积极开发适合社区党员群众、辖区单位共同参与的志愿服务项目；充分发挥社区志愿者协会的作用，以"项目化"运作方式，在志愿服务供需双方之间架起连心桥。从最初的"义务包户服务小组"到如今拥有 10 个团体会员单位、1164 名注册志愿者，朝阳里社区党委围绕建设志愿服务型社区的目标，通过引入"日常化、规范化、制度化"机制，推动社区志愿服务从靠自觉、凭热情，走向靠制度、守规矩的规范化常态化轨道。

---

① 《和平区新兴街道朝阳里社区党委：将社区"老三送"变为"新三送"》，2016 年 11 月 23 日，http://www.tjzzb.gov.cn/lxyz/201611/t20161123_21790.html。

### （三）发挥党员志愿者先锋模范作用

和平区连续多年在全区开展"进百家门、知百家情、解百家难、暖百家心"活动，组织党员下沉到社区认岗位、认穷亲、认难题；街道党员普遍认领群众生活难题，主动提供便捷服务，解决好群众的"小麻烦"，形成"一名党员一盏灯，一支队伍一面旗"。机关党组织和党员干部与389个基层党组织和1454名困难群众结对帮扶，促进党员干部在联系服务群众中转作风、惠民生、解难题。全区把问题解决情况纳入每年"民评官、民评事"系列活动和年终考核，强化结果运用，激发党员干部蹲点入户、服务民生的思想自觉和行动自觉，做到解决好群众生活中遇到的"大事小情"。每年完成"微心愿"1000多个，慰问帮扶困难群众270余户，使广大党员当好"群众最近的贴心人"。群众反映"过去靠胸前的党徽看党员，现在靠身边的行动看党员"。结合第二批"不忘初心，牢记使命"主题教育，和平区9000余名在职党员，带头至少参加一次志愿服务活动。

## 案例：新兴街道"三认"活动

和平区新兴街道开展的党员"认岗""认亲""认难题"活动（简称"三认"活动），为党员发挥示范作用搭建平台。自2004年开展以来，全街已有70%以上的社区党员在楼门认领了服务岗位，使400多件影响家庭和谐、邻里和谐、楼门和谐的问题得到有效解决。2006年开展的党员"认亲"活动使389名社区孤老户、空巢老人享受到亲情式的日间照料和经常性的精神慰藉服务，该党员志愿服务的开展达到了得民意、暖民心、聚民力的效果，社区内的和谐音符不断增强。

## 二、党政机关与志愿服务

和平区区委、区政府高度重视、关心、支持志愿服务事业。近年来，区委、区政府紧抓培育、践行社会主义核心价值观这个关键，坚持志愿服务始终贯彻体现为民、利民、惠民，相继出台《和平区市民服务中心学雷锋志愿服务工作制度》《和平区市民服务中心扶困助学活动创建方案》等制度和方案，做到认识到位、领导到位、措施到位，推动志愿服务工作机制化、规范化、常态化。区委、区政府将开展志愿服务活动纳入政府工作目标，提出全区党员、干部和各机关单位都应自觉成为志愿者和志愿者会员单位的要求。全区先后成立了 12 支志愿者直属团队，132 支学雷锋志愿者服务队和 84 个学雷锋志愿服务站，注册志愿者会员单位 547 个。和平区党政机关参与志愿服务模式如下：

### （一）组建队伍，完善志愿服务管理体系

和平区各党政机关坚持把志愿服务活动作为机关精神文明建设、巩固、提升的重要任务，切实加强志愿服务工作的组织领导和统筹协调，立足主业主责，积极发展志愿者队伍，为志愿服务开展提供人力保障。区检察院全院 120 余名检察干警以部门为单位共同参与志愿服务。区科技局全体 28 人

都是志愿者，由办公室负责主抓志愿服务活动。区人社局以全体党员干部为成员组建志愿者服务团队，结合各科室职能积极开展志愿服务活动。区商务局整合机关干部资源，鼓励党员干部尤其是年轻党员干部完成注册志愿者登记，发挥党员干部先锋模范作用，选择各自擅长或爱好的领域作为志愿服务方向，全局注册志愿者人数已约占单位总人数的50％。综治方面，区政法委牵头搭建了平安志愿者服务组织网络，目前，全区平安志愿者达到15000余人，为夏季达沃斯论坛的成功举办、第十三届全运会和党的十九大胜利召开等各项重大安保活动作出了贡献。

## 案例：平安志愿者管理体系

和平区始终把开展志愿服务活动作为社区平安创建、精神文明建设、构建和谐社会的重要抓手，始终坚持"为群众解难，为政府分忧"的宗旨，为平安和平建设夯实了群众基础。和平区平安志愿者管理体系如下：

（一）机构完善，组织健全

多年来，和平区从加强平安志愿者组织建设入手，健全机制，完善管理，确保了平安志愿者活动不断、活力提升，效果明显。区成立平安志愿者支队，6个街道、区繁华办、区市容和园林委、五大道管委会成立平安志愿者大队，64个社区成立平安志愿者中队。形成了横向到边、纵向到底、点面结合覆盖全区的平安志愿者服务组织网络。目前，全区平安志愿者达到15000余人。党的十九大和全运会期间，和平区举办了平安志愿者誓师大会和授旗仪式，对平安志愿者开展专题培训，组织600余人的平安志愿者演练，为全运会火炬传递、比赛场馆、住地安保工作作出了贡献。全运会期间，共出动平安志愿者4万余人，排查、整改各类安全隐患300余处。成为维护社会稳定、促进文明和谐的一支重要力量。

（二）整合资源，壮大队伍

和平区将组织开展社区平安志愿服务活动纳入综治工作目标考评，动员全区各单位、在职党员、干部职工加入社区志愿服务行列。各级平安志愿者组织通过广泛宣传、社区招募、网上招募、站点招募、志愿广场招募等方式。针对和平区地域和行业特点，利用环卫人员"出勤早，收工晚，环境熟，发现问题早"的特点，2011年在全市率先成立了由1100人组成的环卫平安志愿者队伍，建立完善工作新机制，实行"一岗双责"，并在全市防控工作经验交流会上介绍了经验。

针对金街繁华商业区特点，实行"六一三三"管理模式，打造金街平安志愿者队伍（"六支队伍"：执法人员、环卫工人、专职保安、商企员工、青年学生、社区群众。"一个组织"：金街平安志愿者大队。"三种机制"：实行网格化管理、实施数字化运行、实现整体化联动。"三个重点"：围绕平安、文明、文化主题开展活动）。依托"警企联动通讯平台"，创造性地建立了由派出所、综合执法、交管、保安、平安志愿者和60余家商企组成的商企联动防范体系，实现了信息共享、部门配合、警企联动、邻里支援、行动迅速的立体化社会治安防控体系。例如：2017年7月，电瓶车队队长吴兢和司机王仲翔通过"警讯通"，发现了一名持凶伤人的犯罪嫌疑人的踪迹，立即通知公安机关及时将其抓获，保护了人民群众的生命财产安全。

针对五大道旅游地区特点，五大道管委会以创建国家"5A"级景区为抓手，积极开展平安景区创建活动，将保安、保洁人员纳入平安志愿者，发挥"前哨"和"探头"作用，做到问题隐患发现早、反应快、处置及时，全面提升景区应对突发事件快速反应能力。

（三）健全制度，加强管理

和平区制定了《关于组建和平区平安志愿者团队的实施意见》，着手制定《和平区平安志愿者举报违法犯罪线索及重大公共安全或治安隐患奖励办法》等文件，对平安志愿者工作职责、活动管理规范化、活动经常化、评比表彰、激励回报等工作机制提出明确要求。

## （二）建设阵地，为志愿服务提供支撑力量

和平区各党政机关立足自身实际，整合资源，建立组织化运行机制，推动工作规范化，加快推进志愿者阵地建设，建立志愿者行动指导中心，全力推进社区志愿服务站示范点建设。统筹志愿服务民间组织，做到对民间组织和活动有联络、有指导、有监督、有考核，深入推进志愿者服务工作落到实处。如区人社局按照志愿服务岗站建设工作要求，根据人社局实际情况设置政策咨询与窗口服务志愿服务岗，提升志愿服务水平，进一步强化志愿服务阵地建设。为提升城区文明、促进社会和谐、推动经济发展等提供助力，区检察院建立开放式共享平台。充分发挥检察文化展览馆、心语室、"五和文化"展示墙、"点赞身边好人榜"等阵地的作用，定期开展"检察开放日"活动，

邀请机关企事业单位、社区居民、学校师生等来院参观座谈，不断拓展联系群众新渠道，让人民群众零距离、面对面地了解检察工作，关注、理解、支持检察机关，进一步提高检察机关的亲和力、公信力和人民群众满意度。

## 案例：志愿服务阵地——天津志愿服务 V 站

和平区政务服务办建立天津志愿服务 V 站。在一楼服务大厅显著位置挂上天津志愿服务站统一形象标识——"天津 V 站"标牌，服务站设立服务台，提供咨询服务、复印、免费饮水、急救药箱、爱心雨伞等便民服务。为最大限度提供志愿服务，布置了母婴室、无障碍卫生间，设置了残障人坡道设施。同时，运用 LED 电子屏、易拉宝等方式，大力宣传社会主义核心价值观和行业文明用语等服务规范。

### （三）发挥优势，为志愿服务增加活力

和平区各党政机关整合资源，积极探索，将自身工作与志愿服务相结合。如区人社局组织各业务科室，将志愿服务渗透到日常工作中，为广大群众和企业开展普法宣传、社会保险、劳动关系、创业指导等方面的政策宣讲、业务咨询等志愿活动。区人民检察院一直致力于志愿服务常态化、制度化工作，把志愿服务与法治宣传紧密结合起来，运用网络平台创建便利条件，突出检察工作特色，积极开展法律志愿服务。区文旅局组织文化志愿者参与到日常工作与相关活动中来，依托文化志愿服务、展厅讲解服务、教育活动服务、展厅观众疏导服务、摄影摄像服务等更好地发挥服务功能。区体

育局主要开展与全民健身相关的志愿服务工作，由群体科负责组织举办各项活动、比赛、培训、讲座。区生态环境局组建志愿者队伍，举办环保知识讲座，宣传环保知识。此外，区纪委、政法委、卫生健康委以及区民政局、商务局、财政局、市场监管局、房管局、公安和平分局等也立足自身特色开展志愿服务实践。

## 案例：和平区文化和旅游局"春雨工程"志愿服务活动

2018 年，为积极响应习近平总书记在十九大报告中提出的"完善公共文化服务体系，深入实施文化惠民工程，丰富群众性文化活动"的要求，由和平区政府、和平区文化和旅游局主办的"和平文化志愿者走进甘肃省靖远、舟曲、会宁县开展春雨工程志愿活动"于 2018 年 7 月 5—13 日实施进行。项目实施情况如下：

（一）精准帮扶，加强交流合作

1. 通过与当地开展公共文化建设座谈会，就互相借鉴文化发展经验，共同促进文化繁荣发展，进行深入沟通。为今后的文化事业、文化产业、旅游经济等项目建立合作交流平台，提供契机。

2. 和平文化志愿者先后赴靖远、舟曲、会宁县开展 3 场内容丰富、形式多样的慰问演出。一系列极具观赏性和艺术感染力的文艺节目，让当地群众享受了一场绝妙的视听盛宴。据不完全统计，三场演出直接受益群众达 6 万人次。当地电视台对节目进行了全程直播，并在当地媒体平台进行宣传报道。

（二）"和平图书漂流室"图书捐赠和揭牌仪式

和平文化志愿者和工作人员先后深入憨班乡、丁家沟镇沈屲村举行图书捐赠和揭牌仪式，并悬挂"和平图书漂流室"标识牌。

（三）凸显非遗成果，感受文化底蕴

首次加入春雨工程文化志愿者行列的非遗传承人——程氏服装手绘的第四代传承人程津忠先生、老美华津派旗袍传承人杨洪翠女士和合真传统手工制香技艺第五代传承人宗兆睿先生，分别与当地的文化部门及相关人员开展了非遗展示互动，并向当地文化馆赠送代表天津特色的非遗项目作品，在展示技艺的同时，更深入交流、分享了授徒传艺方面的经验。通过本次活动拓宽了公共文化交流合作的空间，真正做到了将促进甘肃三地公共文化服务体系建设，完善文化援助和帮扶机制落到了实处。

## 案例：和平区生态环境局志愿服务实践

和平区生态环境局志愿服务实践主要包含以下两个方面：

（一）志愿服务工作开展类型

结合《环保法》《水法》《大气法》和《土壤法》的实施，主要开展的志愿服务工作有以下几个方面：

1. 为和平区重点排污企业单位举办环保法律法规的讲座。

2. 开展环保知识进校园活动。

3. 开展环保知识进社区活动。

4. 利用全国中小学环境教育实践基地，开展和平区纪念"6·5"世界环境日大型表彰及宣传活动。

（二）志愿服务项目和内容

1. 连续三年在全国中小学环境教育实践基地——区青少年宫

开展和平区纪念"6·5"世界环境日大型表彰及宣传活动。

2．先后开展"和平区青少年环保创意画展"、小学生第三届小小环保局长演讲活动、中学生环境建设项目展示活动以及面向幼儿园的水之生命、地球日等课堂进学校活动。编印《生态文明手册》《美丽中国全民宣传手册》《绿色生活指南》《第二次污染源手册》《垃圾分类》折页等近2万份。

3．生态环境局在卫津路社区成立了环保宣传服务站，每月派环保志愿者走进社区宣传环保知识。

4．在新兴街卫华里、兴河里、新兴南里、天兴里社区以及劝业场街南京路社区开展了"三佳绿色易站"主题环保系列宣传活动。

5．成立和平区环保讲师团，每月派环保讲师团的老师走进学校宣传环保。

6．组织环保志愿者在全区6个街道20余个社区开展"和平区第二次污染源普查"宣传活动。

7．创建市级"环境友好型社区"2所，区级绿色学校6所，创建市级"绿色幼儿园"1所和市级"安静小区"2个。

## 案例：和平区人社局突出工作特色，创新志愿服务

和平区人社局结合部门特点，不断思考、不断摸索、不断创新志愿服务活动内容，动员全局开展志愿服务活动。

以"人民为中心"为主题开展志愿服务。面向居民群众，贴近实际需求，各业务科室负责人分别带队进街道为社区居民开展普法志愿服务，就社会保险、就业保障、劳动关系等民计民生方面提供

宣传咨询，并现场为居民群众发放宣传手册，把服务送到群众身边。在全市开展以"全民参保"为主题的"12333全国统一咨询日"系列活动中，养老保险、劳动监察等科室人员现场进行政策咨询，深入宣传人力社保政策，帮助群众解决实际问题，切实保障群众最根本利益。

推进普法志愿服务。以劳动仲裁、劳动监察和劳动关系三部门为主要执行科室，选取在工作中遇到的典型案例进行宣传指导，广泛深入企业、社区等开展以案释法志愿活动，为各类普法对象宣讲典型案例，以身边人说身边事、身边事教育身边人，切实增强普法志愿工作，为企业和劳动者提供双重保障，进一步构建和谐劳动关系，营造良好的法治环境。

## （四）结对帮扶，为志愿服务发展提供动力

和平区党政机关广泛发动，普遍成立学雷锋志愿服务队，开展结对帮扶志愿服务活动，他们通过开展结对帮扶志愿服务活动，使群众切实感受到党和政府的关怀和温暖。如区审计局志愿者团队与困难群体结成对子，组织青年志愿者开展帮扶。区人社局充分发挥党员志愿者作用，以党小组为单位，组织党员志愿者开展走访慰问活动。在节假日期间由人社局领导分组带队，帮扶、看望、慰问困难党员、患病老兵等。和平区不仅在辖内结对帮扶困难群众，还与全国其他地区的贫困户进行结对帮扶。2019年以来，和平区以"四个一"为抓手，全面开展党政干部与甘肃省舟曲、会宁、靖远县贫困户的结对认亲活动，截至目前，和平区已与受援县109个深度贫困村结对。

## 专栏：和平区党政干部"四个一"结对帮扶

　　和平区首创"四个一"结对认亲工作模式，即"一张表""一张卡""一封信""一手册"。"一张表"是结对认亲贫困户基本情况表，主要记载着结对认亲贫困户的基本情况、致贫原因、脱贫路径和村长、第一书记的联系方式等；"一张卡"是连心卡，主要记载和平区结对认亲党政干部的基本情况、联系电话等，以便与结对认亲贫困户联系；"一封信"是致贫困村亲戚的一封信，向结对认亲贫困户宣传脱贫攻坚战的形势、任务，本次结对认亲活动的目的、意义及具体内容等；"一手册"是结对认亲手册，用于党政干部记录开展结对认亲活动的情况、贫困户诉求、困难及解决情况。

## 三、群团组织与志愿服务

　　群团组织与志愿服务有着紧密的联系，它在凝聚、动员群众参与志愿服务，提高群众积极参与志愿服务方面具有天然的优势。和平区以工会、共青团、妇联、文联、残联等为代表的群团组织积极开展志愿服务。1983 年，天津医科大学学生走进社区照顾孤寡老人，开启青年志愿者服务之路。自2002 年起，和平区团委每年以 3 月 5 日青年志愿者行动日为启动日，广泛招募青年志愿者，扩大并稳固青年志愿者队伍，全面开展青年志愿者助困活动。在和平区志愿服务蓬勃发展的 30 余年，各群团组织广泛动员青年志愿者、巾帼志愿者、企业志愿者参加志愿服务活动，引领和平区群团志愿服务发展。近年来，为进一步发挥群团组织在志愿服务领域的组织带头先锋作用，和平区多年来不断加强群团志愿者队伍自身建设，完善志愿服务社会化运作机制，努力实现志愿服务事业的可持续发展，扩大志愿服务活动的社会影响力。和平区群团组织参与志愿服务模式如下：

### （一）壮大队伍，凝聚参与力量

和平区各群团组织利用自身优势，整合社会资源，不断壮大志愿服务队伍。如和平区各级妇联组织共成立了 6 个巾帼志愿者分团、各种类型的服务小分队 64 支，登记在册巾帼志愿者人数为 58626，占注册总人数的 53%。区红十字会现有红十字志愿服务队 133 支（中小学校 38 支、社区 64 支、医院 13 支、其他 18 支），志愿者人数 3517 名。区残联系统的志愿者主要有残疾人专职委员和 5 个专门协会成员。区总工会通过发挥劳模的示范引领作用，由 289 名历届市级以上劳动模范组建和平区劳动模范协会志愿者服务团，坚持志愿服务经常化。团区委探索"团社联动"和"区校联动"的工作机制，指导 3 家社会组织开展志愿服务活动，于 2017 年与天津医科大学、天津外国语大学共青团签订"双服务"共建协议。

### 案例："区校联动"发挥青年志愿者力量

2015 年，在团市委的具体指导下，和平区团委携手天津医科大学团委共同制订了"区校联动"的工作方针，将志愿服务结合专业知识，用专业化、平台化的方式去传播青年志愿者的力量。在"区校联动"机制的鼓励下，医科大学的志愿服务团队一直致力于广泛开展志愿服务社会实践活动，利用自己的专业知识，结合社区居民的需要，不断丰富活动内涵，提供最及时和优质的志愿服务。2017年9月2日，和平团区委联合蓟州团区委、天津蓝天救援队共同组织开展"迎全运守护绿水青山，做表率争当环保达人"——2017年"青山不留痕"和平、蓟州青年公益环保行活动。活动中，来自和平区、蓟州区青联的近40名各界青年身着统一的志愿者服装，随身携带环保垃圾袋，徒步穿越4公里山地，捡拾山林间被随地丢弃的各种垃圾50余袋，用自己的实际行动宣传环境保护、传递绿色生活理念，取得了良好的社会反响。天津市蓝天救援队为活动提供了全程安全保障服务，并为大家讲解了国际LNT户外环保法则及户外运动紧急救护知识。

## 案例：晞者光明，志行千里——图书馆志愿者团队"晞南志行队"

在天津市第二南开学校，有这么一支志愿者队伍，他们由一群学生组成，活跃在图书馆的各个角落，整理书籍、归类排序、组织活动。他们在这里不仅服务了他人，更学到了很多知识，锻炼了自己。这支队伍叫"晞南"。

《诗经·齐风·东方未明》："东方未晞，颠倒衣裳。"晞南，寓意着在二南开，有一道曙光，微亮却充满希望。为了让更多学生能近距离接触图书馆，老师们从高一招募固定的志愿者人员，加以培训，然后每年持续在新高一招募，由高二年级老成员带领高一年级的新成员。2017年上半年，第一支由40人组成的志愿者队伍就这样在 2016 级高一学生中建立了。

目前晞南志行队已经成立了三年的时间，期间举办了全校范围内的"非遗文化展""书签制作比赛""时光信箱""我的 2018""我和图书的故事读者沙龙""寻找阅读之美摄影比赛"等多项活动。最值得一提的是，在 2018 年 5 月，晞南志行队号召全校师生为贫困山区的孩子们捐书。在晞南成员的组织下，全校师生共捐书 1527 本，得到了公益组织的高度赞许。

2018 年 6 月，晞南志愿者们参加著名作家马伯庸老师的签售会进行志愿服务，学生们在工作中开拓了眼界，锻炼了能力，同时也得到了赞许。2019 年 1 月和 5 月，学生们走进了天津市图书馆进行志愿服务。2019 年 6 月，晞南志行队走进和平区少儿图书馆进行志愿服务，得到了认可与好评。

此外，晞南的团队建设从未停滞，他们有了自己的团队理念与制度，建立了工作手册。并在团队里实行了内部招聘制度，让学生能够适应和接受社会上的竞争理念，规划自己的工作。晞南正朝着专业化的道路不断前行。

## 案例：岳阳道小学组建志愿小分队①

作为首批全国文明校园，有着 108 年历史的岳阳道小学，在"融慧"办学核心理念的引领下，坚持学校、家庭、社会三结合育人 40 年，以牢记、理解、践行社会主义核心价值观为核心，落实

---

① 《和平区岳阳道小学纪施雨当选天津市新时代好少年》，2019 年 5 月 31 日，http://tj.wenming.cn/hpwmw/wmxyhp/201905/t20190531_5135199.shtml。

立德树人的根本任务，为广大学生搭建志愿服务的平台，组建学生志愿者队伍。学生们走进警备区纠察连慰问解放军战士；来到消防救灾总队西安道中队开展安全救护的教育；与体育馆、友谊里等多个社区建立红领巾基地，组织学生开展了"共享单车，共享环保，共享文明"，"情满中秋，爱的传承"等一系列志愿服务活动。培养了一批有社会责任感，心系他人的优秀小志愿者。

纪施雨同学是岳阳道小学学生志愿者的突出代表，她用实际行动践行了"奉献、友爱、互助、进步"的志愿者精神。在2019年初还作为天津市年龄最小的志愿者代表接受了习近平总书记的接见。在接受完接见后，纪施雨还倡议全体少先队员要牢记习爷爷的嘱托，建立"融娃慧娃志愿小分队"。在她的倡议下，岳阳道小学全校各年级各班都组建了"融娃慧娃志愿小分队"，建立了40余个活动基地。

## （二）发挥职能特点，开展特色志愿服务

和平区群团志愿者一直致力于广泛开展志愿服务社会实践活动，利用自己的专业知识，结合社区居民的需要，不断丰富活动内涵，以提供最及时和优质的志愿服务。团区委志愿者工作依托高校和社会组织资源，着力为青年志愿者服务地方中心工作、参与区域社会治理、开展社会实践锻炼、提升自身能力素质搭建广阔平台。天津青年职业学院的志愿者们在团委组织下不仅在为老服务、助残服务、集中设点服务活动中积极参与，发挥专业优势，为社区工作者提供社区管理与服务专业知识培训，提升了社区工作者的理论水

平，促进了社区管理工作的开展。区红十字会围绕"三救三献"核心业务，积极拓展志愿服务主渠道，立足自身所能，主动对接社会需求。区残联多年来充分发挥"代表、管理、服务"的职能，坚持残健结合、志愿互助的理念，在加强助残服务网络建设、壮大助残服务队伍、拓展助残服务项目等方面积极探索。区文联成立"文艺进万家"活动领导机构，负责志愿活动的开展。总工会坚持"为下一代服务、为军人服务、为一线职工服务、为特服人群服务、为特困群体服务、为孤寡老人服务"，做到志愿服务六个服务、六个走进。区妇联巾帼志愿者立足基层，面向家庭，见诸日常，细致入微，持续发展，巾帼志愿服务在城乡社区进一步落细、落小、落实。

## 案例：和平区总工会走进军队，为军人服务①

和平区总工会劳动模范协会与武警天津总队执勤二支队四中队开展"英模共建"，每年春节、建军节、老兵退伍，劳模志愿者都要同官兵一起交流学习谈体会，同时带着不同的慰问品，特别是建军节都带着巨型蛋糕慰问官兵。近 30 年来，"英模共建"内容不断得到丰富，劳模与战士之间的情谊也日渐加深。

2019 年 7 月 30 日，和平区总工会劳模协会、武警天津总队执勤二支队四中队共同开展"迎接新中国成立 70 周年暨庆八一纪念英模共建 25 周年大会"活动。活动播放了英模共建 25 周年视频短片；全国劳动模范赵嘉祥讲述了自己在党的培养下从一名普通厨师成长为首届中国烹饪巨匠、全国大德厨圣的事迹；部队

---

① 《和平区总工会召开庆"八一"纪念英模共建 25 周年大会》，2019 年 7 月 31 日，http://www.ftutj.cn/2019/07/31/43182.html。

战士代表讲述了在英模共建中，与劳模们之间的点点滴滴……活动中，区总工会向全体战士赠送了《习近平在正定》及记载劳模事迹的《时代楷模》等书籍，赠送了浴巾、洗衣液、香皂、牙膏等洗涤用品。

## （三）结合发展形势，全面部署志愿服务

和平区各群团组织紧密结合社会发展新形势、社会管理新要求，加强领导，健全机制，对深入开展志愿服务活动进行全面部署，加强队伍建设，制定管理办法，明确服务内容。2018年区妇联在全区妇女中广泛开展"巾帼心向党·建功新时代"巾帼大宣讲活动，共计53场，1800人次参与。组织全区各级妇女干部深入学习贯彻天津市妇女第十四次代表大会精神，始终坚持围绕大局开展巾帼志愿服务工作，把妇女工作放到经济社会发展的大局中去把握、去推进。将妇联执委会与三八表彰大会合并召开，高起点启动全年工作。在区妇联微信公众平台开办"巾帼心向党·建功新时代"专栏，宣传巾帼志愿者先进事迹。

## 案例：与国家政策结合，提升志愿服务高度

2019年天津市委市政府的一项重要中心工作就是要把习近平新时代中国特色社会主义思想作为新时代社会主义意识形态建设的灵魂，以创新宣传形式，充分展现各领域发展成就，教育引导全市党员干部群众坚定不移听党话、跟党走，形成正能量充足、主旋律嘹亮的正面宣传强势。和平区妇联在2019年组织的"巾帼大宣讲"

活动，利用优秀巾帼志愿者的榜样力量，深入社区面向广大妇女集中开展习近平新时代中国特色社会主义思想和党的十九大精神的宣讲活动，与妇女群众零距离互动，面对面宣讲。通过广泛开展此次活动，引导广大干部群众深入学习习近平新时代中国特色社会主义思想和党的十九大精神，把智慧和力量凝聚到实现党的十九大确定的各项目标任务上来，引导广大妇女在经济社会和家庭领域两个方面发挥独特作用，不断提高自身素质，充分发挥妇女同志的"半边天"作用。

## 四、民主党派与志愿服务

社会服务是民主党派参政议政、民主监督职能的拓展与延伸，是民主党派树立社会形象、扩大社会影响的重要窗口，是民主党派加强自身建设、增强组织凝聚力的重要载体，是广大党派成员参与经济社会发展、践行社会主义核心价值体系的重要平台。志愿服务是民主党派积极参与社会服务的重要途径。2010 年，和平区委统战部贯彻执行党的统一战线方针、政策和区委的有关指示，开展经济领域的统战工作，组织推动民主党派、有关人民团体为经济建设和改革开放服务。2013 年，和平区委统战部围绕建设"美丽和平"的奋斗目标，开拓创新，狠抓落实，在开展"同心"志愿服务活动、开展"同心"思想教育、加强党外代表人士建设、助推区域经济发展等方面取得新成就，为促进和平区经济发展和社会和谐做出贡献。

## （一）发挥统一战线优势，塑造"同心"志愿服务品牌

为了更好地发挥统一战线的优势，打造和平区统一战线社会公益活动品牌，帮扶和救助有需要的困难群众，和平区委统战部紧扣"同心"这个主线，在充分调研，与各党派组织、团体多次协商沟通的基础上，确定了成立"同心"志愿者服务队和开展"同心"志愿者服务活动的工作思路。2013 年 6 月，和平区委统战部发出了《和平区统一战线开展"同心"志愿者服务活动的倡议书》。《倡议书》号召区各民主党派、工商联、侨联及统战各界代表人士积极参与"同心"思想实践活动，大力弘扬中华民族助人为乐、扶贫济困的传统美德，播撒"同心"火种，共建和谐社会。倡议发出后，各党派、团体纷纷召开区委会、基层支部主任会和骨干成员会进行层层发动再动员，将开展"同心"志愿者服务的精神传达到每一个党派、团体成员，形成了人人知晓、人人参与服务社会的良好氛围。

## 案例：民进和平区委会"同心"志愿服务[①]

民进和平区委会坚持做到社会服务工作有计划、有措施、有总结。注重社会服务活动的组织、筹划和领导，发挥人才优势，整合会内外资源，完善工作机制，逐渐形成工作机制健全，保障措施得力，服务针对性强，会员积极性高的一整套完善的社会服务体系。区委会赴金沙县岩孔街道开展"同心彩虹"送教活动。送去精品课 7 节和专题讲座 2 场，帮助金沙县岩孔街道加强教师队伍建设。开

---

① 天津市和平区人民政府、天津市和平区地方志编修委员会主编：《天津市和平年鉴(2018)》，天津科学技术出版社 2018 年版。

展"心目影院"活动，为盲人讲电影，定期组织志愿者培训，建立民进区委会的志愿者服务基地。联合和平文化宫举办以"播撒爱心点燃希望"为主题的心目影院沧州行活动。区委会在汇文中学新疆班继续举办"天天和睦民族情"艺术培训活动，通过艺术培训使学生提高汉语水平，还使学生们体验到祖国传统文化的博大精深。全国科技周期间，区委会主办，实验小学支部承办主题为"体验、创新、成长"的科技进校园活动，为6所小学182名学生进行公益科普宣传。开展"悦赏五大道"活动，组织会员将《五大道100个故事》录制成音频，向阅读不方便的人士发放。在劝业场小学开展对新市民子弟的艺术培训活动，丰富新市民子女的课余生活。为迎接全运会，区委会开展"迎全运健体魄全运惠民校园行"活动。昆明路小学支部开展"精准支教，智力扶贫"支教活动。由会员领衔数学、美术团队，定期在校际网络教室上示范课，使优质课堂资源共享到京津冀，与宁河区3所小学结为优质资源共享协同发展联盟校。小学联合支部到天津市失智老人康复中心进行社会调研，与中心签订合作共建协议，把康复中心作为支部的实践基地。2017年，民进和平区委会获"和平区信息工作先进集体"称号。

## （二）建立社会服务基地，开展志愿服务活动

为了保证统一战线志愿服务活动更加有效、深入、持续的开展，和平区各大民主党派，充分发挥组织优势，积极参与志愿服务活动，建立社会服务基地。和平区委统战部先后协调、支持各民主党派组织设立社会公益活动示

范基地，分别是：致公党区委会负责的总医院心外科特困家庭先心病患儿救助基地，民革区委会和区工商联负责的晟世老人院敬老活动基地，以及民建区委会和民进区委会负责的汇文中学新疆班民族团结创建活动基地。九三学社和平区委在总结以往社会服务培训经验的基础上，立足自身特色和优势，借助多方资源，先后建立社会服务培训基地和养老护理员培训基地，以此为载体举办公益性养老护理员培训班，为志愿服务活动开展搭建新平台。

## 案例：晟世老人院"同心"志愿服务①

　　晟世老人院是老年人的乐园与家园。和平区八个民主党派组织把服务晟世老人院作为开展"同心"关怀、敬老爱老的重要平台和窗口，积极组织党派成员和广大非公经济人士开展捐款捐物、义诊查体、养老护理培训等服务活动。"每年重阳节，都像过年一样，统战部年年来送节目，来送礼物"。岳奶奶在晟世老人院住了有3年了，虽然年事已高，但收到的礼物却都记得清。"2012年的时候穿上了新的羊毛背心，2013年换了新床单、新被罩，2014年看上了新电视，用上了新洗衣机，还添了新健身设备。"提起这些礼物，岳奶奶高兴得合不拢嘴。目前，全区统一战线各界人士累计出资19万余元，为老人们购买了食品、日用品、家电等生活必需品和健身器材。统战系统的医药界成员代表还多次为老人提供义诊服务。

---

　　① 《"同心"奉献　大爱无疆》，《天津日报》2015年4月22日，http://news.hexun.com/2015-04-22/175194422.html。

### （三）树立社会服务品牌，建立社会服务模式

和平区各民主党派通过志愿服务活动，建立了稳定、长期、有实效的志愿服务模式，打造了志愿服务品牌。如民进和平区委员会以整合资源、发挥优势、打造品牌、务求实效为方针，以志愿服务为方向，注重加强对社会服务活动的组织、筹划和领导，充分发挥人才优势，整合会内外资源，完善工作机制，逐渐形成了工作机制健全、保障措施得力、服务针对性强、会员积极性高的一整套完善的社会服务体系。九三学社和平区委通过举办一系列有亮点的志愿服务活动，进一步扩大了九三学社天津市委社会服务工作的地域范围，放大了九三学社天津市委社会服务的品牌效应，使社会服务工作成为天津九三学社履行参政党职能，获得社会认知、群众认可的重要渠道，有效提升了天津九三学社的社会影响力。

## 案例：农工党志愿服务"双周活动"①

2017 年 6 月，农工党和平区委在南营门街道举办第十届"中国环境与健康宣传周"公益助健康进社区健康讲座及咨询活动。农工党和平区委的医疗专家就夏季常见病、多发病及自我保健方面，为社区居民进行健康讲座和咨询，参加活动的社区居民近 100 人，现场发放环境与健康宣传册 100 余份。11 月 5 日，农工党和平区与农工党市委会联合在尚友里社区开展第二十九届"国际科学与和平周"健康咨询志愿服务活动。党员中的中医科、骨科、普内科、

---

① 天津市和平区人民政府、天津市和平区地方志编修委员会主编：《天津市和平年鉴（2018）》，天津科学技术出版社 2018 年版。

血管外科、风湿骨科等专家为 100 余名社区居民进行健康咨询，专家们倾听群众的病情陈述，解答病患困惑，提出合理治疗建议并进行用药指导，测量血糖、血压。和平有线电视台予以报道。

## 五、退役军人与志愿服务

组建退役军人志愿服务队，是全面贯彻落实中央精神和天津市工作部署、加强退役军人工作、发挥退役军人优势、加强志愿服务队伍建设的具体举措。1989 年，和平区在全国率先成立志愿者协会，《上甘岭》的卫生员王兰的人物原型退役军人吴炯报名成了第一批志愿者。从此，人们经常看到这位头发花白的老人身穿白大褂、肩挎药箱穿梭于社区，为居民送医送药，这是和平区早期的退役军人志愿服务。在此之后，和平区先后成立了多支退役军人志愿服务队伍，其中有老军医自发成立的"老军医志愿服务队"，也有退役军人事务局组织成立的"百名老兵志愿服务队"，还有"两参退役人员学雷锋志愿服务队"以及 2019 年成立的"绿橄榄"志愿服务队等退役军人志愿服务队。和平区通过开展志愿活动，充分激发了退役军人奉献社会、续写辉煌的革命斗志，把党和政府的关爱真正转化为广大退役军人听党话、跟党走，为社会发展建功立业的巨大动力。和平区退役军人参与志愿服务模式如下：

### （一）紧抓时间节点，传播正能量

为牢记革命使命，发扬奉献精神，和平区退役军人经常会选择在传统节日、纪念日积极开展志愿服务，如围绕"3·18"志愿服务节，组织志愿者进行扶贫解困送温暖活动；先后开展了"温情元宵节，爱心传递老兵志愿暖心行动"；"缅怀先烈，弘扬正能量"清明祭先烈；"新兵老兵再相聚，共话新春过大年"；"3·5"百名老兵学雷锋志愿服务月等活动。和平区退役军人通过志愿服务活动把政治关爱、政策关爱、就业关爱、情感关爱、精神关爱贯穿各项活动的全过程。通过开展志愿活动，激发退役军人奉献社会、续写辉煌的革命斗志，把党和政府的关爱真正转化为广大退役军人听党话、跟党走，为天津发展建功立业的巨大动力。

## （二）薪火相传，擦亮军人底色

和平区先后成立了多支优秀退役军人志愿服务队，他们立足实际需求，发挥自身特长，为和平区志愿服务事业贡献自己的一份力量。由 10 多名原解放军二七二医院退休老军医组成的"老军医志愿服务队"成立于 2012 年 7 月，"老军医志愿服务队"成立 7 年多来，送医送药送诊断 2000 余次，获得天津市"2018 年优秀志愿服务团队"荣誉称号。2015 年，"两参退役人员学雷锋志愿服务队"成立，接收 2014 年、2015 年三批退役士兵 134 人，组织优抚对象志愿者在社区内开展志愿服务，利用自己特长，尽自己所能回报社会，塑造优抚对象新形象。2018 年 9 月 13 日，和平区退役军人事务局组织成立了百名老兵学雷锋志愿服务队，探索建立退役军人安置、再就业帮扶、领导包联帮困、政策规定宣讲、维权法律援助、优待优惠服务、爱心单位捐助等七条工作渠道。2019 年 3 月 15 日，和平区南市街"绿橄榄"退役军人志愿服务队成立。"绿橄榄"退役军人志愿服务队由 60 多名来自不同军种、不同年龄段的退役军人组成。"绿橄榄"退役军人志愿服务队根据成员特长组建了"三色"功能小分队，即"红色"宣传队，以"政治思想引领，传承红色精神"为口号，深入开展党的学习教育宣传工作；"紫色"服务队，以"感受爱，传递爱"为口号，针对有困难的退役军人及家庭开展帮扶；"黄色"技能队，以"不忘初心，服务社会"为口号，积极发挥个人技能和特色，在生活上为有需求的退役军人进行志愿服务。

## 案例：两参退役军人诠释新时代的担当精神

南市街"两参退役军人志愿服务队"组建于 2013 年，现有 30 余名成员，他们主动作为，用真心服务 40 余名优抚对象。刘运显，伤残军人，患肺心病住院治疗期间，因子女工作忙，照顾刘运显的重任几乎都落在妻子一个人身上。两参人员了解到情况后，主动照顾刘运显，陪伴其检查治疗，让刘运显一家感受到政府的关爱，帮助其树立了治疗的信心。多年来，他们与困难退役军人结对帮扶，做好健康指引和心理疏导工作，当好他们的生活助手，他们积极参与社区建设，自觉承担社会责任，奉献公益事业，尽力帮助更多有需求的人，他们在路口为行人指路、义务理发、入校宣讲，清明节、中元节、寒衣节执勤，义务参加"环保卫士"，清理小广告，打扫卫生等。他们虽已不在军营，但听党指挥的初心不变，报效祖国、服务人民的信念不变，用自己的实际行动诠释了新时代的担当精神，展现了退役老兵的精神风貌。

### （三）参与社区治理，发挥退役军人优势

和平区以关爱退役军人协会和社区工作站为组织依托，鼓励退役军人担当志愿者用亲身经历讲好军史故事，帮助社区开展文娱活动，充分参与到社区治理工作。如朝阳里社区退役军人服务站积极探索退役军人参与社区治理新模式，发掘退役军人中的党员骨干参与小区志愿服务工作，建立"红色业委会"，并组建了由28名退役军人组成的党员志愿服务队。与此同时，深入挖掘退役军人事迹，创作居民喜闻乐见的文艺节目，使退役军人在服务社区、奉献社会等方面的感人故事走进居民心中。朝阳里社区还举办了"社区最美退役军人评选活动"以表彰优秀退役军人志愿者。同时，南市街退役军人志愿服务队积极发扬军人优良传统，传递正能量，通过开展志愿服务经验座谈会，广泛交流经验做法，提出新的想法与看法，进一步提升街道志愿服务水平。

## 案例：退役军人先进典型——吴炯[1]

吴炯，作为《上甘岭》的卫生员王兰的人物原型，生活在和平区新兴街金泉里社区。她已经是80多岁高龄，尽管满头银发、牙齿脱落，言谈举止依然英姿飒爽。1951年参加抗美援朝，作为一名卫生员随军出征，战功赫赫。1952年10月至11月，她和战友们一起，参加了著名的上甘岭战役。在战场上表现英勇，她先后荣立两次三等功、一次二等功。1953年，吴炯作为15军6位英模代表中唯一的女英雄，参加了中国人民志愿军"五一"节归国观礼仪

---

[1] 《从志愿军到志愿者　英雄就在身边》，2019年3月23日，http://www.sohu.com/a/303263742_121550。

式，受到了毛泽东和朱德的接见。1989 年，吴炯成为志愿者协会第一批志愿者。80 岁生日那天，吴炯还进行了遗体捐献登记，认为能将自己的所有有用的地方，奉献给社会，才是最终的幸福。

# 六、企事业单位与志愿服务

发展企业志愿服务活动是新时期贯彻落实科学发展观、加强社会主义核心价值体系建设，以及推动社会文明、和谐、进步的重要举措，是创新志愿服务新形式，拓展志愿服务新领城，形成志愿服务新常态的重要内容。在社区，驻区企事业单位是社区的重要成员，与社区自治组织是"共驻共建、资源共享"的关系。为了大力发扬"奉献、友爱、互助、进步"志愿服务精神，和平区号召辖内企事业单位加入社区建设，推动区域化大党建共驻共建活动不断走向深入，为加快建设环境更美、品质更好、服务更优的美丽和平积极贡献力量。2012 年 10 月 30 日，和平区工商联在全天津市率先启动"百企帮百村"活动，为和平区企业参与援助贫困村建设拉开了序幕。和平区企事业单位参与志愿服务模式如下：

## （一）党建引领，联合开展志愿服务

和平区大力推进"战区制，主官上，权下放"党建引领基层治理体制机制创新，在全区创新开展"六联共建"。鼓励驻区单位与社区党组织结对，深入开展"组织联建，党建联抓，党员联管，资源联用，活动联办，服务联手"为内容的"六联共建"活动，推动社区共与驻区单位签订共建协议，根据实际列出需求（资源）清单、活动（服务）清单、考核清单，实现双向发力、双向受益。如小白楼街开封道社区"大党委"组织开展"不忘初心，牢记使命"宣讲会，辖区单位利顺德积极提供场地，天津市延安精神研究会派出资深老师做主题宣讲；民营企业老美华与劝业场街道联合开展"爱心资助活动"，将公益金捐赠给工作在一线的劳动者；南市街道物业企业联合会在春节期间成立了安全巡逻小分队，打破辖区界限，对街道所有小区进行了安全巡查等。

## （二）发挥优势，开展特色志愿服务

和平区充分发挥驻街单位的资源优势，鼓励辖区单位与社区困难家庭、残疾人家庭结成帮扶对子，定期参加社区助老、扶困、助残、救孤等志愿服务活动，使社区弱势群体的生活难问题得到缓解。驻社区企事业单位是社区的重要组成部分。驻社区单位通过开放本单位的资源，为所在社区提供人力、物力、财力、智力等支持，通过参与社区自治管理，建立了"共居一地，共建文明"的社区建设运行机制。如在五大道街，驻区企事业单位与社区保持良好的共建关系，为社区提供力所能及的帮助，定期组织单位志愿者为社区的建设出力。小白楼街解放路社区与共建单位金之谷大厦党委认真贯彻实施《天津市文明行为促进条例》，共同开展"共享单车整治"志愿服务活动，为居民营造一个良好的出行生活环境。和平区消协打破以往参加设点活动只提供咨询服务的传统模式，充分发挥协会"1+N"平台资源功能。如把食品制造、珠宝鉴定服务、食品销售等企业请到志愿服务活动现场，为过往的社区群众提供包括食品安全知识宣传、免费品尝试吃、免费检测珠宝首饰的服务。消费者在体验优质商品和免费服务同时，还可以优惠的折扣购买到实惠的产品。新模式的开展不仅把以往消费者只有在消费场所才能体验的东西送到了街边巷口，方便了百姓，更是为促进区域消费提供了一个新的方便渠道，也为丰富社区设点服务内容做出新尝试。

## 案例：和平区驻区企事业单位志愿服务活动

和平区积极引导驻区企事业单位参与志愿服务，社区每年召开"三认现场会"，由社区两委成员、社区志愿者及共建单位分别认领难题。社区志愿者积极收集社情民意，充分利用双结对资源，设立特色服务项目。2017年与共享单车企业合作共同开展文明交通志愿服务系列活动，收到了良好反响。2018年，和平区在原有"爱心驿站"的基础上和邮政公司一起，多维度打造"文明邮路"，开设"文明驿站"，在和平区内邮政网点设置休息区，提供免费饮用水和应急药品，为志愿者和有需要的群体提供方便。还在报刊亭、营业厅开辟志愿者宣传专栏，宣传展示和平区志愿者的精神风貌，支持鼓励邮政工作人员注册成为志愿者，定期开展志愿服务活动，成为和平区的"文明志愿使者"。通过不断的示范带动，越来越多的人、越来越多的单位自觉参与到志愿服务中。如中环电子公司拆除本单位4间库房建成200平方米的社区市民学校，供社区居民使用；威娜美发公司每月到社区为居民提供免费理发服务；卫协医院为社区居民提供健康咨询、义务检查身体等健康类志愿服务；中国电信、中国联通深入社区为居民普及预防电话诈骗等常识。

## （三）吸纳人才，凝聚非公组织力量

和平区整合非公经济组织资源，依托"党建之友"联谊会、联席会，充分吸纳有影响、有热情的非公经济人士，引导他们积极参与志愿服务活动。为深入落实天津市个民协系统开展"学习雷锋，回报社会，促进服务"活动的部署要求，大力弘扬志愿服务精神，和平区于 2016 年成立"天津市和平区光彩事业志愿者服务队"，鼓励引导全和平区非公经济人士致富思源，积极投身光彩事业志愿服务工作。近年来，光彩事业志愿服务队伍，广泛招募非公经济组织青年志愿者，坚持"行善立德"志愿服务理念，围绕群众社会的服务需求，着力打造接地气、保民生、促和谐、正能量的志愿服务品牌，积极构建学雷锋志愿服务长效机制，推进志愿服务制度化、常态化发展。

### 案例：和平区"光彩事业志愿者服务队"志愿服务实践①

和平区个民协会光彩事业志愿者服务队连续多年联合天津标准眼镜有限公司开展"学雷锋光明志愿服务行动"，面向到店广大中老年人提供义务视力矫正、检查、治疗预防等志愿服务，通过发放爱心服务卡等形式，实际践行敬业、诚信、友善的社会主义核心价值观，切实将爱心公益事业延伸传递。和平区个民协会还联合天津和平朗泰纳医院走进全区部分困难群众和失独家庭，为他们提供心理疏导、中医理疗、法律援助等多方面志愿服务，真正把党和政府对弱势群体的关爱带给他们，使他们重燃高质量生活的决心与信心。

---

① 《和平区市场监管局广泛开展 2019 年"牢记总书记嘱托 3·5 学雷锋日"志愿服务主题活动》，2019 年 3 月 6 日，http://scjg.tj.gov.cn/heping/zwgk/tpxw/37950.html。

## 七、社会组织与志愿服务

社会组织和社区社会组织是社区工作的重要组成部分，做好社会组织和社区社会组织管理工作是推进和平区社会治理体系建设的重要内容，有助于推动志愿服务规范化发展，减轻社区压力，形成社区品牌服务和品牌项目。自1989年起，和平区就大力发展、积极培育社会组织，不仅成立了和平区社会组织孵化中心，还通过以社区志愿者协会为代表的平台型社会组织聚集多方资源，号召群众参与，为和平区志愿服务的蓬勃发展提供有效保障，使志愿服务活动由志愿者自发松散的活动变为有组织成规模的项目。志愿服务是社会组织参与社会服务的有益实践，和平区充分调动和发挥社会组织作用，近年来，和平区在发挥社会组织动力不断进行探索，充分发挥了社会组织服务国家、服务群众、服务社会、服务行业的作用。2017年，区民政局在每个街道打造多支升能团队典型。通过由专业社工机构与志愿服务团队、社区文体团队组成协作体的"1+1"协作方式，在共同开展社区志愿服务、公益服务的过程中，引导志愿服务团队、社区文体团队整合资源，助力社区工作者、志愿者骨干、居民领袖的成长，协助催生和培育社区内的社会组织和社区社会组织，推动社区治理与服务创新。和平区社会组织参与志愿服务的模式如下：

### （一）提供专业指导，开展精准志愿服务

社会组织专业性的指导能力为志愿服务提供了重要的保障。为各类志愿

服务组织依据实际需求、开展专业精准的服务提供了有效的支撑。和平区社会组织孵化中心孵化培育了各个领域的专业性社会组织 60 多个，在社工类、养老服务类、助残类、妇女儿童及家庭服务类、助困类、文化服务类等服务领域建立了专家库，在方法策略指导、资金的合规使用、服务的评估等方面为志愿服务能够走专业化发展道路提供了支持。同时，通过专业社会组织与社区志愿团队的广泛协作和培训活动的开展，为广大社区志愿组织综合能力提升提供有效的帮助。

## 专栏：社会组织孵化中心推动协同服务[①]

社会组织孵化中心作为公益服务的综合平台，在服务需求信息汇总、协同政府职能部门，对接社区平台协作、策划设立公益项目、组织实施公益活动、推介宣传公益组织、整合链接社会资源、获得高校专业力量支持等方面，都具备很强的平台整合和使用的能力。

孵化中心创办的 5 个公益公社联合 30 多家社会组织，利用孵化中心的场地，两年时间开展了 400 多场次的志愿服务活动，并积极推动各类服务平台与区志愿者协会的协同服务；2018 年，利用"使命之路"工作坊专项孵化措施，征集社区服务需求信息，形成 24 个服务实训课题，与社区平台互动，直接对接社区公益服务；2019 年，在区民政局的指导下，进一步创新举措，推出"及时帮"专项行动，随时应对社区的服务需求，引导和促进各类社

---

[①] 《和平社会组织孵化中心 助力志愿服务专业化发展》，2019 年 3 月 18 日，http://wenming.enorth.com.cn/system/2019/03/18/036953534.shtml。

会组织与社区的平台搞好联合联动，积极开展内容丰富的公益志愿服务。2017年，和平区志愿者协会先后启动十大志愿服务项目，吸引了全区志愿者积极踊跃参与项目活动，为推进志愿服务项目深入开展，区志愿者协会联合相关社会组织进行项目协助及指导。

目前，孵化中心已经培育社会组织60多个，直接受益对象近万人。如天津仁怀社会工作服务中心、和平颐德社区服务中心、天津蓝天救援队这样的孵化机构和种子单位，在促进志愿服务专业化发展等方面已经发挥出了明显的作用。备案类志愿服务组织（志愿服务队伍）的孵化主要依托于社区，社区通过提供服务场地、居民动员、小额项目资金支持、协助参加申请公益创投、组织专业培训等形式孵化社区志愿服务组织，把互益型社区文体队伍转化为公益型志愿服务组织。

## 案例：民间志愿救援队——天津蓝天救援队

天津蓝天应急救援志愿服务中心（天津蓝天救援队）成立于2009年6月28日，2013年9月在天津市民政局完成注册，2014年底正式纳入天津市应急救援力量体系，是天津市第一支纯民间志愿救援组织。所有成员包括热心公益事业的户外运动爱好者、专业搜救人员及医护人员等各行各业的志愿者。为了帮助项目更好地实施与运作，2015年，在和平区政府、区民政局、团区委及其他相关部门的大力支持和帮助下，天津蓝天救援队成立了和平蓝天防灾教育体验中心，成功入驻了和平区专门的社会组织扶持基地——和平区社会组织孵化中心。

蓝天救援队开发了"生命屋子——你身边的安全屋"自护自救项目培训体系。这套培训体系包含防震减灾及应急救援基本知识、人员疏散方法、消防四会、自救互救训练、心理帮助服务五大类课程。每类中分别包含多种细分项目，每次培训内容不超过两个子项目，每次培训时间1—2小时。培训师资主要以救援经验丰富的队员、具备红十字会及相关师资或专业资质的队员、消防或部队退伍队员三类为主。通过培训可以提高群众防灾减灾意识、技能，降低因各种灾害造成的人员伤亡和财产损失。

## （二）三级体系，确保志愿服务有序开展

和平区组织、参与志愿服务最突出的枢纽型平台组织是遍布和平区的各级志愿者协会。和平区为更好地管理各级志愿者协会以保障志愿服务有序开展，建立了区、街、社区三级志愿者管理体系。一是区级社区志愿者服务指导委员会。负责综合、指导、规范、表彰等工作，协调全区方方面面积极参与和支持志愿者服务。二是街道办事处志愿者协会。由街道归口管理，进行街道范围内宣传、协调，整合动员驻街单位参与社区志愿者服务。协会定期召开理事会，工作要点由志愿者讨论确定，工作计划由理事会制定。三是在居委会建立志愿者协会分会。通过牵线搭桥实现服务者与居民需求的结合，记录服务情况，统计服务成果。每个志愿者协会分会都有自己的服务立项，服务项目各具特色。

## 案例：小白楼街志愿者协会开展"近邻助高龄，志愿帮老人"活动①

随着人口老龄化的到来，居家养老成为多数老年人的首选养老方式。高龄居家养老的老年人在日常生活中除家务自理、家庭照顾之外，生活中仍有诸多方面的困难和不便。为此，小白楼街老年人协会、街志愿者协会在社区居民中倡导和开展"近邻助高龄，志愿帮老人"活动，以帮助居家养老的高龄老年人能够进一步提高和改善生活质量。同时通过活动的开展，弘扬学雷锋志愿服务精神，增强社会敬老助老意识，促进和谐社区的建设。

小白楼街"近邻助高龄，志愿帮老人"助老活动从 2013 年 5 月启动，首批帮扶的对象是有小白楼街户籍并常住小白楼街的 80 岁以上本人有需求且白天家中无人的高龄老人。以"早看窗帘，晚看灯；每周都有信息通；力所能及助高龄；紧急情况唤亲朋（或通知社区）"为服务内容，以社区高龄、空巢老人为服务对象，以一助一、多助一、互助互帮为活动形式。活动开展以来受到老人欢迎，成为居家养老的重要补充。

### （三）社区组织，贴近群众开展志愿服务

社区社会组织是根据群众的不同兴趣、不同爱好组织起来的，规模不

---

① 《居家养老离不开邻里搭把手》，2015 年 1 月 29 日，http://www.kaixian.tv/gd/2015/0129/12289043.html。

一，随意性较强。社区社会组织的生命力在于不断满足群众的物质文化需要，给群众带来更多的实惠。如小白楼街道从这一基本认识出发，引导各社会组织把群众最关心、最直接、最需要的问题作为开展志愿服务活动的重点，力求服务于广大群众，减缓和化解社会矛盾，促进家庭和谐、邻里和谐、社区和谐。其主要做法如下：一是引导社区社会组织做好兜底服务。慈善协会、慈善超市、经常性捐助站等社区社会组织通过建立专项基金，先后募集捐款150余万元，有针对性地解决了困难群众的基本生活、子女上学、就医、居住等方面的生活困难。二是引导社区社会组织开展维权类志愿服务活动。维护权益类社会组织根据广大群众的需求，最大限度地发挥自己的职能，开展志愿服务活动，给老百姓解决了很多难题。三是引导社区社会组织发展文化志愿服务活动。社区社会组织中文化娱乐团队占大多数，小白楼街道充分利用这一优势，持续开展了区域性、开放性的"天天乐工程"。实现了天天有活动，月月有表演，季季有比赛，极大地丰富了群众的文化生活。

## 专栏：小白楼街道社区社会组织服务促进会①

2013年，小白楼街道率先成立天津市和平区小白楼街道社区社会组织服务促进会，社区社会组织服务促进会坚持党建引导，实行街、社区两级管理，运用政策引导、法律约束、培育发展、民众监督等多种方式支持社区社会组织扩大规模、提升能力、增强实力，促进党和政府在社会管理领域中的作用。10月24日，和平区第七届"和谐和平魅力家园"社区社会组织成果展暨小白楼街道第

① 《小白楼》，2017年3月9日，http://www.tjhp.gov.cn/tjhp/njjdd/2017-03/09/content_cb308036446a4d8daa199e162a750219.shtml。

十三届社区社会组织节在泰安道友谊精品广场开幕。展示宣传社区社会组织在社区建设中的成果，社区居民用自编自导的作品传递幸福。中国社会工作协会王国英副会长向小白楼街道颁发"全国社区社会组织示范街道"牌匾，市、区领导为小白楼街道社区社会组织服务促进会揭牌。社区社会组织的类型分为社区服务类、文化体育类、维护权益类，参与人数逾万人，打造数支以"都市风雷"为代表的精品志愿服务团队，逐步形成以社区社会组织为支点的社区建设新模式，得到国家民政部有关领导的肯定，并在全国推广。

### （四）双线平台，对接志愿服务项目

在和平区，社会组织通过线上、线下两种方式进行志愿服务项目对接。线上对接方面，和平区社会组织自 2006 年起就开始通过全国第一家社区志愿服务网站进行志愿服务的对接，目前社会组织除了可以通过线上平台对接志愿服务项目，还可以通过网络进行志愿项目发布及志愿者招募。线下对接方面，和平区社会组织服务孵化中心开放中心场地，推介入驻社会组织志愿服务项目展开对接。20 多家社会组织，利用孵化中心的场地，两年时间开展了 400 多场次的志愿服务活动，并积极推动各类服务平台与区志愿者协会的协同服务；2018 年，利用"使命之路"工作坊专项孵化措施，征集社区服务需求信息，形成 24 个服务实训课题，与社区平台互动，直接对接社区公益服务；2019 年，在区民政局的指导下，进一步创新举措，推出"及时帮"专项行动，随时应对社区的服务需求，引导和促进各类社会组织与社区的平台搞好联合联动，积极开展内容丰富的志愿服务活动。

## 八、居民与志愿服务

新中国成立 70 年来，天津的志愿服务从弱到强，朝阳里社区是这一进程的重要发起者和推动者。和平区朝阳里社区的前身，是东亚毛纺厂的职工宿舍。新中国成立后，住在这儿的都是同事，白天一起工作，下班后就成了街坊。当年无论谁家有事，邻居们都会伸把手。虽然当时还没有志愿服务的概念，但互帮互助的风气，就在这里扎下了根。1988 年 10 月，和平区朝阳里社区 13 人自发组织为民服务小组，承包 13 户居民的生活服务，和平区居民志愿者也有了正式的志愿服务组织。30 多年来，和平区委、区政府持续关心、鼓励社区志愿服务发展，社区志愿服务行远自迩、薪火传承。服务内容由邻里之间的相帮互助，解决柴米油盐生活琐事、照应老人孩子等大事小情，发展为涵盖社区科教、文化、体育、卫生、治安、再就业、环境建设、便民服务、为老服务、扶残助困服务、心理调试等多系列、多种类的社区志愿服务项目体系。服务对象由社区困难家庭、弱势群体拓展为面向全体居民和周边群众。志愿服务实现从全员里来，到全员里去，居民不仅仅是志愿服务的参与者，还是志愿服务的受益人。和平区居民参与志愿服务模式如下：

### （一）融入日常，志愿服务常态化

志愿服务被纳入和平区社区十大标准化服务内容之一，和平区开发了社区志愿服务标准体系，并经相关国家标准组织认定，志愿服务工作融入社区日常工作。在社区集体议事中，志愿服务制度设计、长远规划均被列入核心议题。同时，发挥居民自发性，开展"老三送""新三送"等志愿服务，灵活采用"双向服务"等多种志愿服务形式，实现了"居民有需求，志愿者有服务"社区居民志愿服务常态化。新兴街为更好地为居民服务，通过辖区内活跃着近万名身处基层群众的居民志愿者，了解群众的所需、所急、所盼。他们把自己发现的、居民反映的问题及时反馈给社区、街道，对于可以办理的问题，新兴街以最快速度启动办理程序，无法办理的问题也会向居民解释说明。目前，新兴街已利用这一方式为居民解决各类问题近百个，多次赢得居民送锦旗"点赞"。

## （二）发挥特长，志愿服务全民化

和平区用实践证明了"群众是真正的英雄"，依托各类居民志愿者的特点在多类志愿服务活动中充分发挥了居民志愿者的作用。结合社区党员居民的特长和兴趣，组织他们广泛参与法律咨询、医疗义诊、书法培训等志愿服务活动，让社区的事成为大家的事，让大家共同把社区的事办好。和平区的志愿者用自己的特长与热心，服务社会，服务百姓，扩展了志愿服务的宽度和广度。如在63个社区，组织楼栋长等平安志愿者加强治安巡逻；南市街庆有西里的平安志愿者们，以女性普法维权项目为依托成立了"帮帮堂"普法课堂；"中国好人"唐小明坚持免费为符合条件的年满80周岁老人办理遗嘱公证及遗嘱保管手续，免费提供人体器官（组织）和遗体捐献公证法律服务，为困难户、残疾人提供免费上门服务。

# 专栏：和平区优秀居民志愿者①

30年来，志愿者精神深深根植于每个和平人的心中，志愿者队伍从13人发展到现在的11万余人，志愿服务团队达到近700个，服务内容涵盖文化传播、应急救护、防火减灾、心理健康、交通引导、法律普及、医疗卫生等大类、70多项。

和平区的志愿者大爷、大娘们默默无闻、辛勤付出，虽然已到高龄，但是依然在社区发挥光和热。80多岁的宋元朴大娘仍然参加志愿环保小分队，在社区捡拾白色垃圾；居民楼长兰长燕热心帮助邻居赢得信任，居民外出旅游都把钥匙交给她请她帮着看家；热心扶贫的志愿者穆剑春，组织居民办起了"帮困组"；志愿者张惠娣教授给社区居民不仅义务讲授国际形势、经济问题，还讲《树新风奉献在社区》；孙兰香义务为身边群众理发三十余载，甚至常常为病床上的病人跪着理发；赵玉宽曾英勇扑火，把素昧平生的伤者接回家养伤；陈雅琴简朴生活，省下来钱资助10名困难学生；耿树荣长年坚持义务为居民测血压，热心公益，被称为"白衣天使好近邻"……

老妈妈拥军小分队成立于2001年，由社区志愿服务活动发起人之一的宋元朴等人发起。十几位古稀之年的老妈妈，定期走进军营为子弟兵缝衣补被，与战士们谈心聊天，宽慰思乡之情，坚定报国之心。2010年，小分队进行了传承接力，又一批年轻的志愿者

---

① 《和平社区志愿服务让居民处处有"亲人"》，2019年1月31日，http://shequ.enorth.com.cn/system/2019/01/31/036803803.shtml。

为小分队注入新活力。此后，老妈妈拥军小分队增加了送文化活动进军营的服务内容，用更多的欢声笑语唱响"军民鱼水一家亲"的主旋律。

## （三）"爱心银行"，激发参与热情

为鼓励居民志愿者积极参与社区志愿服务活动，和平区于 2005 年 7 月创立"爱心银行"志愿服务项目。"爱心银行"的储户是志愿者，储存的是爱心，当储户奉献社会、服务他人时，银行中的存折会为其累加"存款"，而当储户遇到困难需要帮助时，又可以随时从银行中提取"爱心"，获得别人的帮助。"爱心银行"组织机构健全，内部管理规范，制定了章程和制度，并设有兼职财务人员负责项目日常运作，"爱心银行"的存折上记载的是储户奉献社会、服务他人的奉献记录。"爱心银行"创建伊始，储户只是劝业场街滨西社区的居民志愿者，而随着其影响的不断扩大，天津工业大学经济学院、天津医科大学药学院先后在校园内也建立起了"爱心银行"的分支机构——"爱心社"。随后，一些社区单位、学校、私企等社会团体也纷纷加入。

## （四）"结对"帮扶，志愿服务显温情

和平区为解决辖区内空巢老人无人照料的问题，自 2012 年起，正式开展"爱心助空巢"志愿服务项目。该志愿服务项目主要采取结对帮扶的志愿服务模式。对高龄体弱空巢独居老人，以"就近就熟"原则招募居民志愿

者，开展结对承包、针对性帮扶。通过"早看窗帘，晚看灯"进行每日关照；通过聊天、慰问、生病看望等对老人进行慰藉；通过帮助做家务、代买物品等对老人进行生活帮助。该志愿服务项目的服务对象以独居老人为主，超过 70% 的志愿者服务老人的月均时间超过 30 小时。截至 2018 年底，全区"爱心助空巢"志愿者已达 500 余名，结对老人 496 名。

## 案例：三盛里社区居民"结对"帮扶①

家住和平区五大道街三盛里社区的杨毅与同社区的杨奶奶和韩奶奶两位高龄体弱空巢老人结成帮扶对子，用真心亲情为老人们的晚年生活送去温暖。自从杨毅与二位老人结成帮扶对子，"早看窗帘，晚看灯"关注老人已成为他每天的习惯，隔三岔五的入户问候，每逢节假日会去老人家中看望，送去做好的熬鱼、蒸好的馒头；韩奶奶有糖尿病，中秋节为她挑选木糖醇月饼还有鲜活的河蟹；老人身有残疾，生活中有诸多不便，杨毅经常帮助收拾家务、代买米面油等生活用品；杨毅每次去都会同她聊聊家常，问问需求，检查上下水管、电器、线路；杨毅会点小家电维修，发现老人家哪些电器坏了就随时修好。每年春节，杨毅都会和社区志愿者一起帮助老人收拾屋子、打扫卫生，连油污的厨房也整理得一尘不染。当他们将事先准备好的窗花贴在擦拭明亮的窗子上、喜庆的春联贴在干净的大门上时，老人都会笑得合不拢嘴。

---

① 《三盛里社区杨毅　真心付出温暖空巢老人》，2017 年 11 月 28 日，http://wenming.enorth.com.cn/system/2017/11/23/034100305.shtml。

## |第七章| 和平区志愿服务的创新与亮点

〔引言〕

在探索通过志愿服务创新社区治理模式，提升社区服务质量，推动供给侧改革方面，和平区一直走在全国前沿。在不断适应时代需求、紧随社会变化的改革创新中，和平区逐渐建立了特色化的志愿服务模式，摸索出了适合自身现状、符合居民需要的志愿服务新格局。和平区通过建立志愿服务标准化体系，推动社区服务走向科学化、规范化；通过多样化的志愿服务开展，实现全区服务的常态化、普遍化；通过建立和平区社区志愿服务展馆，呈现志愿服务的可视化、全民化；通过问需于民开展需求调查与服务满足，推进志愿服务的需求化、精准化。

## 一、三盛里社区志愿服务——志愿服务标准化创新

标准化建设是现代化建设的重要内容，标准化建设日益从经济建设、环境保护等领域向社会管理与公共服务领域扩展。标准化是社会服务、社会治

理精细化、规范化、现代化发展的必然要求，是提升志愿服务水平、建构现代志愿服务制度体系的内在需要。当前，标准化建设水平，已成为国家整体技术水平和管理服务能力的重要体现。国家高度重视标准化工作，在2015年3月国务院印发了《深化标准化工作改革方案》，强调要更好发挥标准化在推进国家治理体系和治理能力现代化中的基础性、战略性作用。和平区为深入贯彻落实总书记关于志愿服务作出的重要指示精神，搭建了"新时代全域志愿服务模式"，深化全区170个学雷锋志愿服务岗、15个"天津V站"、6个优秀公共文化设施志愿服务项目建设规范化标准化。社区志愿服务标准化是国家标准化建设的组成部分。和平区五大道街道为能够高效、优质、规范地做好社区服务工作，早在2011年在全市率先将服务标准化引入社区公共服务，开展社区服务标准化研究，同步推进社区志愿服务标准化的建设和实施。

## （一）试行服务标准，开标准化先河

在志愿服务工作开展方面，三盛里社区起步较早，社区注册志愿者占社区常住居民的四分之一以上，志愿者活跃程度较高，老年志愿者是社区志愿服务开展的骨干力量。在标准化服务体系研究与实践过程中，三盛里社区根据社区实际情况，联合区、街道、社区三级开发《社区志愿服务标准》，指导社区志愿服务规范化运作。三盛里社区运用专业体系将社区志愿服务、保障、考核全面标准化，在降低管理成本的同时激发志愿者的积极性和创造性，成为全国首家社区治理与服务标准化社区。

# 专栏：三盛里社区服务标准化

三盛里社区地处享有"万国建筑博览会"盛誉的五大道建筑风貌区，社区共有户籍居民2117户、6392人。社区常住居民1318户，3958人。社区居民归属感、服务意识与参与意识较强，对社区居委会信任程度高，注册志愿者近千人，活跃的团队活动使社区志愿者充满生机与活力，志愿服务在《社区志愿服务标准》的指导下蓬勃发展。

三盛里以老式小洋楼建筑为主，60岁以上居民占全体居民的23%，社区居民对社区服务依赖程度较高，如何为社区有需要群体提供高效、优质的服务成为社区工作的重中之重。2012年社区两委换届后，社区补充了一批大学生社工到社区工作，为丰富年轻社区工作者为民服务的知识，提高为群众服务的能力，切实掌握为民服务的本领，社区开始试行《三盛里社区服务标准化体系》。

为规范社区治理和社区服务体系，落实《三盛里社区服务标准化体系》，社区在体系编制过程中将社区治理与服务标准体系分为3个子体系，16类规范标准，按照13个社区工作岗位每岗1册，制作了《社区治理与服务标准化工作手册》，另加社区运行管理1册，共14册，让标准化服务有章可依。

在标准化体系的试点与探索过程中，三盛里社区将政府延伸到社区的政务事项全部纳入标准体系，形成所有社区组织、社区岗位、社区事项全覆盖的社区服务标准化体系。从日常行政事务办理延伸到社区民政、低保、劳动保障、计生、为老、综治信访等公共服务事项，再到居民生活涉及的煤、水、电等生活琐事，按类别逐项分解，列出每项工作的内容、流程、时限和考核标准，有效地解决了社区工作杂乱繁琐重复的问题，对社区各项工作、各个环节进行了全面规范和系统整合，实现社区服务的整体化、系统化。

2015年12月16日，国家标准化管理委员会对标准化工作进行评估验收，三盛里社区以95.4分优异成绩通过评估检查，专家评估组认为该项目组织领导得力，工作机制健全；标准体系科学，行业特色明显；标准实施到位，坚持持续改进；试点效果显著，具有推广价值。

## （二）规范重点环节，行标准化实践

三盛里社区紧抓标准化规范建设，围绕志愿者、志愿者队伍建设重点环节，围绕志愿服务组织管理服务关键部位，围绕各领域志愿服务内容、方法、流程与要求，加大标准规范力度，建立健全了三盛里社区志愿服务标准。

三盛里社区志愿服务标准化具体内容包括：一是通过"志愿和平"网络服务平台，开展发布志愿服务项目、招募志愿者、记录志愿服务时间、评价志愿者等志愿服务管理工作。同时，鼓励志愿服务组织在开展志愿服务活动时使用志愿服务标志。二是针对志愿服务组织提供的服务类别、服务流程进行了规范。为了更有效、更规范地开展志愿服务活动。三盛里社区对志愿者开展志愿服务专题培训，强化标准意识，保证志愿服务质量、志愿服务方法、志愿服务过程的规范与科学，提高了社区志愿服务水平。如三盛里社区平安志愿者在辖区内进行日常巡逻时，要佩戴袖章，逐一排查安全隐患，并认真做好巡查记录，以便及时发现问题及时上报。在区、街道、社区多级机构的共同努力下，三盛里社区的志愿服务规范开展取得了重大进展，社群关系更加融洽了，志愿服务满意度提升了。三是根据志愿者参与志愿服务情况进行管理和激励。在三盛里社区，志愿服务组织根据志愿者参与志愿服务活动情况，通过"志愿和平"网络服务平台如实记录志愿者的服务时间、服务评价等信息，建立志愿者服务时间累计和绩效评价制度，对长期开展志愿服务且服务效果较好的志愿者，给予相关荣誉表彰或物质奖励，鼓励推行志愿者信用评价体系。

此外，三盛里社区探索了"1582工作法"推进社区志愿服务。

1是：1个标准化服务平台，将社区为民办事的流程与服务标准通过宣传展板、宣传册、社区居民群、网络、微信等途径进行公示，增强居民对社区志愿服务标准化的知晓度。

5是：社区划分为5个标准化区域，12个网格，将每个网格的人、事、物全部纳入社区管理，从低保、残疾等弱势群体到党员、志愿者骨干，做到社区人员管理全覆盖。社区在每个网格建立10个堡垒户和30个联系户，堡垒户是全体家庭成员成为社区堡垒，作为社区的宣传员、调解员和志愿者开展社区服务，联系户作为社区服务的积极参加者与志愿服务参与者，和堡垒户共同推动社区志愿服务发展，形成带动全社区投身志愿服务的群体效应。

8是：低保、残疾、孤老、空巢等多角度、全方位的民生服务，通过服务体系和运行机制的标准化，社区工作人员、志愿者全面掌握服务标准化体系，做到一岗多责，一专多能，全面掌握社区工作技能，让社区的每一项服务成为统一、高效、居民满意的服务。

2是：通过温馨明白纸、社区网络、微信、电子邮箱、微信公众平台与居民建立多渠道的联系，形成静态与动态相结合的工作机制、监督考核机制、服务反馈机制。在全面提升社区公共服务水平的同时，积极为辖区单位与居民创造宜居的工作生活环境，社区居民的服务满意度和生活幸福感不断提高，共同建设美丽社区。

### （三）实施服务体系，展标准化成果

社区服务标准化、社区志愿服务标准化建设是一项创新性工作，没有现成经验，在实践过程中，和平区、五大道街道、三盛里社区三级部门齐头并进，严格按标准落实，不断摸索与改进。

在社区志愿服务标准化的推行与实践中，志愿服务成为辖区各单位、党员、热心居民及社区有需要群体的联通与服务的桥梁，在社区工作标准指引下，社区明确居民的服务需求，志愿者统一服务流程，建立目标清晰、供需适应的服务体系，社区志愿服务运行按照《社区志愿服务标准》严格执行，社区志愿服务在规范化、标准化、科学化的方向上快速发展。在不断探索的过程中，三盛里社区的服务标准化体系在创新社会治理上形成了常态化、制度化的工作经验，在全国范围内进行总结推广，形成强大的示范效应。

## 二、八种志愿服务形式——志愿服务常态化创新

面对新形势、新任务、新挑战，和平区为了满足不同群体的需求，适应

社会发展变化新形势，不断探索创新志愿服务形式。在服务内容上，和平区基本涵盖了社区科教、文化、体育、卫生、治安、环境建设、再就业、便民服务9个系列70多个类别的志愿服务，居民生活的衣食住行、老年照护、儿童照顾、健身娱乐、文化科技、心理咨询、医疗保健、安全卫生等方方面面做到了志愿服务的全覆盖。在服务地域上，和平区将志愿服务由从门楼院落、住宅社区等邻里生活场域扩展到道路、文化设施、广场、景区等公共生活场域，实现了居民有需求，社区有服务，全区志愿服务常态化。

根据服务回报方式，和平区将志愿服务分为免费志愿服务、低偿志愿服务和有偿志愿服务；根据服务形式的差异，将志愿服务分为八种标准化服务类型，分别是单向服务、双向服务、协同包户服务、大型集中服务、设点服务、互助挂牌服务、信息网络服务以及特别服务。

### （一）三种服务回报方式

在志愿服务过程中，和平区按照"扶困解难"的原则，对社区孤老户、军烈家属等进行无偿服务；对部分特困户，老、弱、残等群体进行低偿服务；对社区居民开展便民利民服务项目实行部分有偿服务。作为最早开展志愿服务的和平区，辖区居民对有偿社区服务接纳程度较高，对于非政府部门提供的社区服务也比较认可，这为吸引社会力量参与社区服务、形成多主体志愿服务供给提供了可能性。在服务过程中，由社会组织提供的"定制化"服务如老人、儿童的日间照料，宠物的短期托管，上门医疗服务等，在居民群体中比较受欢迎。

## （二）八种标准化服务形式

紧跟时代的步伐，和平区根据群众需求，不断创新志愿服务形式，在初期的"送煤、送菜、送炉具"的"老三送"和之后的"送岗位、送知识、送健康"的"新三送"的基础上，创造性地推出单项服务、双向服务、协调包户服务、大型集中服务、设点服务、邻里互助挂牌服务、信息网络服务、特别服务八种常态化志愿服务形式，实现了居民有需求，志愿者有服务，志愿服务活动的常态化。

1. 单向服务：作为志愿服务的基本形式，单向服务侧重于服务方提供服务，需求方接受服务，服务重点是孤老户、军烈属、双残户和困难户等特殊受众。

### 案例：和平区阳光行动助残·助困·创业联合项目①

残疾人是一个特殊困难群体，需要格外关心、格外关注。和平区着力健全志愿助残工作长效机制，采用"互联网＋创业就业"模式，帮助残疾人实现人生价值。项目重点开展助残创业就业活动，建立残疾人培训中心，邀请葫芦烙画大师崔志强作为特邀导师，以葫芦烙画传统技能为主要培训内容，针对因疾病、事故等导致下肢障碍的青年朋友开展技能辅导培训。同时，采用线上线下的双线营销模式，线上开设淘宝网网店，线下在五大道等旅游购物区建立销售点，深挖葫芦烙画旅游文化市场潜力，开发具备地域特色的商业

① 《和平区阳光行动助残·助困·创业联合项目》，2015 年 12 月 16 日，http://qnzs.youth.cn/2015/1216/3220515.shtml。

产品，拓宽作品销售渠道，切实解决残障青年就业问题，减轻生活压力，引导鼓励残障青年创业就业，实现自我价值。

2. 双向服务：此服务形式强调志愿者与服务对象的互助性，志愿者既是服务者又是受益者，志愿者和服务对象实现互助互济，利益共享。

## 案例：关爱"老雷锋"活动

和平区坚持开展独具人文关怀的关爱"老雷锋"活动，把服务时间长、贡献突出的老志愿者作为"老雷锋"进行服务回馈。关爱活动以"爱心银行"的形式，将年轻志愿者和老志愿者结对帮扶，开展日常关照、生活帮助等志愿服务；为60岁以上的"老雷锋"申请居家养老服务、优先介绍家政人员；传统节日、生日对"老雷锋"进行入户慰问，发慰问金、慰问品；对生活困难的"老雷锋"给予生活补助，每年组织"老雷锋"体检；对体弱困难的老志愿者给予专门照顾，坚持病床前慰问，灵堂前吊唁，让"老雷锋"在无私奉献的同时，得到社会的支持与回报，感受社会温暖和新志愿者的敬意，激励更多居民主动注册并积极参加志愿服务活动。在全区倡导"争当志愿者，尊重志愿者，关爱老志愿者"的良好风气，形成为志愿者"点赞"、向好人"看齐"的良性循环，很多居民一家两代、甚至三代人都成为了志愿者，形成互助友爱的社会氛围。

3. 协同包户服务：由街道、社区与有关单位和相关人员签订服务协议，志愿者协会协助落实，此服务有利于发挥社区单位、居委会、邻里等资源优势，形成资源合力，为孤老、残疾等困难群众以及其他有需求的群众提供精准化服务。

此服务形式在扩大志愿服务覆盖面的同时增强服务的持续性。

## 案例：三盛里社区共建协议[①]

三盛里社区对辖区的单位进行统一协调，整合资源，加强与辖区内的单位党组织的联系，与辖区单位党组织签订《共建协议书》，建立党建联席制度，提高辖区单位对社区工作的认同度及建设和谐社区的责任感，以"不分市区属，不排上下级，共育和谐花，共建一个家"为出发点，打破社区单位间级别、行业、大小、隶属关系等界限，使辖区单位和社区居民以平等的身份参与社区活动，共议社区大事，共谋社区发展。除隶属单位的党员外，非隶属党员在楼院中也通过定责亮牌亮出身份，明示党员职责，树立党员的先锋形象。在楼门中党员志愿者发挥政策宣传员、矛盾纠纷调解员、治安防范安全员、社区事务议事员的"四大员"作用，社区的党组织体系形成纵向到底的全面覆盖格局。

4. 大型集中服务：在传统节日、纪念日等重大节庆期间开展志愿服务主题活动，汇聚基础志愿服务、专业志愿服务、技能志愿服务等多种形式，开展大型志愿服务活动，为有需要居民提供现场服务和入户服务。

---

① 《和平区五大道街三盛里社区概况》，2015 年 9 月 25 日，http://www.tjhpdjw.gov.cn/wddjd/sslsq/sqgk/201509/t20150925_53791.html。

## 案例：2017 年和平区学雷锋志愿服务月活动

2017 年 3 月，和平区启动学雷锋志愿服务月活动，同时纪念和平区开展社区志愿服务活动 28 周年。此次志愿服务月活动以"迎全运，做文明有礼和平人，志愿者在行动"为主题。活动期间，以各街道、社区为单位，组织动员志愿者开展"迎全运·文明志愿服务日"活动，掀起"迎全运，做文明有礼和平人，志愿者在行动"活动高潮；开展"喜迎全运·共享发展·巾帼先行志愿服务日"活动，各街道、社区志愿者协会积极配合区妇联组织巾帼志愿者参加"倡家风、谈家风、送家风、晒家风"寻找"最美家庭"主题活动及展现巾帼志愿者风采的系列健身活动，组织巾帼志愿者观看《巾帼风采录》，用先进典型激励巾帼志愿者奉献热情；开展"关爱自然，养绿护绿"活动，以街道、社区为单位开展"绿色环保，爱我家园"志愿服务项目启动仪式，组建各社区"绿色环保，爱我家园"志愿服务项目志愿服务队，开展认领绿地、清理小区绿地花坛、捡脏护绿等志愿服务活动；开展"3·15 消费维权志愿服务日"活动，邀请区质量安全志愿服务队的志愿者开展计量、产品质量鉴定、食品安全等方面的宣传咨询和现场服务活动，号召志愿者踊跃报名参加市消协招募的 3·15 消费维权志愿者队伍，积极参与消费者协会组织开展的消费维权志愿服务活动，为社会和谐稳定作贡献。

5. 设点服务：此服务形式以固定服务场所为基础，志愿者协会等组织定期在社区、街道、公共文化设施等设立服务网点，围绕社区居民实际生活需求提供形式多样的基础志愿服务和专业志愿服务。

## 案例：朝阳里社区集中设点开展志愿服务①

2017年9月27日，和平区朝阳里社区连续三天在新河里小花园内组织集中设点志愿服务活动，来自和平区消费者协会、新兴街社区卫生服务中心、得安律师事务所、名媛美发学校、信诚人寿保险、尚嘉易品装饰公司的志愿者，为社区居民提供了消费维权、测量血压、法律援助、义务剪发、保险咨询、房屋测量等志愿服务。此次活动给居住在朝阳里社区管辖内和周边的居民进行集体志愿服务。朝阳里社区在集中设点开展志愿服务的同时，不断充实志愿者队伍，力争为居民提供更广泛的志愿服务。此次活动通过各个成员单位以及个人的爱心付出，让居民得到了不少实惠，感受到了实实在在的志愿服务。

6.互助挂牌服务：此服务形式融于日常生活，志愿者在所居住的楼门院挂牌亮身份、亮特长，以邻里互助、供需对接的方式实现居民小事不出楼院，一般困难不出社区的服务目标。

## 案例：树德里邻里关照组②

2012年7月成立的树德里学雷锋志愿服务站是天津市首家社

① 《朝阳里社区集中设点开展志愿服务》，2017年10月20日，见 http://wenming.enorth. com.cn/system/2017/10/19/033907044.shtml。

② 《立足"三关爱"推动学雷锋志愿服务常态化制度化》，《天津日报》2012年7月26日。

区学雷锋志愿服务站。站内做到有相对固定的专人负责、有明确的志愿服务时间、有明显的阵地标志、有固定的服务场地。为了更好地组织推动志愿服务的常态化，社区学雷锋服务站实行一室、两网、四组的工作模式。一室即建立社区雷锋精神研究室；两网即建立学雷锋志愿服务信息网和雷锋精神传播网；四组即建立四种类型的服务组，其中重要的一组是邻里关照组。邻里关照组立足社区楼门，动员社区党员和志愿者参与到志愿服务中来，与行动不便的老年人结成帮扶对子，增进睦邻真情，使受助老年人感受社区大家庭的温暖。树德里社区通过邻里关照组，以互助挂牌形式开展志愿服务满足居民需求，取得了良好社会效应。

7.信息网络服务：顺应互联网发展趋势，此服务强调以信息网络为依托，通过微信、微博、App 等信息化渠道传递志愿服务需求，提供志愿服务信息，实现志愿服务供需线上对接，志愿服务线上宣传。

## 案例：和平区志愿服务网络平台

在积极打造线下志愿服务组织体系的同时，为促进志愿服务供需精准对接，和平区依托天津市志愿服务管理平台，推进"志愿和平"网络服务平台建设，在志愿服务供需智能对接上进行尝试，将来志愿者和市民，可以通过网络平台、移动终端随时随地参与志愿服务。平台设有实名认证、推荐审核、菜单发布、供需对接、记录兑换、互动评价、信息发布、定位搜索、留言反馈 9 大功能，实现志愿服务个性化需求定制。市民可以通过"志愿服务地图"查看身边的志愿服务团队、项目，及时寻求志愿者服务，同时，市民的求助信息通过志愿者在线"抢单"或"派单"提供服务，实现志愿服务的精准对接。

除"志愿和平"平台外，和平区依托"警企联动通讯平台"，创造性地建立了由派出所、综合执法、交管、保安、平安志愿者和60余家商企组成的商企联动防范体系，实现了信息共享、部门配合、警企联动、邻里支援、行动迅速的立体化社会治安防控体系。

8.特别服务：区别于基础志愿服务，此服务形式聚焦服务对象个性化需求，立足服务对象的特殊性，强调志愿服务的专业性、针对性，最大限度实现志愿服务供需精准化对接。

## 案例：天津医科大学爱心手语社

天津医科大学爱心手语社秉承"助残助聋我有责"的理念，运用医科学生的专业优势为聋人朋友提供志愿服务，建立了多个助聋志愿服务品牌项目，受到了多方褒奖。爱心手语社通过手语陪诊为聋人朋友翻译病症与医嘱，为医生传达病患的临床症状与医疗需求，为聋人病患和医生架起沟通的桥梁，帮助聋人朋友解决就医难的问题；联合平津战役纪念馆成立"手语讲解服务队"，成为天津市第一支手语讲解志愿服务队伍，为聋人朋友提供直观的红色教育；在大中小学校进行手语推广，带动更多的人关注和帮助聋人朋友，唤起更多同学助聋助残的志愿意识，呼吁更多人加入到志愿服务中来。爱心手语社成立6年来活动累计时长超过6000小时，与多所医院建立合作关系，为聋人朋友开展常态化、专业化、高效化服务。

## 三、社区志愿服务展馆——志愿服务可视化创新

和平区经过 30 年志愿服务的积淀，积累了丰厚的志愿服务经验，形成了浓厚的志愿服务文化，有着良好的志愿服务传统。2015 年 5 月，由和平区委、区民政局、区政法委、新兴街道党工委共同参与创建的"和平区社区志愿服务展馆暨和平区志愿服务教育基地"在全国志愿服务活动发祥地新兴街道朝阳里社区落成，成为天津市第一个"社区志愿服务主题展馆"。展馆共分为 12 个部分，重点介绍社区志愿服务的兴起、拓展、深化、提高、创新的整个发展历程及获得的各项荣誉，涵盖优秀志愿者个人及优秀志愿团队的风采展示；陈列 30 多年来全区社区志愿服务的各类文史资料及实物。展馆采用光、电、声、网等相结合的立体展现手法，以实物、图片、影视多媒体、电子书、解说讲解等形式，从不同侧面全方位地展示全区志愿服务工作成果，成为传播和彰显和平区志愿服务文化的可视化基地。

2019 年 1 月 17 日，习近平总书记走进社区志愿服务展馆，为社区志愿者们点赞，称赞他们是为社会作出贡献的前行者、引领者。社区志愿者们见到总书记十分激动，纷纷讲述自己的"志愿故事"。志愿服务展馆呈现着一代又一代志愿者用一点一滴的付出培育出的志愿服务之花。

### （一）和平区社区志愿服务展馆陈设情况

#### 1. 兴起拓展篇

展馆第一部分是"兴起拓展篇"，本区域展示了和平区志愿服务的开端

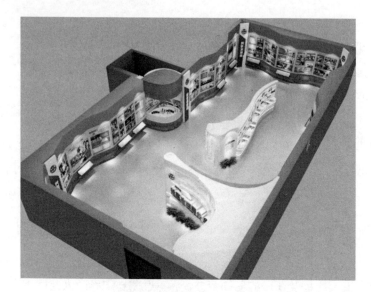

图 7-1　和平区社区志愿服务展馆

与发展历程。1988 年 10 月，朝阳里社区为解决 13 户居民的生活困难，13
名社区积极分子自发组成了服务小组，开展义务包户服务，社区志愿服务活
动雏形开始显现。自此以后，和平区志愿者的队伍愈发壮大，"一切为了人
民，一切依靠人民"的志愿服务氛围愈加浓厚。

"兴起拓展篇"通过展示 20 世纪 80 年代社区居民生活的黑白照片，让
参观者直观地看到当时百姓的生活状态，在第三产业刚刚起步的时候，居民
生活服务主要是集中供应、手工作坊、路边摆摊等形式。为丰富服务形式，
新兴街道各个社区相继开展邻里互助服务活动，包括义务理发、送米送菜、
社区义诊、义务修理等。

1989 年 3 月 18 日，全国首个社区志愿者组织——新兴街社区服务志愿
者协会成立，政府为管理志愿者协会出台了《新兴街社区志愿者协会章程》
和《社区志愿者协会管理办法》。

　　同时，本区域展示了和平区新兴街道社区服务志愿者活动十周年论证会的举办和天津市社会调查事务所和天津社会科学院社会学所的调查成果，用科学的方式将和平区志愿服务成效进行呈现。

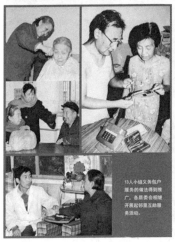

图 7–2　兴起拓展篇

### 2. 深化提高篇

　　展馆第二部分是"深化提高篇"，展示了和平区的志愿服务在服务内容、活动形式和服务成效上的不断发展与提升，居民对志愿服务的满意度非常高，和平区志愿服务得到了国家和群众的一致认可。本区域包括充实调整、志愿文化、深化发展和行文确认四部分。

　　在和平区志愿服务深化提高的过程中，志愿者群体、志愿者服务类型以及志愿者活动形式都有了新的发展。三册《志愿者之歌》的相继出版，以丰富有趣的宣传形式，传播了和平区的志愿服务文化，志愿者的社会知晓度不断提高，开辟了和平区社区志愿文化广场的历史。

与此同时，该部分呈现了新兴街志愿者协会理事会研究决定加强协会民主建设、参加全国志愿者注册登记工作推动会、在社区志愿者组织中成立党支部及新兴街社区志愿服务网站开通、民政部确认发祥地的函等重要历史记录。

图7-3 深化提高篇

### 3. 创新发展篇

展馆第三部分是"创新发展篇"，将和平区的志愿服务发展分成"乘势而上""顺势而为"及"群芳吐艳"三个板块。

第一，乘势而上。本部分通过直观的方式，展现了2010年到2014年期间，和平区志愿服务活动实际支出经费逐年提高，区领导高度重视志愿服务活动发展，召开全区社区志愿服务工作创新发展推动会，成立专业志愿者团队，组建项目服务团队，设立志愿者节开展丰富多彩的节日庆祝活动等内容。

第二，顺势而为。本部分展示了适应时代发展趋势、符合人民内心对美好生活需要、不断推陈出新的志愿服务活动，包括："爱心助空巢"志愿服务项目、"关爱老雷锋"行动项目、"关爱农民工"志愿服务项目、"关爱流动花朵"志愿服务项目以及开展的"邻里守望搭把手，奉献爱心我快乐""体验残障生活，参与助残服务"等活动。

第三，群芳吐艳。本部分展示了新兴街、小白楼街、南市街、五大道街、南营门街、劝业场街的志愿服务活动，其中包含小白楼街开展的社区社会组织参与公益化活动；南市街开展的特色门楼创建活动、圆残疾姑娘心中梦想活动；五大道街开展的普法进社区活动及关爱自然、义务植树活动等。

图7-4　创新发展篇

### 4.成果展示篇

展馆的终点是"成果展示篇"，这里分布了"蓬勃发展""领导关怀""主要荣誉"三个主题。

第一，蓬勃发展。通过照片展示了30年来，和平区志愿服务蓬勃发展历程，如向全区学雷锋志愿服务团队授旗、纪念和平区志愿服务活动25周年等重要活动。

第二，领导关怀。这部分运用图文形式，展示了1996年10月，时任中共中央总书记、国家主席江泽民到和平区视察社区工作；2003年5月，时任中共中央总书记、国家主席胡锦涛到和平区视察社区工作；2010年11月，时任中央政治局常委、国务院副总理李克强到和平区慰问老志愿者等。

第三，主要荣誉。此区域展示了和平区近30年来获得的各种荣誉，包括1996年全国主要媒体（《中国青年报》《人民日报》《光明日报》等）宣传和平区精神文明建设工作；2004年全国主要媒体（《中国青年报》《经济日报》《光明日报》等）宣传和平区"四位一体"未成年人思想道德教育工作；2015年全国主要媒体（《中国青年报》《经济日报》等）集中报道新兴

图7-5　成果展示篇

街朝阳里社区志愿服务工作。同时也展出了中央综治委为和平区颁发的"长安杯"等。

### 5. 中岛

在展厅中央中岛，展示了历年来为和平区志愿服务做出卓越贡献的人物和团队。比如：荣获"终身志愿者"称号的董光义先生、享有"居民健康守护神"美誉的康静女士、荣获"全国优秀志愿者"称号的马芳菲先生以及为军队送去温暖的"老妈妈拥军小分队"、关爱老人的"夕阳红志愿服务队"和"扶危济困资金"志愿服务项目等。志愿者们成为和平区独特的风景，他们拨开乌云，像阳光一样温暖人心，他们用爱融化冷漠的坚冰，让社会回归最原始的真善美。

图 7–6　中岛

### （二）和平区社区志愿服务展馆成效

和平区社区志愿服务展馆作为展示和平区社区志愿服务 30 年发展历程的可视化平台，将无形的志愿服务文化具象化，生动地展现在参观者面前。

和平区逐渐形成了以"社区志愿服务展馆为轴心,媒体网站宣传为依托,经验分享为补充"的可视化志愿服务文化格局,营造了浓郁的志愿服务氛围,激发调动了更多志愿者参与志愿服务活动,以志愿服务可视化,激发服务全民化。展馆建成后,先后多次接待了中央和各省市领导、全国各地和本市单位、团体的干部、群众、志愿者的视察和参观学习,受到中央电视台、中央人民广播电台、新华社、《人民日报》等中央和天津市多家新闻媒体的集中宣传报道。

## 四、万户居民需求调查——志愿服务精准化创新

随着经济社会快速发展,人民对美好生活的追求不断变化并日益提高。习近平总书记在和平区新兴街朝阳里社区调研时指出,社区工作是具体的,要坚持以人民为中心,摸准居民群众各种需求,及时为社区居民提供精准化、精细化服务。和平区在精准把握居民需求,为居民提供精准化、精细化志愿服务方面进行了大量持续性、创新性探索。

### (一)政府问需于民,形成志愿服务补充机制

自 1988 年首次开展"万户居民需求问卷调查"以来,和平区坚持进行社区志愿服务需求管理,每年开展此项调查。需求问卷调查通过全面深入的调查研究,呈现和平区社区服务总体状况,并对当下全区服务发展水平进行准确评估,明确存在的需要和问题。在此基础上,基于新时期社会关系和社

区服务工作的创新点，针对当前凸显的问题，提出相应的对策建议，构建和谐美好社区。

2018 年"万户居民需求问卷调查"按照街道所辖社区数量和各社区居民人口比例确定各街道、社区样本容量，进行分层随机抽样。调查采用线下发放问卷的形式，面向和平区 6 个街道办事处，64 个社区，发放问卷 1 万份，其中，劝业场街道 1884 份、南市街道 1413 份、小白楼街道 1440 份、新兴街道 1727 份、南营门街道 1570 份、五大道街道 2041 份，回收率达 100%，实现了居民需求调查全覆盖。和平区通过收集居民对社区服务的需求信息以及社会组织供给信息、供方的服务质量信息和需方的体验反馈信息，保证供需双方对接顺畅，服务提供符合社区需求，服务质量与服务体验让社区居民满意。和平区根据需求链接资源，将志愿服务作为社区服务的补充机制，推动社区志愿服务常态化发展。

## 专栏：2018 年"万户居民需求问卷调查"

通过 2018 年开展的"万户居民需求问卷调查"发现，和平区居民对社区服务的总体评价较高，社区服务、为老服务、医疗服务及基础设施设备配备情况如交通出行等都得到了居民的高度认可。随着社会经济的发展，居民需要日益增长，居民对服务标准要求越来越高、服务种类越来越全，个性化需求日益突显。新产生的社区社会服务类型存在较大需要满足空间，包括家政服务、休闲娱乐服务、社区内车辆管理等，这是今后社区服务需要重点关注的，同时也是志愿服务发展的新空间，志愿服务的参与必将有效补充公共服务短板，提升居民整体满意度。

### 1.文化建设评价最高

调查结果显示，居民对社区各项服务的总体满意率达到四分之三以上，其中文化建设是居民评价最高的项目，和平区在社区文化营造上的努力已经开始显现，志愿服务文化深入民心。但是，居民认为社区在配套设施方面还有较大提升空间，今后还需通过进一步调查，了解居民对于配套设施的需求点，通过志愿服务等形式改善满足居民需求。

在社区服务中，和平区社区居民对"社区文化建设"的评价最高。其中"开展道德文明宣传活动""组织居民开展丰富的文体活动""扶植社区文体队伍、成立文体协会"三项服务的满意度居前三位，居民认为"比较好"的比例分别达到了92.87%、92.81%和92.70%；"开展法制、维权方面的知识培训和宣传"满意度为92.18%，其余各项也得到了较高的评价。

通过调查和统计分析，可以看出和平区各社区文化建设工作做得比较扎实，活动内容丰富，得到了绝大多数居民的肯定。和平区志愿服务紧紧围绕群众的精神文化生活，助力文明城区建设，以全面的志愿服务内容、新颖的志愿服务形式助力了和平区文化建设。

### 2.为老服务居民需求

调查结果显示，居民对各社区提供的各项为老服务平均满意度为81.42%，其中文化娱乐活动的满意度最高，受调查者认为文化娱乐活动比较好的有86.53%；满意度排在第二位的是医疗保健，有85.05%的受调查者认为医疗保健服务比较好；接下来是心理关爱服务，受调查者认为该项服务比较好的比例为83.01%；康复指导和家政服务两项的满意度比较接近，分别为81.26%和81.15%；居民对"助洁助浴"和"助餐"两种服务的评价几乎相等，分别为79.46%和79.45%。

由此看出，目前社区的为老服务在文化娱乐活动和医疗保健方面的服务做得较好，但在日间照料中心、临时托老、家政服务、助浴助洁服务、失能老人居家及家庭护理专业技能培训、助餐和康复指导等方面尚需改进。以上说明，"失能老人居家及家庭护理专业技能培训"和"为老服务"两类社区服务是未来提升的方向。

## （二）社区响应需求，发展志愿服务合力机制

基于万户居民需求调查，和平区推进社区志愿服务由政府主导的供给导向，转变为政府倡导下的居民需求导向，重点关注居民普遍关心的问题、最迫切的需求，以此组织力量、协调资源，开展相应的志愿服务服务，因地因时制宜，提高对居民需求的响应时效，增强社区的敏锐程度，顺应居民期待，满足居民需要，改善社区民生。

按照"以人为本，为民服务"的工作理念，庆有西里社区充分发挥基层党组织的政治功能，探索出"社区党委领导，居委会扶持引导，业委会协调监督，物业公司服务"四位一体的社区"红色物业"管理新模式，在党组织的领导下，借助志愿服务力量，切实解决物业管理小区长期存在的棘手问题，实现了社区各方力量的凝聚与汇集，有效促进社区和谐。

首先，建立物业公司定期报告制度，依托志愿者，分析反映业主的各种意见，形成社区建设的"共管"格局。其次，强化业委会的组织建设，积极

发动、培育骨干志愿者，配齐、配强业委会成员，选出代表全体业主利益、经验丰富的业主参与到管理工作中，在业委会成立党支部，强化组织管理；再次，发挥志愿者作用，成立监督委员会。业委会不仅强调业主利益问题，更需要发挥业主与物业公司的桥梁纽带作用，达到让群众满意、让物业公司有效服务的目的，通过业委会的努力，使业主与物业公司形成互信合作的关系，促进社区的和谐共融。最后，为回应居民需求，把小区建设好，社区建立了物业小区民主协商制度，充分利用志愿者在源头上防控可能发生的矛盾，让居务、业务、服务、居民行为在阳光下运行，畅通信息，消除隔阂，切实保障居民合法权益，形成社区建设的"共治、共建、共管、共享"联动管理机制。

## （三）社会组织供给需求，建立志愿服务供应机制

基于居民的多样化需求，和平区充分发挥社会组织灵活机动的优点，确保供给社区服务的持续有效和高质量；同时，加强社会组织自身能力建设，提高服务响应速度，缩短反应过程，不断提高服务供给能力；在服务过程中，运用"双工联动""三社联动"方式，实现社区的共建共治共享。

和平区委、区政府为创新社会治理，培育社区治理主体，激发全社会参与社会治理的活力，投资近4000万元建立和平区社会组织孵化中心。该孵化中心是在政府资金支持下、经区政府批准成立、和平区民政局领导下的社会组织公共服务平台，是和平区公益慈善类、社会服务类和群众生活类社会组织、志愿服务组织的基地，天津市社会组织孵化培育示范基地，全国百强社会工作服务机构。该孵化中心在立足"孵化、提升、督导"的发展思路上，

创新"壳内壳外并进，区街两级互动"模式，引导和支持各街道建立社会组织孵化园，实现志愿服务队伍、服务组织作为社区社会组织直接在基层进行孵化培育。志愿服务组织根据社区的需求开展务实的社会服务，解决社区难题。孵化中心、孵化园以"以需定供"的服务理念，通过赋能志愿服务，衔接了群众、志愿服务组织和政府，助力社会问题的解决。

### （四）居民表达需要，实现志愿服务全民参与

和平区始终坚持以人民为中心，居民把自身对社区服务、社区志愿服务的需求通过万户居民需求调查，以合理的方式和渠道传递给政府或提供社区服务的社会组织，善于使用政府建立的供需交流平台和渠道，使自身的需要可以及时到达服务提供方，实现供需对接精准化。居民通过参与每年的万户需求大调查和社会组织开展的专项需求调研，及时将需求信息反馈到政府部门和服务提供方，实现决策和社情民意的双向互动。此外，居民可通过网络平台的信息交互机制发布个性化需求信息，运用"抢单""派单"的方式参与、提供服务，保证志愿服务对接的精准性，实现志愿服务的随时、随地开展，扩大居民的参与程度。

| 第八章 | **和平区志愿服务的
"五位一体"成效**

〔引言〕

习近平总书记 2019 年 7 月 23 日在致中国志愿服务联合会第二届会员代表大会的贺信中指出："志愿服务是社会文明进步的重要标志。党的十八大以来，广大志愿者、志愿服务组织、志愿服务工作者积极响应党和人民号召，弘扬和践行社会主义核心价值观，走进社区、走进乡村、走进基层，为他人送温暖、为社会作贡献，充分彰显了理想信念、爱心善意、责任担当，成为人民有信仰、国家有力量、民族有希望的生动体现。"和平区作为中国社区志愿服务的先行者，始终将志愿服务理念融入社会治理、精神文明建设、区域发展等各领域，通过打造全方位、立体化的志愿服务生态系统，在政治、社会、文化、经济、生态等领域做出了突出贡献。

## 一、和平区志愿服务的政治贡献

和平区志愿服务始终践行为人民服务宗旨，在密切党群、干群关系、转变政府职能、建设法治社会等方面做出了积极贡献。

### （一）志愿服务密切了党群、干群关系

伴随着改革开放的持续深入，各种社会现象和社会矛盾复杂多样，在关系群众切身利益的领域，党群、干群关系不断面临新挑战，出现难点和热点问题。面对不断出现的新问题，和平区始终坚持以人民为中心，以群众需求为导向，通过志愿服务不断满足了群众的新需求、新期盼，在志愿服务实践中，党群、干群关系得到了极大提升。志愿服务成为拓展联系群众新的渠道，让群众零距离、面对面地了解了党政工作，关注、理解、支持党政机关，进一步提高了党政机关的亲和力、公信力和人民群众满意度。

和平区充分利用志愿服务，密切了党群、干群关系。一是搭建"连心桥"。和平区组织党员下沉到社区认岗位、认穷亲、认难题，主动为群众提供便捷服务，从为行动不便的老人和残疾人代交电话费、水费等"小事"，到为下岗失业职工找工作、为空巢老人解决养老就餐等"大问题"，致力于解决好群众的"小麻烦"，形成"一名党员一盏灯，一支队伍一面旗"的示范效应。二是织密"感情线"。组织党员融入群众，开展"进百家门、知百家情、解百家难、暖百家心"活动，让党员敲开居民门，送上联系卡，留下反馈单，把感想体会写入民情本、把问题记入困难册，主动联系困难家庭，解决"抬头不见低头见"的问题，使老百姓的事儿，件件有回音。三是构建"互联网"。健全完善党建工作"五级四网"组织管理体系，充分发挥"大党委"工作优势，组织机关党组织与社区党组织结对、驻区单位与社区党组织

结对，广泛开展党建联抓、环境联建、治安联防、卫生联管、服务联手、教育联办等"六联共建"活动，构建上下协调、多方联管、资源共享、互利共赢工作格局，推动服务功能不断提升。

## （二）志愿服务加快了政府职能转变

改革开放以来，我国对行政管理体制进行了多次重大调整和改革。2003年之后，以创新政府管理和服务职能为引领，在新的社会主义市场经济体制初步建立的条件下，把建设服务型政府作为目标，一方面继续破除旧有体制的残余，深化政府职能转变，另一方面大力推进公共服务体系建设，构建政府与市场、政府与社会的新型关系。在政府职能转变中，和平区不断拓展深化管理服务职能，以"维护核心、铸就忠诚、担当作为、抓实支部"为主题，切实让志愿服务在为民服务中成为"一线工作站"，使广大党员干部、政府工作人员在解决群众难题中当好了"最近贴心人"。

和平区志愿服务依托三级正式组织（区一街一社志愿者协会），两级非正式组织（楼院互助小组、家庭互助对子）构成条块结合、管理与服务并重的五级志愿服务组织体系。其中，三级正式组织侧重于管理，两级非正式组织侧重于服务。政府依托五级组织载体有效转移了政府部分公共服务职能。同时，和平区从初期的以送煤、送菜、送粮为主，到送岗位、送知识、送健康，再到送理念、送渠道、送方式，志愿服务内容的更新满足了群众的实际需求，体现了时代的发展变化。志愿服务的开展，拓展了政府职能转变的空间。

## （三）志愿服务推动了法治社会建设

法治社会是指与政府等公权力领域相对应的社会领域的法治化状态，包括教育、科技、文化、医疗、体育、社保、旅游、人口以及劳动就业、社区建设等方面依法而治的状态。和平区以志愿服务制度化建设助力了法制化建设。从 1999 年开始，区委、区政府先后印发了《关于深化社区服务志愿者活动的意见》《关于进一步深化社区服务志愿者活动的意见》《关于全面开展志愿服务活动的实施意见》《和平区志愿服务记录管理办法》《和平区志愿者奉献手册》《关于加强和平区社区志愿服务活动的指导意见》《关于街道志愿服务活动经费使用指导意见》等多个文件。其中《关于进一步规范社区志愿服务工作流程和活动项目的通知》强调进一步细化完善社区志愿服务工作流程，梳理汇总社区志愿服务活动项目，完善全区社区志愿服务体系，规范社区志愿服务组织管理，健全社区志愿服务工作机制，推动社区志愿服务活动蓬勃发展。《和平区推动落实公共文化设施开展学雷锋志愿服务的实施方案》强调以区内公共图书馆、博物馆、文化馆、革命纪念馆等为平台，推进全区各类公共文化设施学雷锋志愿服务站点建设，鼓励倡导志愿者积极参与文化志愿服务，弘扬新时期雷锋精神、志愿精神。这一系列文件从志愿者管理、活动开展、阵地建设等关键环节规范志愿服务，助力了志愿服务法制化探索。

除了志愿服务制度化助力法治建设外，和平区还积极发挥政法部门优势，紧密结合志愿服务，推进了法治社会建设。如区人民检察院把志愿服务工作融入检察全局工作，突出"检察"和"为民"特色，建立硕士检察官法律志愿者服务队、学雷锋志愿服务队，定期深入共建企业、社区、学校等，开展法制宣讲、解答法律难题、扶贫帮困、帮扶共建等活动，践行为民宗旨，为群众解难题、办实事。建立 12309 检察服务中心，落实"首办责任制"，主动为社区群众提供"一站式"司法服务。充分发挥检察文化展览馆、心语室、"五和文化"展示墙、"点赞身边好人榜"等阵地作用，建立开放式共享平台。

### （四）志愿服务促进了党的建设

和平区志愿服务从原有的互助、慈善、自发等特性，向服务内容丰富、开展形式多样和范围扩大、组织性强的方向不断创新发展。其中起着先锋模范作用的党员，在党的引领下，让志愿服务展现出不一样的活力，志愿服务也推动了党建工作。一个党组织就是一个堡垒，一名党员就是一面旗帜。和平区通过不断健全党建引领基层治理工作机制，形成"五级联动、四网协同"（区委、街道党工委、社区党委、网格党支部、网格党小组"五级联动"工作机制，组织网、共建网、社区治理网、社会治理网"四网协同"工作体系）。在党建引领基层治理中，党员在开展志愿服务时既充分践行了全心全意为人民服务的宗旨，也带动了一大批不同年龄阶段、不同行业志愿者参与到社区服务、关爱留守、服务病残等各种形式的志愿服务中。在志愿服务中，党员的党性得到了淬炼，同时凝聚了群众。

和平区推行社区各类组织负责人述职制度，特别是"两新"组织，向社区党组织述职制度，重点叙述接受党组织领导、服务居民群众、解决群众生活困难等情况，并将述职情况作为考核评价的重要依据。此外，和平区整合非公经济组织资源，依托"党建之友"联谊会、联席会，充分吸纳有影响、有热情的非公经济人士，引导他们积极参与志愿服务活动。2016年成立"天津市和平区光彩事业志愿者服务队"，鼓励引导全区非公经济人士致富思源，积极投身光彩事业志愿服务工作。

此外，区民政局成立社会组织党总支，让社会组织、志愿服务组织党建融入社会组织、志愿服务组织的经营发展中，形成强劲的红色动能，把社会组织发展过程中的热点、难点问题作为社会组织党建工作的重点，用前瞻性的思维和创新的视角去开展活动，切实将社会组织党建工作落到实处。和平区以社会组织各支部为切入点，结合党建创新模式，引导广大志愿者、群众紧密团结在党的周围，向党组织靠拢。在巩固提升党组织覆盖质量落实上，显现了新成效。

## 二、和平区志愿服务的社会贡献

和平区以物质文明和精神文明平衡发展为目标，志愿服务与精神文明建设、文明城区创建深入结合、融合，在坚定理想信念共筑中国梦、践行社会主义核心价值观、助力文明城区创建、推进公民道德建设、创新社区治理等领域积极作为。

### （一）志愿服务深化了精神文明建设

1982年，和平区"五讲四美三热爱"活动委员会成立。1985年2月，设办公室，是推动全区精神文明建设活动的机构。1990年8月，更名为和平区精神文明建设活动指导委员会。1997 年 4 月，更名为和平区精神文明建设委员会，设办公室，是和平区精神文明建设委员会的常设办事机构，指导推动群众性精神文明建设活动。2017 年 12 月，设创建科、未成年人工作科、志愿服务科。多年来，和平区着眼为全区人民创建更美好的生活，紧紧抓住人民最关心最直接最现实的利益问题，拓展思路，以志愿服务为有力抓手、有效载体深化精神文明建设。志愿服务助力文明提升，提升了市民思想道德素养和城区文明程度，"志愿和平"实现了迭代升级，志愿服务在推进精神文明建设和物质文明建设平衡发展上取得了显著突破、成效。

### 1. 坚持贯穿融合，志愿服务成为精神文明建设的有力抓手

（1）利用志愿服务，点面结合实现了思想道德建设全覆盖。

和平区在思想道德建设中以党员、青少年学生等重点人群为着力点、突破口，分层次、抓重点，利用志愿服务以点带面实现群体全覆盖。重点针对党员干部通过"三认四百双结对"活动提升了他们的为政之德。和平区组织党员志愿者"认岗位，认穷亲，认难题"，进百家门，知百家情，解百家难，暖百家心，敲开居民门，留下反馈单，联系困难家庭 2700 余户，解决问题 3700 多个；组织机关党组织与社区党组织结对、驻区单位与社区党组织结对，解决企业用工、家属安置等问题 700 多个。重点针对青少年品德教育，扎实推进未成年人思想道德建设工作。把立德树人贯穿学校教育全过程，把道德建设要求体现到各学科中，引导青少年扣好人生第一粒扣子。2012 年，和平区深化"做一个有道德的人"主题实践活动，"洒扫应对"、美德少年评选、"日行一善""班级博客""节日小报""中华经典诵读"等活动获得家长和孩子们的好评。建立了"做一个有道德的人"全国联系点 3 所、区级联系

点 30 所和全区联系点 qq 群。组织广大未成年人积极参与学习雷锋、做"小小志愿者"活动，奉献他人，提升自己的理念深入青少年头脑。开展"心向党，跟党走"主题歌咏系列活动，选拔 9 首优秀曲目参与中央文明办"童心向党"网上展播活动。2014 年，文明办承办天津市"心有榜样——故事里的价值观"主题活动。在全区各中小学、快乐营地发动社区教师、志愿者以《心有榜样——故事里的价值观》一书为内容，为广大未成年人讲故事。在学校、社区组织未成年人开展"向国旗敬礼"活动，充分利用爱国主义教育基地、红色旅游等各类教育资源，134082 人次的未成年人上网参与面向国旗敬礼并签名、寄语活动。

（2）利用志愿服务，有效落实了精神文明法制化要求。

2017 年 12 月，国务院《志愿服务条例》施行，《天津市志愿服务条例》同步实施。国务院《志愿服务条例》《天津市志愿服务条例》的出台和施行，是我国志愿服务事业发展中具有里程碑意义的事件，标志着我国志愿服务事业站在了新的起点上，进入了新的发展阶段。2019 年 1 月，《天津市促进精神文明建设条例》施行，这是天津市首部对精神文明建设作出集中规定的地方性法规，标志着天津市精神文明建设在法制化、规范化方面迈上新台阶，也是实现法律和道德相辅相成、法治和德治相得益彰的具体实践。2019 年 5 月，天津市实施《天津市文明行为促进条例》，与先前出台的《天津市促进精神文明建设条例》《天津市志愿服务条例》等地方性法规，共同构成了天津市精神文明建设的制度保障。

和平区严格执行《天津市志愿服务条例》《天津市促进精神文明建设条例》《天津市文明行为促进条例》3 部条例，将志愿服务、社会主义核心价值观要求全面融入精神文明建设和法治体系建设中。和平区凭借 30 年志愿服务的积淀，不断与时俱进，在志愿者招募、注册、培训、激励以及志愿服务活动需求调研、执行、评估等维度落实了精神文明法治化的要求。

（3）利用志愿服务，落实落细了全国文明城区创建。

和平区以文明城区创建，统领精神文明建设与物质文明建设。2005 年，在全国文明城区测评中，和平区名列各直辖市参评城区榜首，被中央文明委授予"全国文明城区"荣誉称号，创建全国文明城区活动成效显著。在创建工作中，和平区充分调动党员志愿者、社区志愿者、巾帼志愿者、学生志愿者以及会员单位积极性，调动志愿服务多方力量，积极清整楼门小院、更换垃圾箱桶、封堵垃圾窑门、整顿各类集贸市场，加强对繁华区的治理，加大对假冒伪劣商品和无照经营的整治力度，对绵阳道、南浮房、新建村、独山路等重点脏乱地区进行了治理。在这些创建行动中都活跃着志愿者的身影。同时，印发以创建全国文明城区为主要内容的《致全区干部群众的一封公开信》15 万份、《宣传提纲》3 万份、调查问卷 1.5 万份、知情卡 10 万份、宣传扇 10 万把和宣传画 1000 张，发送手机短信 80 万人次，并在《今日和平》、"和平有线"开辟专栏。公交集团无偿为和平区创建工作进行宣传；联通公司免费为宣传和平区创建工作发送短信 30 余万条；所有市属"窗口"单位都挂出支持和平区创建全国文明城区的宣传标语。志愿服务成为服务高质量发展、推进和谐城区建设的重要力量。2017 年 11 月，中国文明网公布第五届全国文明城市名单和复查确认继续保留荣誉称号的往届全国文明城市名单，和平区名列其中，实现全国文明城市"五连冠"。同时，和平区在 2017 年天津市文明城区测评中排名第一。志愿服务成为和平区文明城区建设的强大引擎。

**2.依托志愿服务，推动了精神文明建设与物质文明建设的平衡**

自改革开放以来，党中央先后提出用辩证、全面的观点来正确处理物质文明和精神文明的关系。但随着我国社会主义建设实践的不断深入，物质文明与精神文明之间开始出现失衡现象。在经济高速发展的背景之下，必须注重物质文明建设与精神文明建设的平衡，是新时代我国精神文明建设的重要目标指向。和平区在取得巨大经济成就的同时也出现了部分理想信念动摇、道德修养不足、信任体系式微等普遍化问题。区委、区政府坚持高度的政治敏锐性和责任感，以志愿服务为有力有效抓手，深化精神文明建设，保持物质文明与精神文明全面、辩证发展。

新兴街万户居民调查显示社区群众关注、需求的热点已从追求物质生活转变为对生活质量的追求，对精神文明方面的追求。这种变化促使志愿服务以社会组织的形态来承担政府所不能承担的社会职能，把"间接政府职能"变成"直接民间职能"。新兴街与时俱进，科学规划，将社区志愿服务的重点由"送煤、送菜、送炉具"物质服务转向"送岗位、送知识、送健康"到"送服务理念、送服务渠道、送生活方式"等精神服务。通过洞察社会需求，和平区志愿服务平衡了物质文明和精神文明的关系，在构建和谐社会中发挥了不可替代的作用。

**3.融合志愿服务，优化了精神文明建设的内容体系**

我国精神文明建设体系是由思想道德建设和科学文化建设两个子体系共同构成，二者是相互补充，是不可分割的有机整体。进入社会主义新时代，和平区在如何保持精神文明建设内容体系与时代发展的同步，如何构建具有特色化科学文化建设内容体系方面取得了成效。

（1）打造了强基固本的思想道德工程。

党的十八大以来，和平区认真落实中央、市委市政府决策部署，依托志愿服务，开展了一系列主题新颖、形式多样、覆盖广泛的道德实践活动，积累了诸多成功做法和鲜活经验，公民道德建设的载体更加丰富，领域不断拓展，典型竞相涌现，氛围日益浓厚。区委宣传部、区文明办将基层宣讲作为"志愿服务项目""文明宣传品牌"进行广泛开展，有效促进了习近平新时代中国特色社会主义思想入脑入心。自 2017 年起，和平区成立"文明先锋"宣讲团，对党的十九大精神、习近平总书记在天津考察工作和京津冀协同发展座谈会上重要讲话精神等内容进行基层宣讲，通过自身感人事迹和工作生活实际，带领大家在"学懂弄通做实"上下功夫，用心用力用情抓好贯彻落实，截至 2019 年共举办基层宣讲报告会 68 场，直接听众近 7000 余人，通过网络直播、微博微信间接收听收看达 18000 余人。志愿服务推进了公民道德建设。和平区将思想道德教育融入到志愿服务活动中，发挥了志愿服务作为提升公民道德素养和彰显人生价值的实践载体的作用。早在 2012 年，和平区共建设机关道德讲堂、学校道德讲堂、企业道德讲堂、社区道德讲堂、行业道德讲堂等 6 大类"道德讲堂"示范点 46 个，仅 2012 年上半年，各类道德讲堂就举办 100 多场次，受众 5000 余人。它以道德模范、身边好人等先进典型作为宣讲员，现身说法，吸引广大群众讲自己、讲他人的道德故事，通过"我听、我看、我讲、我议、我选、我行"的主要模式，设计多样化宣讲形式，使群众易于参与、乐于参与。和平区道德模范的事迹无不感人至深，几十年如一日，带领社区文体团队开展健身、志愿服务的吕文霞；为居民建立小档案，亲自织毛衣温暖老人心的"温情楼长"兰长燕……这些志愿者、道德模范和身边好人来自不同的岗位，从事不同的工作，面对不同的困难，但他们都用实际行动诠释了社会主义道德的丰富内涵，也正是这些好人让社会越来越温暖。开展"道德模范巡讲"活动，让道德模范用亲身经历感染、打动、带动身边人，成为和平区开展公德建设行之有效的方式。[①]

（2）打造了与时俱进的科学文化素养工程。

科学文化建设是精神文明建设的基础性工程，知识型、学习型成为社会发展的方向。和平区立足群众物质生活丰裕后对知识水平、科学素养的新需求，为群众"送知识"成了志愿服务的着力点和亮点。和平区充分利用律师、医生、教师、科技工作者等专业志愿者，依托五级志愿服务组织体系，根据居民对医疗健康、法律法规、文化文艺等需求开展志愿服务活动。许多社区开办了老干部理论学习小组、老年大学、法律课堂、健康知识讲堂、"妈妈沙龙"等学习小组。志愿协会还根据需求不定期聘请专家为居民进行专题讲座，如请民俗专家张仲讲中国民俗，请金融专家讲市民如何理财，请环保专家讲如何爱护环境等。同时，志愿团体会员单位，也积极加入到"送知识"的志愿服务中来，利用行业特长，为群众提供切实的服务。和平艺术中学、西康路小学的 20 名教师志愿者，利用业余时间为社区中学习困难的孩子提供学习辅导，并设立了《助学联系卡》。每个社区都设立了一条法律服务热线，律师事务所无偿为群众提供法律咨询。此外，志愿者们还在社区中专门开辟专栏，将科普知识、养生保健、家庭育儿、培训计划等各类信息随时公布。志愿服务成为提升群众科学文化素养的有效载体。[②]

---

① 《天津和平区广设道德讲堂 模范引领风尚》，2012 年 8 月 22 日，http://www.wenming.cn/ddmf_296/jj_ddmf/201208/t20120822_819323.shtml。

② 牛向阳：《天津市新兴街社区志愿服务发展研究》，硕士学位论文，天津大学管理学院，2008 年，第 35—36 页。

**4.探索创新方法，推进了精神文明建设的实践开展**

（1）利用社会化运作方法，聚合志愿力量，实现了文明提升社会化、全民化。

一是和平区创新性地成立了"区—街—社区"三级志愿者协会并采取社会化运作。区、街、社区三级社区服务志愿者协会分别在社团部门注册或备案，分别建有规范的章程。各级协会会长均为社会化招募。志愿者的组织动员以各级志愿者协会为主导，确保了志愿者协会组织职能的发挥。二是形成了多主体的志愿服务参与格局。和平区全方位建立志愿服务团队，发动各机关单位、医院、学校建立志愿服务团队，鼓励道德模范、党员干部、公众人物等牵头组建志愿服务团队，已形成志愿者团队近 700 个。其中，政府职能部门是和平区开展志愿服务的基础力量，群团组织是和平区开展志愿服务的重要抓手，民间志愿服务组织和团队是和平区开展志愿服务的中流砥柱。三是建立了多渠道的动员招募体系。和平区不断优化志愿者招募、培训、激励流程，通过广泛宣传、社区招募、网上招募、站点招募、志愿广场招募等方式，逐步从以行政动员、组织招募为主向社会化动员、社会化招募为主过渡，逐渐吸引了各阶层、各类别社会成员自觉参与到志愿服务中来。

（2）利用标准化方法，整合各类资源，实现了文明提升规范化、示范化。

一是阵地标准化。高标准建设志愿服务岗、站，在公共场所和重点区域广泛设置有固定场所、固定队伍、管理制度和服务项目的标准化"天津 V 站"。为了广泛展开志愿服务，和平区规范化建设了全区 64 个社区志愿服务站、10 个公共文化设施志愿服务站、7 个公园景区志愿服务站、89 个窗口单位学雷锋志愿服务岗，全区 15 个学雷锋志愿服务岗先后入选"天津 V

站"。二是服务标准化。和平区早在 2011 年在全市率先将服务标准化引入社区公共服务,推进社区志愿服务标准化的建设和实施。三盛里社区紧抓标准化规范建设,围绕志愿者注册、志愿服务时长记录、志愿队伍管理等重点环节以及各领域志愿服务内容、方法、流程与要求,加大标准规范力度,建立健全了三盛里社区志愿服务标准。社区志愿服务在规范化、标准化、科学化的方向上快速发展。在不断探索的过程中,三盛里社区的服务标准化体系在创新社会治理上形成了常态化、制度化的工作经验,在全国范围内进行总结推广,形成强大的示范效应。

## (二)志愿服务促进了社会治理创新

社区是社会结构的基本单元,也是创新社会治理的重心。社会治理的重心必须落到城乡社区,社区服务和管理能力强了,社会治理的基础就实了。因此,社区治理是社会治理的基础环节,是创新社会治理的重要突破口。多年来,和平区委、区政府高度重视社区志愿服务,积极以志愿服务为抓手促进社区治理创新。

2014 年 1 月,和平区被民政部确认为全国社区治理和服务创新实验区以来,和平区将"志愿服务"纳入十大服务体系,坚持以构建和完善"长效救助、再就业保障、卫生服务、便民服务、志愿服务、养老服务、精神文化服务、网格化服务、标准化服务、物业管理"十大服务体系为载体,大力推进社区治理和服务工作创新发展,在社区治理和服务体制机制、方式方法创新上进行大胆探索实践,取得了明显效果。2017 年,和平区成为天津市首个通过民政部验收的创新实验区。其中,包含志愿服务体系的社区"十大服务体系"被民政部推介为"2015 年度中国社区治理十大创新成果"提名成果。

依托志愿服务，和平区在充分发挥社会组织作用、创新社区物业管理服务、推广社区标准化管理服务、提供社区长效救助服务、延伸拓展社区为老服务模式、打造特色楼门建设"升级版"等方面取得了显著成效，持续推进了社会治理与志愿服务的深度融合。2018 年和平区在居委会成员中增设一名专职负责社会组织、志愿服务组织工作的社团委员。2019 年初相继发布《和平区社团委员工作职责》《和平区民政局关于加强社团委员教育培训的实施方案》及《2019 年和平区社团委员培训计划》，持续跟进社团委员职业化、专业化能力提升培训，此举促进了三社联动机制建设，加强了社区治理创新。

## 三、和平区志愿服务的文化贡献

和平区志愿服务坚持以文化人，在丰富群众文化生活、发扬睦邻友好传统、保护历史遗产、形成志愿文化等方面做出了积极贡献。

### （一）志愿服务丰富了群众文化生活

2011 年，和平区获得首批全国公共文化服务体系示范区创建资格，成为天津最具文化魅力和发展活力的城区。近年来，和平区整合了全区公共文化志愿服务资源，不断满足了群众文化诉求，以社区、机关、学校、企业、军营和农村为主要服务点，开展了多种形式的文化培训，着力围绕特色社区文化艺术建设、残疾人文化、农民工文化和农村文化建设、扶危济困等大型活动开展了文化志愿服务活动，推动了群众性文化活动不断深入。

和平区文化志愿服务通过活动内容大众化、活动形式多元化、活动组织常态化，创新方式，实现了志愿服务常态化。一是围绕中心工作组织开展了形式多样的志愿服务活动。全区各级文化志愿者团体结合不同时期中心工作，组织开展不同主题的文化志愿服务，比如参与组织"和平杯"中国京剧票友邀请赛、"枫叶杯"全国青少年儿童书画大赛、"和平之春"社区文化艺术节等11项系列群众文化活动。二是围绕节日开展了大众民俗文化志愿服务。文化志愿者协会每年将各种节日、纪念日时间表印发各志愿者分队，组织开展不同主题的志愿服务活动。春季有新年音乐会、"二月二"龙抬头大型民俗文化活动展演、夏季有纳凉晚会、"庆端午、粽香情"曲艺专场等；秋季有闹中秋、庆重阳等文艺活动。每年学雷锋日、文化遗产日、助残日、国际志愿者日等，和平区都会举办声势大、参与面广的大型文化志愿服务活动。三是推行常态志愿服务活动方式。包括与农民工、帮扶村镇、残疾组织和部队等的双向互动服务；对困难户、孤老户和商业区的单向服务；区内大型文化场所和文化广场的设点服务；三馆免费挂牌服务等。此外，通过实施文化惠民"四个一"工程，即每年放映公益电影、组织公益大讲堂、举办公益文艺演出和文化展览各1000场以上，较好地实现了文化志愿服务活动的常态化。

同时，为扩大文化志愿服务的宣传和影响力，和平区创办了《和平文化服务专报》、和平志愿者网页、《和平志愿者》杂志、和平志愿者QQ群等媒体阵地，同时利用和平有线台、社区和大型商业场所LED电子显示屏、社区宣传栏等各种宣传媒介，大力宣传志愿精神和"利他益我也为你，共建和谐共同体""我参与我快乐"的志愿服务理念，提升了公众知晓度，吸引了更多群众加入到文化志愿者队伍中来。[①]

### （二）志愿服务发扬了睦邻友好传统

城市是人民的城市，人民城市为人民。邻里关系作为传统社会关系的重要组成部分，在传统社会中承载着情感沟通和社会支持的重要功能。现代城市生活中，人们对邻里之间的互助需求有了很大变化。天津民风淳朴，治安良好，是一个"亲切可人的世外桃源般慢节奏的城市"。长久以来的历史积淀让这座城市充满了人情味，社区居民习惯于走出家门同左邻右舍共同参加活动，加深彼此之间的联系与友谊。和谐互助的邻里氛围提升了和平区群众的志愿服务意识，志愿服务活动又促进了和平区睦邻友好传统的延续。

在邻里互助中，和平区有全国五星级志愿者兰长燕，每一次嘘寒问暖，每一次解决难题，每一次扶危助困，换来周围邻居的信任，他们放心地把家门钥匙交给她，并称她为"钥匙阿姨"；有中国社区志愿者之星王瑞琴，她建立楼门的联络簿，改变了过去"老死不相往来"的局面，编织出一张全楼邻居参与的"爱心互助网"。有"阳光奶奶"志愿服务队的队长吕文霞，她带领一群暮年的老人，走进军营、走进学校、走进社区、走进工地……哪里有需要，哪里就有她和她的同伴们。这些志愿者用自己的暖心行动，传承了中国优秀传统文化。

此外，和平区还广泛开展邻里守望志愿服务活动，以"邻里守望，互助

---

① 《天津和平区近万名文化志愿者活跃基层》，2012 年 12 月 12 日，http://www.wenming.cn/whhm_pd/yw_whhm/201212/t20121212_980061.shtml。

互爱"为主题,积极搭建"邻里守望"志愿服务活动平台,依托社区学雷锋志愿服务站组织实施,积极引导组织志愿者和社区居民广泛参与敬老、爱幼、助残、扶弱、邻里互助、文化体育、卫生、平安八项志愿服务活动。通过组织党员志愿者到社区报到、专业志愿服务队主动对接社区学雷锋志愿服务站,进一步强化了社区学雷锋志愿服务站在志愿服务活动中的组织、协调作用,营造了"近邻胜过远亲"的良好人际关系和团结友爱、互敬互助、文明祥和的社区生活环境,传承了睦邻友好传统。

### (三)志愿服务推动了历史遗产保护

文化是城市的灵魂。推动城市特质形成,首先就是要保护城市历史文化遗存。城市历史文化遗存是前人智慧的积淀,是城市内涵、品质、特色的重要标志。和平区人文底蕴深厚,既汇集了中西文化,也遗存了大量近代历史建筑。和平区拥有天津市 76% 的历史风貌建筑和名人故居,被评为"中国国家旅游 2017 年度最佳文化旅游目的地"。志愿服务在历史遗产保护上发挥了积极作用。

以五大道文化旅游区的志愿服务为例,五大道文化旅游区完整保存着各式风格建筑 2185 栋,有"万国建筑博览会"之称,是中国近现代百年历史风云变幻的见证,是国家 4A 级旅游景区。五大道欧陆风情街被评为中国历史文化名街。五大道文化旅游区开展的"最美风景"五大道文明旅游志愿服务项目因其广泛的影响力和对城市历史文化的深切关注而具有重要意义。

和平区五大道文化旅游区相继与天津师范大学、天津理工大学、天津医科大学、天津外国语大学等众多高校开展文明旅游志愿服务共建,建立了一支近百人的"文明旅游"志愿者队伍，并将五大道文化旅游区设为大学生文明旅游志愿服务基地。在"五一""十一"等节假日和五大道国际文化艺术节等活动时，组织志愿者在景区内开展文明旅游志愿服务，在重要景点和主要路口、公交站点设立旅游咨询服务站，免费为游客提供旅游地图，向广大市民及游客发放《文明旅游、理性消费——品质旅游出行提示》《文明旅游十大提醒语》等，进行文明旅游宣传。志愿者们在人流集中地点，帮助游客排忧解难和提供义务导游服务，协助景区工作人员维护景区秩序，开展景区秩序引导，规劝乱刻乱画、损花折绿、乱扔垃圾、破坏设施等不文明行为。同时，游客服务中心组织医学及护理专业的大学生志愿者为有需要的游客进行志愿服务。招募小语种专业大学生志愿者，为国外游客在游览过程中提供便捷周到的服务。

2016 年"十一黄金周"期间，五大道开展文明旅游志愿服务的事迹被新华社、《新闻联播》《人民日报》等中央媒体报道。志愿服务的广泛开展营造了良好的旅游环境和氛围，也推动了城市历史文化遗产的保护与发展。

### （四）志愿服务带动了志愿文化形成

历经 30 年，和平区志愿服务积淀了丰富的志愿服务文化，志愿服务已经成为每个人的生活方式，志愿服务理念在全区人民中内化于心，外见于行。和平区编辑了《志愿和平——纪念和平区社区志愿服务 30 年》《奉献之歌——和平区志愿服务三十年汇编》《我是朝阳志愿者》《和平区历届受表彰志愿服务个人和集体荣誉册》《和平志愿者——纪念和平区社区志愿服务 30

周年志愿服务项目展播专刊》等书籍；制作了《志愿服务　薪火相传》《以人民为中心的凯歌——和平区社区志愿服务三十年专题片》等反映志愿服务发展历程的视频短片；推进了《和平志愿者》杂志改革创新，加强采编队伍建设，打造志愿服务工作精品刊物；编排了《朝阳里的那些人那些事》《大路朝阳》《和平人，幸福事》等反映志愿服务历史及特色的文艺节目；完善了"和平区志愿服务标识系统"，并在重大活动中强化使用；协助配合了央视《70 年 70 城》《中国志愿》和天津市台《我和我的祖国》《诗美家园》等微视频、快闪、宣传片等创作推广工作。

和平区持续开展全区性志愿服务先进典型表彰活动 25 届，加强与光明网、新华网等主流媒体以及各类新媒体的深度合作，广泛宣传志愿服务先进典型感人事迹。和平区每年推荐和评选表彰优秀志愿者、志愿者组织，区领导亲自为优秀志愿者带红花披绶带，给予崇高的礼遇，鼓舞奉献热情，树立人人尊崇、人人争当志愿者的导向。这种导向促进了志愿精神的传承，传承又反过来强化了这种正确的导向，形成了良性循环。30 年来，丰富多彩的志愿服务活动孕育涌现出大批助人为乐、无私奉献的志愿服务先进典型，全区累积共评选表彰优秀志愿者 3764 人次，优秀志愿服务集体 1153 个，推荐吕文霞、兰长燕等 24 名志愿者荣获"国家级优秀志愿者"荣誉，俞军、金美玉等 81 名志愿者获得"天津市优秀志愿者"称号，34 个项目、岗站、社区等获评国家级志愿服务先进典型，44 个获评天津市志愿服务先进典型。①

---

① 《志愿和平——和平区社区志愿服务 30 年》，2019 年 4 月 7 日，https://mp.weixin.qq.com/s?src=11&timestamp=1575790685&ver=2021&signature=WhexrkUMnCT6ePz7cketultvCWntydbCK*JpcSwa9AIoxENovF2d2ByVBmRdbCSfvat–7Lbok8cf676cl0–8bLkL5sB*NwpjBrBuLeT8S*20U5qDAogsuvP7xX0AEOcm&new=1。

在和平区，志愿服务已然成为一种文化，一种生活方式，形成了"我为人人，人人为我"的良好氛围。

## 四、和平区志愿服务的经济贡献

和平区志愿服务始终服务中心工作，为促进就业、创造良好营商环境、推动商业向善、脱贫攻坚积极作为，在奋力推进高质量经济发展中贡献力量。

### （一）志愿服务促进了社会就业

在社会转型中，就业一直是贴近民生的社会问题。20 世纪 90 年代，在和平区出现了大量的失业、下岗现象，这成为家庭的痛苦，社会的不稳定因素，直接影响到家庭、社会。面对家庭不睦、求职无门、有职无能等现象，和平区新兴街志愿者充分发挥志愿服务精神，为广大有着就业需求的适龄人员提供专项"送岗位"志愿服务。服务内容已由初期的提供用工信息，拓展到各类专业的免费短期培训，乃至转变择业观念、端正下岗心态等等。这在很大程度上缓解了下岗职工的生活压力，促进了社会再就业和社会稳定和谐。

此外，新兴街社区由志愿者开办的一些非正规就业组织，主动介绍社区中的下岗职工入职。如长祥水站一次就接收了社区的 8 名下岗职工。社区中的志愿服务会员单位，像天津医科大学、广播电视局、上岛咖啡店、狗不理快餐店等单位都面向社区中的志愿服务会员单位发出了"伸出一双手，温暖一个家"的倡议，为这些困难群体提供特别的服务，在用工方面享有优先权。

新兴街社区志愿者协会在社区内建立了用工信息栏，沟通了志愿会员单位同社区的供求，随时公布用工信息。针对有职无能问题。通过社区志愿者的招募，协会选出了有一技之长的志愿者开办了"妇女编织组""插花短期培训班""家政技能培训"等。使下岗职工掌握就业本领。同时，针对下岗职工对政策方面的欠缺，协会在街道办事处的支持下，组织劳动就业培训中心和法律服务所为社区中的下岗职工开展了就业指导、政策宣传、再就业中的维权等专题讲座，使下岗职工在社区从上岗咨询，到择岗就业，甚至到在岗维权，都能够解决，使社区群众在志愿服务中确实受益。[①]

### （二）志愿服务营造了良好营商环境

近年来，和平区以打造践行"三个着力点"重要要求示范区和"五个现代化天津"旗舰区委奋斗目标，坚定不移推动高质量发展。和平区在楼宇经济、创新创业载体上发力，全力打造审批最少、流程最优、效率最高、服务最好的法治化、国际化、便利化营商环境。2018年以来，和平区结合"双万双服促发展"活动，即"动员万名干部帮扶万家企业，服务企业，服务发展"，以服务促招商，以服务促发展，营造出良好营商环境。崇德向善的志愿服务氛围在良好营商环境的营造上发挥了重要作用。

在创业服务上，和平区民政局积极贯彻落实全区"双万双服促发展"活动，为志愿服务组织、社会组织营造了创业发展的良好环境，重点解决

①　牛向阳：《天津市新兴街社区志愿服务发展研究》，硕士学位论文，天津大学管理学院，2008年，第34—35页。

了志愿服务组织、社会组织用工、人才管理、人事服务等方面的问题，推动了全区志愿服务组织、社会组织在内部运营与管理上规范运作，依法自治，加强了全区志愿服务组织、社会组织能力建设，促进了其健康有序发展，从而提高了和平区志愿服务组织、社会组织的整体水平和竞争力，为加快建设创新竞进、质效兼备、民惠民安、文明美丽的"品质和平"提供了重要保证。

在税务宣传方面，2008 年区国家税务局党总支向全局 126 名党员、326 名干部发出"服务社会，助残扶弱，传播文明，分享快乐"的倡议，成立了志愿服务队。服务队组建青年志愿者服务站，积极开展"送税法进社区"活动，深入街道社区，宣传税收政策，宣讲和社区居民关系密切的下岗再就业等税收优惠措施。通过张贴宣传画，悬挂宣传标语，为社区学校讲授税收主题课，进行税收知识的宣传，发放宣传材料，创办社区税收宣传栏，开展知识竞赛，针对社区居民的热点关心问题，进行现场疑难解答，积极宣传"依法诚信纳税，共建和谐社会"的理念。区国税局多次被评为"支持再就业先进单位""发展个体私营经济先进单位"。

在政策宣讲上，区人社局助推企业发展志愿服务，贯彻落实"企业家是老大，我们是店小二"的服务理念，结合"双万双服"主题活动，聚焦企业发展，结合企业实际需求，召开不同层面的政策宣讲会、业务培训会、咨询解答会，坚持定期走访，随时提供政策咨询和业务方面的帮扶指导。区人社局 5 名科室负责人分别带队进楼宇、商圈开展志愿服务，现场为企业人员提供劳动关系、企业工伤、养老保险、创业服务等方面政策宣讲及问题答疑，为中小企业发展提供有力的政策保障。

## （三）志愿服务推动了向善商业发展

和平区作为天津百年商业中心，商业底蕴深厚。区内云集 1 万平方米以上的大型商业设施 33 座，海信广场等 3 座高端卖场年销售额超 10 亿元。同时，小白楼国际航运服务业集聚区集聚效应明显，以万通大厦为龙头，建成天津国际航运金融中心。在和平区，通过公益慈善事业与商业的结合，促进了社会企业家精神的发展，也促使了商业从对所有者负责转向对相关利益方负责，特别是对社区、环境负责的倡导，使得商业成为向善的力量。

和平区积极引导驻区企事业单位参与志愿服务。2017 年 7 月，五大道街志愿者协会发起，携手北京快兔信息技术有限公司、天津人民体育馆共同开展"助力全运，争做文明交通，文明骑行的志愿倡导者"服务宣传活动。为了充分发挥共享单车优势，五大道志愿者起模范带头作用，助力全运，争做文明交通、文明骑行的志愿倡导者，决心做到在单车骑行过程中，不乱停乱放、不恶意损坏单车、不私占单车。全力做到绿色出行、文明出行、安全出行。在原有"爱心驿站"基础上，和邮政公司一起，多维度打造"文明邮路"，开设"文明驿站"，在区内邮政网点设置休息区，提供免费饮用水和应急药品，为志愿者和有需要的群体提供方便。通过不断地示范带动作用，在和平区越来越多的单位自觉参与到志愿服务中，涌现了诸多志愿服务典型。

如和平区阳光义工爱心社，其由众多爱心企业家联名发起并出资成立，旨在发挥"帮困红娘"的作用，在爱心人士与弱势群体间搭建爱心公益平台，聚焦精准、深化帮扶，将精准帮扶落到实处。又如劝业场街道宾西社区的"爱心银行"，其由本社区从事义务工作、社区服务和社会福利事业的团体和个人自愿组成，现已延伸到了街道各社区居民乃至全区、全市。成员单位麦购天津、现代集团、劝业场集团等持续多年为社区困难群众捐款、捐物，不断为社会发展贡献自己的力量。也有荣安街便民菜店常态化为空巢老人、低保老人、老战士、伤残军人等送菜，定期慰问高龄空巢困难老人，积极参与军民共建活动。

### （四）志愿服务助力了脱贫攻坚实现

为更好地贯彻落实扶贫工作的战略部署，响应"精准扶贫"的号召，和平区2017年以来坚决执行中央、市委关于扶贫工作相关指示精神，按照"升级加力、多层全覆盖、有限无限相结合"的工作总要求，坚持精准扶贫和精准脱贫相结合，做到目标精准、项目精准、投入精准、时间精准，用心用情用力做好对甘肃会宁、靖远、舟曲三县对口帮扶工作。在助力脱贫攻坚中，和平区探索新思路，以志愿服务为载体，整合广大志愿者、志愿服务组织、志愿服务项目、志愿服务资金等资源，通过志愿服务暖人心，开展精准扶贫。三年来，各项工作稳步推进，取得了一系列良好效益。

强化组织领导，区委、区政府多次召开专题研究和部署推动会。每年区主要领导赴三县考察调研，将扶贫工作纳入绩效考核指标体系，两地积极开展高层互访，加大人才支援力度，3年累计选派党政干部9名到三县挂职，专业技术人员114名，为三县培训干部和专业技术人员944人。倾力资金支持，3年累计为三县投入帮扶资金18193万元，募集社会帮扶资金1190.3万元。

通过志愿服务等一系列有效手段，实现了升级劳务协作、结对帮扶、特色协助。升级劳务协作，3年累计帮助三县职业技能培训建档立卡贫困户3207人。实现就近就地就业、转移就业建档立卡贫困户6876人。协助培训创业致富带头人 1063 人。结对帮扶，6 个街道、社区分别与 6 个乡镇、贫困村结对；医院结对 7 家；村企结对 159 个；以"四个"为抓手开展结对认亲，全部区级领导、成员单位处级领导干部与贫困户结对 129 个，帮扶工作实现全覆盖。因地制宜开展特色协作。连续三年开展白内障复明手术，累计为三县完成 151 例白内障复明手术。援建会宁县深度贫困；村新添堡乡大寺村"博爱红十字卫生站"，有效解决当地群众看病就医和卫生保健难题。创建学校联盟，和平区 35 所各级各类学校，与甘肃 91 所中小学、幼儿园、职业学校、特殊教育学校、九年一贯制学校签署"联盟学校合作框架协议"，并辐射至三县 701 所乡镇学校和教学点，实现学校结对全覆盖。加大扶智力度，协助舟曲县筹建舟曲职业中等专业学校，援派 3 名教学管理骨干组成学校领导班子和教育教学管理团队，通过加强管理、教学规划、专业设置、实训基地建设、师资力量配备，推进舟曲县职业教育技术水平提高，为当地贫困人员就业提供支持。

## 五、和平区志愿服务的生态贡献

和平区坚持绿色发展理念，将志愿服务融入环境改善和环境教育中，为新时期生态文明建设作出了应有贡献。

### （一）志愿服务推动了环境改善

党的十九大明确指出，中国环境治理需要"构建政府为主导、企业为主体、社会组织和公众共同参与的环境治理体系"。公众参与作为一支重要力量，正逐渐打破中国环境治理中"政府主动，企业被动，公众不动"的原有格局。和平区志愿服务参与环境治理，有效畅通了公众环保参与渠道，促进了相关利益方意思表达，搭建了交流对话的平台，为更好促进环境治理贡献了力量。

和平区是国家卫生区，和平区志愿者在创建卫生城区方面发挥了重要作用。在社区卫生维护方面，志愿者清理里巷道路、楼群院落堆存的装修渣土、废弃杂物、小广告。在旅游品质提升方面，五大道文化旅游区与多家高校合作，建立起一支近200人的大学生文明旅游志愿者队伍，为游客提供咨询引导服务，成为维护景区环境秩序、倡导文明游览、文明休闲的一道亮丽风景。在移风易俗宣传方面，和平区志愿者每逢清明节、中元节、寒衣节都在社区带头参与集体鲜花共祭等活动。

此外，和平区党员志愿者在小污染精细化管理中发挥了重要作用。和平区曾在2016年连续两月空气质量排名全市垫底，2017年即拿下空气质量综合指数、综合指数改善率、综合排名、PM10年均浓度改善率、PM2.5年均浓度等5个全市年度第一。2018年，全区空气质量持续改善，空气质量综合指数5.67（天津全市为5.78），位列全市各区第二，PM2.5平均浓度52微克/立方米，同比下降8.8%，超额完成市里下达的下降1.8%的年度目标任务。这份成绩的取得离不开和平区党员志愿者的广泛参与。全区充分发挥大气污染防治专职网格员和专职环保监督员作用，同时通过党建云平台发动全区2.6万名党员积极参与污染防治工作。党员志愿服务在和平小污染精细化管理中起到关键作用。①

--------

① 《天津和平眼睛向内，抓好小污染治理，空气质量从垫底到全市第一》，2019年2月18日，https://www.huanbao-world.com/a/quanguo/tianjin/82545.html。

## （二）志愿服务深化了环境教育

公民既是环境教育的重要参与者，也是环境教育的受益者。和平区以志愿服务为重要形式，在环境教育方面做了诸多探索。和平区依托志愿者面向社区开展"同呼吸 共奋斗——雾霾三问"主题讲座，举办纪念全国科普日暨环保课堂进社区活动，完成编撰《走近环保》期刊四期共 8000 册任务，并发放给机关、学校、社区。在学校，天津市第五十五中学始终坚持"生态型教育"办学理念，走内涵发展、特色发展之路。2011 年，学校成立了"朝阳公益"社团，致力于承担起青少年应有的社会责任，成员经常前往周边社区拾脏护绿、清理公共设施，为巩固提升和平区"创卫"成果，推进"品质和平"建设作了积极贡献。

和平区始终坚持"教育一个孩子，带动一个家庭，影响整个社会"理念，通过强化学校教育培养孩子的环保意识。第九十中学充分利用课堂主渠道，将垃圾减量、分类等相关知识融入课堂教学，做到教育教学有载体；通过班会、全体会、宣传栏等途径普及垃圾分类知识，垃圾分类知晓率达到 100%。学校结合生态教育实践活动，积极参加国际"根与芽"环境保护项目——"回收旧手机，拯救大猩猩"活动；开展"捡拾中国"行动项目活动；对垃圾资源化利用，开展"落叶再利用"活动。这些活动既开阔了孩子们的眼界，又影响了他们的生活方式。此外，和平区还积极发挥居民区和公共机构垃圾分类示范试点的引领作用，进一步健全完善了分类投放、分类收集、分类运输、分类处理的垃圾处理系统，推动了居民社区、公共机构分批依次开展垃圾分类，为推动绿色发展、建设"美丽天津"作出了和平贡献。怀远里社区持续不断面向居民开展垃圾分类主题宣传活动，通过社区志愿服务进一步增强居民对垃圾分类知识的了解，使居民能够积极参与到垃圾分类行动中来，从而提高了居民自觉爱护环境卫生的意识，养成了垃圾分类的好习惯。[①] 志愿服务在垃圾分类倡导和实践中发挥了良好促进作用。

① 《天津和平：践行环保生态理念倡导绿色生活方式》，2019 年 7 月 10 日，http://wenming.enorth.com.cn/system/2019/07/10/037443410.shtml。

# | 第九章 | 和平区新时代志愿服务创新模式

〔引言〕

经过 30 年的发展，和平区志愿服务在数量和品质上有了显著的提升。时代变迁、空间更替，随着我国进入中国特色社会主义新时代，随着京津冀协同发展的步伐日益加快，随着创新、协调、绿色、开放、共享的发展理念深入民心，和平区志愿服务的发展面临着从量变到质变的考验，面临着延续"全国社区志愿服务组织发祥地"的品牌优势的考验，面临着从"发祥地"到"引领者"的考验。习近平总书记在党的十九届四中全会上指出，到新中国成立一百年时，全面实现国家治理体系和治理能力现代化。志愿者事业要同"两个一百年"奋斗目标，同建设社会主义现代化国家同行，如何创新志愿服务的发展模式，迎接新时代、新使命、新任务，这将是和平区志愿服务未来发展的重要命题。

# 一、和平区新时代志愿服务面临的发展问题

如前文所述，和平区志愿服务已经打造了以社会化运作为主线，通过党员和文化引领，依托保障激励、供需对接、组织孵化、项目管理四大机制和五级志愿服务组织体系，讲政治、强组织、优服务，实现社区志愿服务的全员参与、全域覆盖、全年贯穿局面。在肯定成绩的同时也要看到，当前和平区志愿服务的发展仍存在一定的局限与不足。

## （一）志愿服务战略发展理念有待提升

和平区志愿服务是典型的自下而上的发展模式，源于社区，服务于社区，具有浓厚的基层服务特色。志愿服务不仅是基层社会服务，更是国家战略发展的重要组成部分。和平区的志愿服务发展仍停留在以邻里守望为主的阶段，部分部门和单位仍未能认识到志愿服务的重大意义和重要作用。需将志愿服务纳入和平区经济、政治、文化、社会、生态发展大局，从顶层设计推动志愿服务的总体规划，更是要牢记习近平总书记在朝阳里社区视察时对志愿服务的嘱托，将志愿服务融入建设社会主义现代化国家的发展战略，将志愿服务融入京津冀协同发展战略布局，将志愿服务融入和平建设世界级智慧中央活力区目标，实现志愿服务的重要历史作用。

## （二）志愿服务未充分发动体制内外资源

目前区内党员、党政机关、群团组织、民主党派、退役军人、企事业单位、社会组织、居民等共同参与组建各类志愿服务队伍、打造志愿服务阵地、开展多项志愿服务活动，取得了一定成效。但是从参与比例看，志愿服务的参与主体仍以体制内力量为主，社会力量的参与较为薄弱、零散，而且志愿服务的总体经费投入也较少，主要依赖于政府预算。志愿服务最大的优势在于其社会性，是区别于行政命令的发动群众参与社会事务的有效手段。过分依赖体制内力量的参与将削弱志愿服务的自愿性和公益性，也不利于志愿服务的创新发展。和平区是全市金融、商贸、教育和医疗卫生中心，拥有丰富的经济资源、公共文化资源、青年学生资源，应充分发挥和平区的资源优势，以志愿服务实现体制内外资源的共建共享。

## （三）志愿服务未形成统筹协调机制

和平区已建立了"区—街道—社区"三级社区志愿服务者协会，在三级社区服务志愿者协会的基础上，将与服务群众相关的单位部门，如医疗、教育、卫生、司法、供热、供水等单位列入志愿者协会直属团队，在各条口建立学雷锋志愿服务队，公共场所和社区建立学雷锋志愿服务站，形成了三级志愿者协会组织协调服务，学雷锋服务站常年设点便民服务。但是协会属于群众性志愿服务队伍，缺乏与区内资源的统筹协调机制，而且协会只发挥对下属队伍的组织管理作用，缺乏对志愿服务的整体规划、培育和服务对接的功能。在区级层面上缺乏一个统一的志愿服务指挥中心、支持中心、协调中心和激励中心，不利于志愿服务的整体规划和全方位发展。

## （四）志愿服务未有效调动社会力量参与

目前天津市和平区以每年评选表彰的方式对志愿者进行激励表彰，未有成文的区级的志愿服务激励政策，未形成区级统一的志愿服务保障机制。综观国内志愿服务的发展，各地都积极推动志愿者激励办法、志愿者礼遇办法以及志愿者保障机制的设立，以确保志愿者的利益受到保护，维持志愿者的持续参与动力。同时，和平区社会组织和志愿服务组织的发展仍有待提升，目前社会组织在志愿服务的参与较为浅薄，需积极引导激励各类志愿服务组织结合自身实际，以服务需求为导向，投身全区志愿服务工作。

## （五）志愿服务阵地全覆盖有待加强

线下阵地方面，和平区已开设"天津 V 站""社区学雷锋志愿服务站""市民学校"等一系列解决人民群众需求问题的志愿服务站点；线上阵地方面，已开通了"志愿和平"移动终端 App，实现志愿服务的线上互动、管理、学习阵地。但是，目前的线下阵地缺乏常态化的运营和管理机制，而且覆盖面较为零散，未能通过阵地实现全区单位和部门的共建参与；线上阵地处于初运营阶段，功能和操作流程仍需完善。志愿服务阵地是居民认识志愿服务、参与志愿服务、推广志愿服务的重要窗口，是实现志愿服务"人人可为，处处可为，时时可为"的重要渠道，应进一步扩大志愿服务阵地的覆盖面，充分发挥阵地的常态化服务作用。

## （六）志愿服务品牌化专业化有待突破

"全国第一个社区志愿者组织发祥地"是和平区志愿服务最响亮的品牌，但这属于历史的辉煌时刻，并不代表着现在的成就。如何能够保持作为发祥地的志愿服务动力，如何能够突破历史打造和平区志愿服务的新名牌，这是对和平区志愿服务的重大考验。志愿服务的专业化发展能够催生一批优质的志愿服务项目，志愿服务的深耕能够塑造社区志愿服务的品牌，因此需从志愿服务的品质创新和理论创新着手，培育品牌志愿服务项目，推动志愿服务理论和机制探索，逐渐从"发祥地"向"引领者"转化。

## （七）志愿服务文化建设氛围有待提升

和平区在政策制度层面为志愿服务的发展提供了细致规范的支持，但是在整体社会氛围的营造方面仍有所欠缺。志愿服务需要更多的平台，需给予更多的支持，才能推进制度化常态化的发展。社会对志愿服务的认可是志愿服务发展的重要基础，应结合志愿服务的重要节点，充分运用传播媒体力量，协同区内资源，共同打造志愿服务文化建设氛围。

## （八）志愿服务理论化发展有待推进

和平区志愿服务 30 年之际已制作一批志愿服务的总结和宣传材料，包括《志愿服务　薪火相传》等反映志愿服务发展历程的视频短片，编辑《志愿和平——纪念和平区社区志愿服务 30 年》《和平区志愿服务三十年汇编》

《我是朝阳志愿者》等书籍，编排《朝阳里的那些人那些事》《大路朝阳》等反映志愿服务历史及特色的文艺节目。但是缺乏对志愿服务的定期和常态化梳理，导致志愿服务的理论发展落后于志愿服务实践，无法及时梳理和发现和平区志愿服务发展的问题，无法引领志愿服务的创新性发展，志愿服务的成果得不到系统的整合和沉淀。应重视志愿服务的理论研究和经验总结，及时定时出版志愿服务相关研究成果，推动和平区志愿服务成果转化，提升全区志愿服务创新水平。

## 二、和平区新时代志愿服务的发展机遇

外因是事物发展变化不可或缺的条件，内因是事物发展变化的根据。除了自身发展的局限，随着我国社会经济发展进入新时代，随着志愿服务越受重视，和平区志愿服务面临着日趋复杂和愈发高要求的外部环境，和平区目前的志愿服务模式因其局限性无法适应环境的要求，无法推动志愿服务的提质升级发展，和平区志愿服务亟需探索新的思路与模式，以迎接新时代的发展机遇。

### （一）外部机遇

#### 1.志愿服务发展新高度

党和国家高度重视志愿服务的发展与建设。特别是进入新时代以来，国家领导人在多个场合都提及志愿服务，志愿服务也被纳入国家多个领域的重

要文件。志愿服务上升为国家发展战略，必须将志愿服务的发展纳入全区域的发展大局。

（1）志愿服务是社会创新治理的重要手段。党的十九届四中全会提出要"坚持和完善共建共治共享的社会治理制度，保持社会稳定、维护国家安全。社会治理是国家治理的重要方面。必须加强和创新社会治理，完善党委领导、政府负责、民主协商、社会协同、公众参与、法制保障、科技支撑的社会治理体系，建设人人有责、人人尽责、人人享有的社会治理共同体，确保人民安居乐业、社会安定有序，建设更高水平的平安中国"。此次会议审议通过的《中共中央关于坚持和完善中国特色社会主义制度、推进国家治理体系和治理能力现代化若干重大问题的决定》是完善和发展我国国家制度和治理体系的纲领性文件。志愿服务是群众自愿、无偿、公益奉献自己时间和技能帮助他人、服务社会的服务，是公众参与社会建设和人人互助的重要体现，有助于构建全民参与的社会治理共同体。党的十九大报告也明确地提出加强社会治理，志愿服务本质上是居民自发参与社区建设和社会互助的行为，以社会化的群众自主的手段解决社会问题，是创新社会治理的有效途径，随着"小政府、大社会"的发展，国家需要更广泛的社会化力量承接政府服务职能和社区治理职能，志愿服务在实现现代社会治理中具有独特意义和功能。

（2）习近平总书记在多个场合提出对志愿服务重要指示。2019年7月习近平总书记在致中国志愿服务联合会第二届会员代表大会贺信中指出，"志愿服务是社会文明进步的重要标志"，强调"广大志愿者、志愿服务组织、志愿服务工作者立足新时代、展现新作为，弘扬奉献、友爱、互助、进步的志愿精神"，要求"各级党委和政府要为志愿服务搭建更多平台，给予更多支持，推进志愿服务制度化常态化，凝聚广大人民群众共同为实现'两个一百年'奋斗目标、实现中华民族伟大复兴的中国梦贡献力量"。这是继2019 年 1 月习近平总书记考察朝阳里社区，为志愿者点赞，称赞志愿者是为社区贡献的先行者、引领者之后，同年第二次对志愿服务做出重要指示。习近平总书记在朝阳里充分肯定了志愿服务的历史作用和意义，在致中国志愿服务联合会的贺信中则明确了中国特色志愿服务发展的根本方向，对志愿服务在中国特色社会主义事业建设中的显著作用和重要地位做出高度概括。

（3）志愿服务在精神文明建设中发挥着愈发重要的作用。党的十九届四中全会提出要"坚持和完善繁荣发展社会主义先进文化的制度，巩固全体人民团结奋斗的共同思想基础。发展社会主义先进文化、广泛凝聚人民精神力量，是国家治理体系和治理能力现代化的深厚支撑"，国家治理离不开文化和文明认同，离不开精神文明的引领与支撑。2019 年 10 月中共中央、国务院印发了《新时代公民道德建设实施纲要》，将深入推进学雷锋志愿服务作为提升全民道德素质和社会文明程度的一个重要措施。"学雷锋和志愿服务是践行社会主义道德的重要途径。要弘扬雷锋精神和奉献、友爱、互助、进步的志愿精神，围绕重大活动、扶贫救灾、敬老救孤、恤病助残、法律援助、文化支教、环境保护、健康指导等，广泛开展学雷锋和志愿服务活动，引导人们把学雷锋和志愿服务作为生活方式、生活习惯。推动志愿服务组织发展，完善激励褒奖制度，推进学雷锋志愿服务制度化常态化，使'我为人人、人人为我'蔚然成风。"2018 年 7 月中央全面深化改革委员会第三次会议审议通过的《关于建设新时代文明实践中心试点工作的指导意见》，新时代文明实践中心是大力宣传普及习近平新时代中国特色社会主义思想，积极培育和践行社会主义核心价值观，推动乡村文化振兴，促进文明城市建设，打通宣传群众、教育群众、关心群众、服务群众的"最后一公里"的重要举措。文件中明确指出志愿服务作为新时代文明实践的重要手段，志愿者作为新时代文明实践的重要力量，充分肯定了志愿服务助力举旗帜、聚民心、育新人、兴文化、展形象的重要作用。

### 2. 新发展理念引领新思路

2019 年 11 月天津市委在"不忘初心，牢记使命"的主题教育活动中提到天津必须坚持以新发展理念着力提升城市治理现代化水平，其中一个原则便是要牢牢把握新发展理念在城市规划建设管理中的引领作用。坚持以创新、协调、绿色、开放、共享的五大发展理念为指导，坚定不移走内涵式、集约型、绿色化的高质量发展路子，切实提高城市治理现代化水平。[①] 和平区志愿服务的发展同样需坚持五大发展理念，坚持以人民为中心，聚焦群众现实需求，突破志愿服务的领域局限，开拓全域协调发展的思路。

（1）坚持创新发展，必须把创新摆在国家发展全局的核心位置，不断推进理论创新、制度创新、科技创新、文化创新等各方面创新，让创新贯穿党和国家一切工作，让创新在全社会蔚然成风。志愿服务的创新应在"理念创新、模式创新、思路创新"方面下功夫，把创新贯彻到志愿服务的组织、项目、队伍、平台、文化、制度建设等各方面，通过创新，不断优化志愿服务体制机制，激发群众参与志愿服务的热情，注重志愿者在参与活动中的素质提升和多元化发展，实现志愿服务对社会力量的有效吸引和广泛凝聚[②]，让

---

① 《以新发展理念着力提升城市治理现代化水平》，2019 年 11 月 8 日，http://www.ddcpc.cn/zhengnengliang/201911/t20191108_678301.shtml。

② 李春亭：《坚持五大发展理念　推进志愿服务纵深发展》，《中国社会报》2018 年 3 月。

更多的社会力量以志愿服务的形式参与到社会创新治理中来，为社会发展提供新动力、新主体。

（2）坚持协调发展，必须牢牢把握中国特色社会主义事业总体布局，正确处理发展中的重大关系，在增强国家硬实力的同时注重提升国家软实力，不断增强发展整体性。志愿服务遵循协调理念，需主动适应社会发展趋势，协调处理好实践推动与理论凝练、中国特色与国际经验、重点品牌与整体布局的关系，凝练出具有中国特色、区域特点、行业特征的志愿者文化，在创新国家治理体系和治理能力现代化、推动社会文明进步、打赢脱贫攻坚战、决胜全面建成小康社会中体现价值、彰显作为。① 从和平区第一个志愿者组织成立以来，志愿服务就扮演着为社区纾民困、解民情、育民风、聚民心的重要角色。在协调发展理念下，志愿服务必须继续推动物质文明和精神文明协调发展，加快志愿服务的资源协调发展，加强协调志愿服务的体制内外联动机制。

（3）坚持绿色发展，党的十九届四中全会指出"坚持和完善生态文明制度体系，促进人与自然和谐共生。生态文明建设是关系中华民族永续发展的千年大计。"必须坚持节约资源和保护环境的基本国策，坚持可持续发展，坚定走生产发展、生活富裕、生态良好的文明发展道路，加快建设资源节约型、环境友好型社会，形成人与自然和谐发展现代化建设新格局，推进美丽中国建设，为全球生态安全作出新贡献。志愿服务活动要对接经济发展，服务社会热点，满足国家发展需求，守护好"绿水青山"，让社会更加和谐，环境更加友好，城市更加文明，管理更加科学，经济更可持续，资源更为丰富。同时，通过营造法制化规范化的志愿服务环境，推动志愿服务的长效发

---

① 李春亭：《坚持五大发展理念　推进志愿服务纵深发展》，《中国社会报》2018 年 3 月。

展机制，通过培育志愿服务生态，强化志愿者基层组织建设，健全志愿服务激励评价体系，完善志愿服务保障机制，促进志愿服务的可持续发展。

（4）坚持开放发展，必须顺应我国经济深度融入世界经济的趋势，奉行互利共赢的开放战略，发展更高层次的开放型经济，积极参与全球经济治理和公共产品供给，提高我国在全球经济治理中的制度性话语权，构建广泛的利益共同体。志愿服务必须坚持开放，与全球化的发展同频共振、同步协调。和平区作为中国志愿服务的起源地，必须加快步伐，坚持开放，深化改革，加强信息的互联互通和有效汇集，优化志愿服务的信息公开机制，引导志愿服务的体制内外联动和资源整合，推动志愿服务的高质量发展。

（5）坚持共享发展，必须坚持发展为了人民，发展依靠人民，发展成果由人民共享，作出更有效的制度安排，使全体人民在共建共享发展中有更多获得感，增强发展动力，增进人民团结，朝着共同富裕方向稳步前进。新时代中国特色社会主义的发展必然是人人参与、人人尽力、人人享有的发展。和平区志愿服务从"送煤、送菜、送炉具"的"老三送"，到"送岗位、送知识、送健康"的"新三送"，再到"送理念、送渠道、送方式"的"升级版"，始终聚焦"人民群众对美好生活的向往"这条主线，不断与时俱进，在保障老百姓基本需求获得满足的同时，贴近老百姓对新生活新时代的需求与期待。为推动全区域志愿服务的共建共享，应引导志愿服务向常态化、系统化、精准化方向发展，构建"人人可为，处处可为，时时可为"的志愿服务生态环境。

### 3. 新发展定位赋予新使命

2014年2月习近平总书记在北京主持召开座谈会，专题听取京津冀协同发展工作汇报，强调实现京津冀协同发展，是面向未来打造新的首都经济圈、推进区域发展体制机制创新的需要，是探索完善城市群布局和形态、为优化开发区域发展提供示范和样板的需要，是探索生态文明建设有效路径、促进人口经济资源环境相协调的需要，是实现京津冀优势互补、促进环渤海经济区发展、带动北方腹地发展的需要，是一个重大国家战略。

2015 年 7 月天津市政府通过《天津市贯彻落实〈京津冀协同发展规划纲要〉实施方案（2015—2020 年)》，天津方案将"提高先进制造研发水平"置于落实京津冀协同发展措施首位。到 2020 年，天津将构建结构优化、布局合理、特色鲜明的产业体系，形成技术领先、配套完备、链条完整的产业集群，建成先进技术、创新要素、高端产业的承接地和聚集地等，支撑和引领中国制造业发展。

2015 年 4 月通过的《京津冀协同发展规划纲要》明确指出未来京津冀整体定位是"以首都为核心的世界级城市群、区域整体协同发展改革引领区、全国创新驱动经济增长新引擎、生态修复环境改善示范区"。区域整体定位体现了三省市"一盘棋"的思想，突出了功能互补、错位发展、相辅相成的发展态势。规划纲要明确天津市的定位是"全国先进制造研发基地、北方国际航运核心区、金融创新运营示范区、改革开放先行区"（一基地三区)。

京津冀协同发展的空间定位为天津的发展指出了明确的新目标和新方向。和平区主动融入京津冀协同发展的新形势，以"三个着力"重要要求示范区、"以五个现代化天津"旗舰区、"品质和平"建设为引领，着力提升综合承载力和现代化治理水平，积极适应社会结构深刻变动、利益格局深刻调整、民生诉求全面升级、思想观念日趋多元等新变化，全力打造世界级智慧中央活力区。世界级智慧中央活力区，"世界级"体现在和平区是天津市中心城区的核心区，对标世界级城市，纽约、伦敦、东京，以及国内上海、深圳等城市核心区的发展脉络，提出建设中央活力区（CAZ）的发展定位。"中央活力区"是传统城市核心区的升级版，不仅要求金融、商业、商务等服务业聚集，还集创新创业、文化教育、医疗健康、购物消费、旅游观光、高品质居住等多种功能于一体，产、城、人、生态高度融合发展。与有可能导致城市空心化的中央商务区（CBD）相比，中央活力区更加符合新发展理念的要求，更加充满活力和吸引力。"智慧"体现了鲜明的时代特征，是传统中央活力区的升级版。和平区未来将大力发展人工智能、生物医药等战略新兴产业为产业发展方向，展现和平区的新技术、新业态、新产业、新模式。

建设"世界级智慧中央活力区"以精细化、便利化、品质化、品牌化、特色化"五化"为目标，为和平区创造高品质的环境，志愿服务作为公共服务水平的重要体现，作为和平区创新社区治理，开放政府服务形式的重要途径，必须继续创新服务模式、精准对接需求、优化服务内容、壮大志愿者队伍、打造服务品牌，助力和平区构建优质的营商环境、金融环境、创新环境和生活环境。

## （二）内生动力

### 1. 牢记使命，贯彻落实总书记嘱咐

2019 年 1 月 17 日，习近平总书记走进了天津和平区朝阳里社区，参观了朝阳里社区志愿服务展馆，与社区志愿者们开展了一次暖心的交谈，对志愿服务作出了重要指示。习近平总书记亲临朝阳里社区，亲自为志愿者们点赞，为和平区志愿服务的发展注入了强大的政治动力、精神动力、工作动力。

（1）充分认识学习贯彻习近平总书记有关志愿服务重要指示精神的重大意义。习近平总书记在朝阳里社区的重要指示，指出志愿服务是社会文明进步的重要标志，深刻阐述了新时代志愿服务的历史使命和前进方向，明确强调了志愿服务的工作保障，把志愿服务与社会主义现代化国家建设、与社会文明进步、与国家治理体系完善和治理能力提升相联系，对志愿服务给予了高度评价，提出了殷切期望，极大地鼓舞了广大志愿者，为新时代志愿服务工作提供了有力政治指引、强大精神动力，是推进新时代志愿服务发展的根本遵循。和平区要不断增强志愿服务的使命感、责任感，推动志愿服务坚定不移地沿着习近平总书记指引的方向前进。

（2）坚持以习近平总书记有关志愿服务重要指示精神指引新时代志愿服务工作。和平区志愿服务要把习近平总书记重要指示精神作为推进志愿服务工作的强大思想武器，勇于担当，主动作为，把习近平总书记对志愿服务的期望和要求落到实处，引导志愿服务与党政纲要相结合，确保志愿服务的发展与服务大局和国家战略相结合。广泛开展志愿服务活动，为党和政府分忧，为人民群众解愁，为和平区打造世界级智慧中央活力区贡献力量。充分发挥和平区各部门的优势特点，形成志愿服务工作的合力，加快志愿服务社会化参与体系的发展，全面打造志愿服务线上线下阵地，拓展志愿服务的参与平台，不断强化志愿服务的激励保障，深化志愿服务的实践探索，总结推广先进经验，营造全区全行业全民参与的志愿服务氛围。

（3）以有力措施不断将学习贯彻习近平总书记有关志愿服务重要指示精神引向深入。习近平总书记对志愿服务的重要指示与习近平新时代中国特色社会主义思想一脉相承，需不断深入学习，以理论指导实践，以实践检验理论。一方面要对标习近平总书记重要指示精神，对照重点工作任务，建立健全志愿服务工作体制机制，推动志愿服务事业发展。另一方面要通过宣传、学习、研究、规划等综合方式，将习近平总书记重要指示精神及时传递到广大志愿群体，传递到平常百姓家，营造志愿服务人人可为的活跃氛围，激发更多力量加入志愿服务队伍。

### 2.继往开来，延续志愿服务发祥地品牌

1989 年，新兴街成立社区服务志愿者协会，并被民政部确认为全国第一个社区志愿者组织发祥地。30 年来，和平区志愿服务在传承中赋予丰厚文化内涵，在创新中提升整体工作水平，在发展中开创新时代志愿服务新局面，坚持品牌化运作、社会化融入、项目化推进，先后涌现出大批先进典型和品牌项目。2019 年，习近平总书记的到访为朝阳里社区志愿服务带来了新的历史使命，承前启后，继往开来，和平区志愿服务的发展需突破自我，重新出发。

（1）志愿服务需突破志愿队伍结构老化瓶颈，向年轻化专业化方向迈进。吸纳多元化的社会力量、青年力量参与志愿服务，培育多样化的社会组织和志愿服务队伍提供志愿服务。

（2）志愿服务需突破保守陈旧的互助模式，搭建新媒体服务平台。充分利用新媒体优势，运用微博、微信以及信息管理平台等新技术新手段为志愿者与服务对象搭建便捷的服务平台。

（3）志愿服务需突破单一体制建设，不断完善运行管理机制。通过优化资源整合协调机制、优化激励回报机制、创建服务品牌机制等深化志愿服务的实践探索。

（4）志愿服务需突破志愿服务局限领域，引进群众热盼项目。依托新时

代文明实践工作的开展，结合和平区政治经济社会发展战略布局，匹配居民生活需求，广泛开展群众可参与、乐参与、常参与的志愿服务项目。

## 三、和平区新时代志愿服务的创新发展模式

不忘初心，砥砺前行。下一步和平区志愿服务将站在新的历史高度，以新发展理念为引领，回应新时代对志愿服务的要求，积极探索新时代志愿服务创新模式，围绕着"全域志愿服务"的打造，织就一张广覆盖、多领域、全行业的志愿服务网。

### （一）全域志愿服务的内涵

全域志愿服务是和平区对志愿服务的全新定位，是和平区志愿服务的新发展导向和发展路径，在更高的起点上开创全区志愿服务的新局面。全域志愿服务的关键在于"全域"二字，是全部门联动、全领域覆盖、全行业参与的全民志愿服务发展局面，是理念全域融合、资源全域整合、机制全域构建、社会全域参与、供需全域配套、结构全域优化、服务全域提升、文化全域协同的志愿服务创新模式。

理念全域融合。理念决定全域志愿服务的高度，在全区树立新的志愿服务观念，把志愿服务发展融入京津冀协同发展战略，融入和平区的经济政治社会发展大局，将志愿服务纳入打造世界级智慧中央活力区的实施战略，提高全区单位对志愿服务的重视程度。

资源全域整合。资源影响全域志愿服务的规模，以"任何资源都可以成为志愿服务资源"的新思路，做好整合文章，整合区域内的各种资源，拓展志愿服务力量，聚焦打造志愿服务的全域参与体系。

机制全域构建。机制是全域志愿服务的运作基础，以全域统筹协调推进志愿服务体制内外联动机制、运营管理机制、激励保障机制、供需对接机制、资源协调机制、培育参与机制等，构建全域上下联动、多维参与的志愿服务体制。

社会全域参与。共建共享是全域志愿服务的本质要求，全域志愿服务需坚持党建引领，更需要社会力量参与。因此需要开放更多的机会和空间，吸引和支持各类社会力量、社会主体参与全区的志愿服务事业发展，培育志愿服务队伍和组织，提供社会力量参与平台，发挥社会力量的主体作用，共建全域活跃的志愿服务氛围。

供需全域配套。精准服务是全域志愿服务的目标，搭建志愿服务的需求评估机制、供需对接平台，定期开展社区志愿服务需求调研，深入群众了解服务需求，全面铺设线上志愿服务信息化管理系统和线下志愿服务阵地，实现志愿服务的及时、便捷、有效对接。

结构全域优化。体系化是全域志愿服务的内在要求，通过培育培训机制的体系化发展优化志愿服务人才队伍，通过孵化培育机制优化志愿服务组织发展，通过供需关系的调整优化志愿服务项目内容，通过枢纽平台的建立优化志愿服务统筹管理结构。

服务全域提升。服务品质是全域志愿服务的基本保障，志愿服务是一项非产品性的服务，以服务对象的改变为衡量服务标准的最直接方式。全域志愿服务不仅是量的全域增加，更是质的全域提升，通过纳入多行业的志愿服务力量，提供专业的志愿服务培训，优化志愿服务供需对接平台，完善志愿服务项目设计，加强志愿服务理论与实务研究，全面提升志愿服务的覆盖面与服务效益。

文化全域协同。文化建设助力全域志愿服务的发展，志愿服务是一个城市精神文明素质的重要体现，弘扬志愿服务文化，推广志愿服务典型，传播志愿服务故事，营造志愿服务宣传氛围，以志愿服务推动全区文明创建，让志愿精神深入民心，让志愿服务行为遍布全区。

全域志愿服务的发展必然是建基于和平区扎实的志愿服务基础上，以上八个维度并不是独立的，而是互相促进，互为影响。全域志愿服务是一个完整的体系，紧紧围绕打造"志愿和平"和"品质和平"的核心目标，有序推进全区志愿服务的全面、精准、精细、创新发展。

## （二）全域志愿服务的创新发展对策

基于全域志愿服务的内涵和目标，针对和平区志愿服务存在的局限，充分利用新机遇，和平区可从以下几个方面打造全域志愿服务的创新发展模式。

### 1.融合大局，服务世界级智慧中央活力区发展战略

志愿服务与社会发展同行，与时代精神同步，和平区必须继续以习近平总书记重要讲话精神为指引，发挥志愿服务服务大局、服务民生、引领风尚的能力。结合天津市和平区打造世界级智慧中央活力区的战略定位，继续推动和平区志愿服务模式的新思路和新方法，制定和平区志愿服务中长期规

划，发挥志愿服务对政治、经济、社会、文化、生态的正面促进作用。一方面将志愿服务纳入区政府整体规划，推动志愿服务全域发展。区政府将志愿服务事业纳入国民经济和社会发展规划，将志愿服务事业发展经费纳入本级财政预算，加强服务管理能力建设，促进和推动志愿服务事业广覆盖、多层次、宽领域发展。另一方面要理顺志愿服务领导机制，确保志愿服务责任分明。坚持党委政府领导，区文明委统筹规划，区文明办协调指导，民政部门行政管理，相关部门各负其责，群团组织和社会各阶层共同参与，合力推动全域志愿服务健康发展。

### 2. 布网设点，构建纵横交错的全联动组织协调机制

在纵向层面上，建立从中央文明委、到市文明委、到区文明委、到区各级部门、最终到部门专岗的垂直协调机制，在区文明委与区各部门之间建立和平区志愿服务工作协调小组，由区委宣传部和区文明办组建和平区志愿服务工作协调小组办公室，统筹协调区各部门的志愿服务工作与资源。在横向层面上，在全区各部门、各街道办事处，团区委、区妇联、区总工会等群团组织，十佳公仆协会、区红十字会等社会组织建立志愿服务专岗，将志愿服务工作纳入各职能部门的工作范围。

### 3. 打通路径，搭建全领域覆盖的线上线下服务网络

一是两个终端构建志愿服务线上平台。一方面，继续完善"志愿和平"移动终端 App，为志愿者提供实名认证、推荐审核、菜单发布、供需对接、记录兑换、互动评价、信息发布、定位搜索、留言反馈等服务，实现志愿服务供需线上线下即时同步、精准对接；另一方面，建立"志愿和平"网络服

务平台，同步完成与全国志愿服务信息系统、天津市志愿服务网无缝对接，为志愿者的注册、管理、培训、交流、考核及志愿服务项目的申报、管理提供全面、完善的平台支撑，提高志愿服务管理效率。二是搭建志愿服务线下平台。响应中央和市政府对志愿服务的领导和指引，建立和平区志愿服务促进中心和和平区志愿服务联合会，作为上传下达、统筹协调、合作共建的重要枢纽平台。以和平区志愿服务促进中心，打造志愿服务一站式服务平台，发挥志愿服务中枢指挥平台、供需对接平台、共融共建平台、岗站载体平台、项目展示平台、区队组织管理平台、教育培训平台、嘉许激励平台、社区为民服务平台的综合服务作用。发挥和平区志愿者协会枢纽作用，接受区文明办协调指导，接受区民政局监督管理，培育、发展各类志愿服务组织，面向各行业、各领域吸纳团体会员、拓展分支机构，并做好相应的指导和服务；重点做好街道志愿者协会、社区志愿者分会社区志愿服务管理。

**4. 培育共建，动员多领域责任到位的参与主体**

以和平区志愿服务联合会为服务开展的统筹平台，联动经济建设领域、政治建设领域、文化建设领域、社会建设领域、生态文明建设领域的相关主体建立志愿服务协会，带动各个主体的志愿服务队伍开展相应的志愿服务。鼓励党政机关、企事业单位、群团组织、基层自治组织、社会组织、新经济组织成立志愿服务团队，鼓励支持驻区市级单位、"两新组织"、个体民营企业、民主党派、宗教人士、退役军人等参与开展志愿服务活动；将志愿服务精神纳入学生思想品德教育课程，将志愿服务活动情况纳入学生综合素质评价，指导学校、家庭培养青少年志愿服务意识，鼓励支持引导学生参与力所能及的志愿服务活动，完善志愿服务社会组织运作模式，鼓励支持全行业、各领域参与志愿服务工作，实现志愿服务社会化。各级党政领导干部要充分发挥示范带头作用，利用工作之余参与志愿服务活动。倡导鼓励广大公务员、专业技术人员、企事业单位干部职工、公众人物等积极加入全域志愿服务，参加志愿服务活动，共产党员、共青团员要作出表率。发挥先进人物的引领作用，打造一批以道德模范、和平好人为核心组建的志愿服务团队。各级文明单位要示范带头，建立机构健全、管理顺畅的志愿服务团队，广泛开展志愿服务活动。

### 5.立标提质，促进志愿服务精准、专业、品牌发展

一是参考社区精准化精细化服务标准，尽快建立社区志愿服务发展指标体系、社区志愿服务常态化工作机制，借助编制《和平区社区标准化建设指导手册》的契机，将志愿服务纳入社区标准化建设的重要板块，指导各个社区落实志愿服务制度化建设，提升志愿服务效果。二是积极培育志愿服务组织，实现志愿服务专业对接。完善志愿服务组织登记注册，推进志愿服务组织承接公共服务项目，积极落实《关于支持和发展志愿服务组织的意见》《国务院办公厅关于政府向社会力量购买服务的指导意见》和《政府购买服务管理办法（暂行）》有关要求，积极支持志愿服务组织承接扶贫、济困、扶老、救孤、助残、救灾、助医、助学等领域的志愿服务，加大财政资金对志愿服务运营管理的支持力度，形成志愿服务工作合力，扩大志愿服务社会覆盖面。同步完善志愿服务组织的监督机制和评估机制，确保志愿服务组织的规范化和专业化发展。三是大力塑造志愿服务品牌项目，巩固志愿服务文化因子。一方面深化"心目影院""爱心助空巢""最美的风景"五大道文明旅游等志愿服务品牌，探索文化传播、应急救护、防火减灾、心理健康、交通

引导、法律普及、医疗卫生、网络文明等方面专业服务队伍建设，积极引进相对成熟的专业志愿服务组织，实施专业化服务，推动志愿服务的专业化发展，积极探索专业志愿者的培训和认证机制。另一方面借助"夕阳再晨"等新兴志愿服务组织力量，打造和平区社会化志愿服务品牌，以可复制可推广的方式增强和平区志愿服务项目的全国影响力。

### 6. 固本培元，塑造全民参与全区覆盖的志愿服务文化

巩固思想与服务阵地，推广朝阳里志愿服务经验。在思想传播方面，以《牢记嘱托再出发志愿和平 20 条——关于坚决落实总书记对志愿服务重要指示要求的工作方案》《关于强化全域志愿服务，打造"志愿和平"的实施意见》为指引，积极推广朝阳里社区志愿服务经验，通过"习近平总书记视察朝阳里社区'文明先锋'宣讲团"，深入社区、企业、学校传播志愿服务精神。在阵地建设方面，深化志愿服务岗站交流平台，全方位推动线下实体志愿服务岗站建设，将志愿服务的触角深入各行各业。在社会组织孵化中心建成启动和平区社区志愿服务工作驿站，逐步推广"三高六有"标准覆盖"天津 V站"的打造，不断加强岗站建设、运行和管理。结合地域特点及企业优势，形成一批邮政文明驿站、联通爱心驿站等独具特色的志愿服务窗口。建立完善区、街、社区三级志愿者协会和区社区志愿者协会、街道志愿者协会、社区志愿者分会、楼院服务小组、家庭互助对子五级志愿服务组织体系，落实、落细、落好志愿服务全员参与、全域覆盖、全年贯穿。

### 7. 激励保障，推动志愿服务力量的全域可持续参与

一是鼓励多部门参与，共建志愿服务激励氛围。对作出突出贡献的志

愿者和志愿服务团队进行表彰激励，优先推荐各类优秀志愿者、志愿服务团队参评各级"道德模范""中国好人""劳动模范""青年五四奖章""三八红旗手"及全国"四个100"志愿服务先进典型、学雷锋示范岗、岗位学雷锋标兵、天津市优秀志愿服务典型、"区级文明典范"等荣誉称号。每年评选表彰一批优秀志愿者、优秀志愿服务团队、优秀志愿服务项目、优秀志愿服务岗站和优秀志愿服务社区，宣传典型，弘扬精神，强化全区志愿文化建设。二是建立回馈激励机制，确保激励实质有效。深化"关爱老雷锋"等志愿回馈品牌，依托"志愿服务"网络服务平台，建立志愿服务"储蓄"制度，推广志愿服务"时间银行"，实现服务时长储蓄和线上线下积分兑换，推进"星级志愿者"认定，鼓励各单位对优秀志愿者在入学就医、就业创业、金融信贷、社会保障、交通旅游、文化生活等方面实行守信激励。鼓励各部门将志愿服务时间作为本行业、本领域相关评优、评先工作的重要参考。鼓励企事业单位、社会组织将志愿服务时间作为招聘用工的依据。各单位、各部门对家庭遭受自然灾害、罹患重病、严重伤残、生活困难的优秀志愿者要进行医疗救助、法律援助或家庭帮扶支持，发动社会各界给予关心关爱、帮扶救助。确保志愿者获得身心的持续滋养，保持志愿服务的可持续参与力量。

**8.文明实践，深化志愿服务举旗帜育新风的引领作用**

以习近平新时代中国特色社会主义思想为指导，全面践行"奉献、友爱、互助、进步"的志愿服务精神，通过建立有和平特色的可持续、可推广的志愿服务发展模式，实现队伍多元化、培育系统化、服务精准化，建立结构合理、协调顺畅、供需精准、运转高效的工作机制，以常态化、体系化、规范化的志愿服务打通宣传群众、教育群众、关心群众、服务群众的"最后一公里",弘扬社会主义核心价值观,推动精神文明建设工作广泛、深入、持续、健康开展,深入推进"志愿和平"的建设,营造"我为人人,人人为我"的良好社会风尚。一是打造"五品一新"新时代文明实践新名片。即榜样示范品牌、党建引领品牌、同创共建品牌、融媒传播品牌、未成年人活动品牌。适应新形势,探索开展"新时代文明实践"系列活动。二是顶层设计统筹推动。把精神文明建设作为"一把手"工程来抓,形成一套和平特色的"党委统一领导、党政齐抓共管、文明委组织协调、有关部门各负其责、社会全方位动员、全员积极参与"的组织体系和工作机制,同步推动新时代文明实践中心三级阵地的建立,打造志愿服务文明实践的阵地。三是深化"文明创建+"工作模式,着力加强文明创建+网络平台+载体活动+社会宣传+开放互动。通过"精神文明创建工作网络管理平台",将全区承担指标的单位一体化纳入,实现动态管控。采取全效化创建、长效化创建、目标责任创建、精益化创建等方式,巩固全国文明城区创建成果。四是全区开展形式多样、分层次、全覆盖的宣传教育和学习培训。集中开展"牢记总书记嘱托 志愿服务薪火相传"系列主题宣传,组织受到习近平总书记接见的志愿者、亲历者,开展"新时代文明说"主题宣讲。

# 第三部分　事迹与典型

# |第十章| 和平区优秀志愿服务组织

〔引言〕

从 1989 年到 2019 年，从义务包户邻里互助到服务百姓回馈社会，从 13 人发起到 11 万余人参与，经过 30 年的耕耘，志愿服务在和平区落地生根。从全国第一个社区志愿者组织诞生到全区志愿服务团队 665 个，星星之火，点燃和平区社区志愿服务 30 年蓬勃发展之路。一批又一批的优秀志愿服务组织涌现，志愿服务已化为城市基因，融入市民血脉。和平区志愿服务组织深挖社区需求，开展了一个又一个贴近民生的志愿服务活动，在和平区志愿服务发展历程上画上了浓墨重彩的一笔。

## 一、和平区志愿者协会

### （一）组织简介

和平区是民政部确认的全国第一个社区志愿者组织发祥地，志愿服务活动已开展 30 年。天津市和平区志愿者协会成立于 2005 年，现有注册志愿者 11.23 万人，志愿服务总时数为 1221.9 万小时，人均志愿服务时数为 109 小时。和平区志愿者协会曾被党中央、国务院授予"北京奥运会残奥会先进集体"，全国和天津市"优秀志愿者组织"，全国和天津市"先进社会组织""4A 级社会组织"。"爱心助空巢"志愿服务项目 2017 年被评为全国"四个 100"最佳志愿服务项目，天津市优秀志愿服务项目；2015 年被评为全国"邻里守望"志愿服务品牌项目，2014 年获评天津市优秀志愿服务基地；"关爱农民工"志愿服务项目 2018 年被评为全国"四个 100"最佳志愿服务项目、天津市优秀志愿服务项目；关爱"老雷锋"行动示范项目 2013 年被评为首届全国优秀志愿服务项目。

## （二）志愿服务实践

### 1. 壮大志愿者队伍，健全组织网络

和平区志愿者协会负责招募志愿者，目前全区注册志愿者达 11.23 万人，占全区常住人口 31.2%，注册志愿者团队 664 支。和平区建立三级志愿者协会组织 72 个，学雷锋服务站 84 个，形成了"横向到边、纵向到底"覆盖全区的志愿者组织网络。

### 2. 完善工作机制，规范协会管理

按照中央《关于推进志愿服务制度化的意见》，建立了《章程》、工作制度、百分考核、评比表彰、激励回报、项目管理、服务互动和《志愿者记录管理办法》等工作机制。围绕群众需求和中心工作开展志愿服务活

动。坚持开展单向服务、双向互动服务、协同包户服务、设点服务、挂牌服务、站点服务、志愿者广场服务、项目服务 8 种志愿服务形式，实现了居民有需求，社区有服务。"3·5"学雷锋日、"3·18"和平志愿者日、"12·5"国际志愿者日等都组织大型志愿服务主题活动，调动数万余名志愿者参加。

### 3.创建服务形式，拓展服务领域

通过坚持评选表彰优秀志愿者和团队，创建"和平区社区志愿服务展览馆"，创办《和平志愿者》杂志，编辑出版优秀志愿者、先进单位先进事迹书籍、图册，制作志愿服务活动专题片，创建和平志愿者微信平台，举办优秀志愿者事迹报告会、演讲会、经验交流会，提升志愿者的归属感和自豪感，激励更多的志愿者自觉参与志愿服务，通过牵头组织实施 10 个志愿服务项目，为 3000 余名志愿者搭建关爱他人、服务群众的平台，实现志愿服务活动常态化开展，规范化管理。

### （三）志愿服务点评

和平区志愿者协会统一对辖区内志愿服务组织、志愿者进行管理，形成了覆盖全区的志愿者组织网络，制定志愿服务发展规范，建立志愿者激励回馈机制，组织实施志愿服务活动，实现志愿服务活动规范化、制度化、常态化。

## 二、和平区税务局

### （一）组织简介

国家税务总局天津市和平区税务局青年志愿服务队由 117 名 40 岁以下青年干部组成。这是一群朝气蓬勃、充满爱心、专业知识扎实、政治素养过硬的税务干部队伍，他们中 40%成员来自于获得过全国青年文明号、全国五四红旗团支部、市税务系统先进集体等荣誉的部门，他们以服务纳税人、服务群众为核心，以税收知识、志愿服务为基础，以政策宣传、志愿活动为主体，开展形式多样、内容丰富的活动，为促进和平区志愿服务活动发展贡献力量。

### （二）志愿服务实践

#### 1. 创新税收宣传，把减税降费的红包送给纳税人

减税降费是党中央作出的重大战略决策部署，为把党的好政策宣传落实到位，切实做好税收管家的工作，和平区税务局进社区、进楼宇、进企业、进学校、进夜市，创新宣传方式，把集中宣传和上门服务结合起来，利用纳税人空闲时间，以百姓喜闻乐见的形式讲解减税降费政策。2019 年志愿服务队在五大道街的先农大院、民园体育场附近，向来往游客和街区内的商户们送上了减税降费政策"礼包"。向个体商户们重点宣传个人所得税及增值税改革最新政策，对民众提出的社保费降率、个人所得税六项扣除等具体问题，作了耐心细致的解答。同时，发放《天津市文明行为促进条例》宣传资

料并进行内容讲解。

### *2.关爱特殊人群，把志愿服务的爱心送给困难群体*

和平区税务局志愿者用发自内心的关爱和身体力行的帮扶为老年人、残疾人士送上温暖关爱。每逢年节嘘寒问暖，为残疾人活动保驾护航，以及为残疾人就业提供税收支持。2019 年和平区税务局志愿服务队与和平区工会领导前往鹤寿养老院慰问老年朋友，与老年朋友们一起唱歌、朗诵诗歌，与老年朋友聊天了解老人们的养生之道，谈谈老年朋友们自己的幸福生活。和平区税务局还为老年朋友们订了一份工人报，给老年朋友们阅读生活增添了丰富内容。

### （三）志愿服务点评

和平区税务局将志愿服务融入接待咨询热心、政策解释耐心、了解情况细心、办理税务公心、排忧解难真心，用实际行动践行了"奉献、有爱、互助、进步"的志愿服务精神。

## 三、和平区人民法院

### （一）组织简介

和平区人民法院是天津市法院系统优秀法院，曾于 2007 年被评为全国优秀法院，多次荣立集体二等功、三等功。几年来，和平区人民法院在中共和平区委领导下，在和平区人大及其常委会和上级法院监督指导下，在全面做好审判工作的同时，认真落实全区统一部署，积极开展志愿者服务活动，多次被评为志愿服务先进单位，涌现了不少志愿服务的先进人物。

## （二）志愿服务实践

### 1. 全院上下积极投入志愿服务活动

和平区人民法院高度重视志愿服务工作，积极与社区搞好志愿服务共建活动，大力倡导广大干警，特别是广大党员、团员和青年干警积极投身于志愿服务活动，把志愿者服务活动作为强化宗旨意识、增强社会责任感、关注民计民生、向人民群众奉献爱心的有效载体，不断激发干警的政治热情，把司法为民的举措与志愿服务活动紧密结合起来，以实际行动为人民服务。

### 2. 在司法为民中切实为困难群众排忧解难

和平区人民法院工作人员在工作中融入志愿服务精神，切实为群众排忧解难。和平区人民法院刑庭在审理案件过程中，针对被告人生活困难的情况，审判人员慷慨解囊，主动提供帮助。被告人及家属深受感动，表示今后绝不犯罪，取得了良好的社会效果。

### 3. 主动在社会上奉献爱心，提供服务

和平区人民法院在认真做好审判工作的同时，注重发挥自身优势，坚持面向社会、面向群众开展法律服务工作。和平区人民法院少年庭与一些中、

小学校共建法制教育基地，经常深入学校以案讲法，为广大师生和学生家长开展专题法制教育讲座，提供法律咨询服务。少年庭法官还深入少管所，对失足青少年宣讲法律，赠送法律和励志类书籍，教育失足青少年加强学习，认真改造，重塑自我，再做新人。少年庭被评为市、区青少年维权岗，荣获天津市"新长征突击队"荣誉称号。

### （三）志愿服务点评

和平区人民法院的广大干警以饱满的工作热情和良好的精神状态积极为人民司法事业做贡献，在全面做好各项审判工作的同时，进一步深入扎实地推进志愿服务活动，想人民之所想，急人民之所急，时刻把广大人民群众的安危冷暖挂在心上，在志愿服务活动中努力为群众办实事、办好事。

## 四、和平区法律援助志愿者团队

### （一）组织简介

2004 年，伴随和平区社区街道法律援助工作站的成立，一支年龄跨度大，但同样充满爱心的法律援助志愿者团队活跃在和平区，为困难群众提供各种形式的义务法律服务。80 余名法律援助志愿者是在历年开展的社区志愿者活动的基础上，从本区的律师事务所、法律服务所、公证处及政法系统在职和离、退休人员中几经遴选，才最终确定的，其中绝大多数具备法律专业执法、执业资格，在职人员约占总数的 **67%**。

## （二）志愿服务实践

### 1.传播法律知识

法律援助志愿者们通过多年的志愿服务工作，深深感受到为受援人提供法律帮助、解决具体困难的快乐，也了解到许多百姓法律知识匮乏和他们对法律知识的渴望，更深深懂得自己肩负的责任还应当是一名法律知识的传播者，应尽自己最大的努力向基层民众宣传讲解法律知识，提高民众的法律素质，从根本上加强人们对自身权益保护的能力。

### 2.探索援助有效途径

法律援助志愿者工作是新形式下党和政府密切联系群众的一条重要途径，是实现社会公平正义、体现政府关爱的有效形式和手段。法律援助志愿者们在为受援人办理援助案件的过程中，始终情系弱者，不断探索更好地帮助他们的有效途径。正是这些法律志愿者的坚持不懈，默默奉献，坚持深入调查受援人的真情、实情，体察受援人的心情，坚持与他们交流、交心、交友，才能让他们感受到自己得到强有力的法律保护，感受到自己并不弱小并不无助。

### 3.维护社会稳定

和平区法律援助中心的工作人员用行动一次次维护群众正当权益，获得当事人的充分信赖和感谢，也用行动架起了一座党和政府联系群众的桥梁。在现实生活中，由于经济条件和所处地位等条件的限制，部分弱势群体普遍存在着咨询难、请律师难、打官司难的问题。由于问题得不到妥善处理，往往会成为影响社会稳定的不安定因素。因此做好弱势群体的法律援助工作显得尤为重要。为此，这支法律援助志愿者团队始终把老人、外来务工人员等弱势群体的维权工作作为法律援助志愿者工作的一个重要突破口，以更大的工作热情和耐心去引导和帮助他们，全心全意为他们排忧解难。

（三）志愿服务点评

多年来，法律援助志愿者无私奉献，积极投身志愿服务，用自己的行动履行职责、兑现承诺，为法律援助志愿服务工作做出了贡献。法律援助志愿者大力弘扬"奉献、友爱、互助、进步"精神，放弃节假日，倾情奉献，锐意进取，唱响了律师志愿者之歌，谱写了律师服务社会的崭新篇章。

## 五、天津市公安交通管理局和平支队泰安道大队

（一）组织简介

天津市公安交通管理局和平支队泰安道大队辖区面积 1.49 平方公里，在编民警 54 人。泰安道大队先后荣立市局集体嘉奖、集体三等功、集体二等功，并被评为公安部"210"工程示范单位；同时还荣获了"天津市文明

单位"、交管局"执法规范化示范单位"、"五四红旗团支部"、"创建无责任信访科所队成绩突出集体"等荣誉称号。

## (二)志愿服务实践

### 1.抓党建发挥党支部志愿服务带头作用

大队积极开展党建工作,充分发挥党员在各项工作中的先锋带头作用。一是积极组织开展"三严三实""两学一做"等专项学习教育,倡导树立"勤政廉政"的优良作风,积极构建预防腐败的思想道德防线和遏制腐败的预警纠错防线,充分武装民警头脑。二是完善工作机制和议事规则,不断提升党建科学化管理水平。三是深化服务型党支部建设,以创建"五好"党支部为载体,深入推进党内创先争优活动,组织党员民警深入基层、深入群众,积极开展"大走访""警营开放"、扶贫帮困等主题实践活动和志愿服务活动,制定更新便民利民措施。

### 2.抓队伍树立优良警风

大队秉持"政治建警,从严治警"的建设原则,以党建工作为依托,不断加大队伍管理力度,对内强化队伍素质,对外树立良好形象。一是因地制宜,规范硬件设施建设。大队结合实际,精心设计,合理布局,实现警务办公"四区分设"。二是制度拉动,激发民警工作热情。三是励警育警,打造个性鲜明的基层警营。大队抓住队伍规范化建设契机,深挖警营文化之根,拓展警营文化阵地建设。

### 3.抓管理推动交管工作全面发展

业务看队伍，体现战斗力和凝聚力。泰安道大队始终坚持把业务工作完成情况作为衡量党建水平的重要标尺。一是领导班子切实担负主体责任，严格落实"一岗双责"。二是大胆改革，积极探索新型警务模式。三是处理好创优与考核的关系，强化日常监管督查。

### （三）志愿服务点评

长期以来，泰安道大队党支部在上级党组织正确领导下，全面落实科学发展观，以高度政治责任感和使命感，依托志愿服务，不断塑造良好外部形象，强化实战能力，提升服务群众水平，加强队伍自身建设。

## 六、和平区"文明先锋"宣讲团

### （一）组织简介

为充分发挥道德模范、身边好人、优秀志愿者等先进典型的示范带头作用，按照市、区委基层宣讲工作要求，自 2017 年起，和平区成立"文明先锋"宣讲团，紧紧围绕党的十九大精神，习近平新时代中国特色社会主义思想的基本精神、基本内容、基本要求，习近平总书记一系列最新重要讲话精神和党中央重大决策部署，习近平总书记关于"不忘初心、牢记使命"重要要求，新中国成立 70 周年伟大成就和习近平总书记在天津考察工作和京津冀协同发展座谈会上重要讲话精神等内容进行基层宣讲，通过自身感人事迹和工作生活实际，带领大家在"学懂弄通做实"上下功夫，用心用力用情抓好贯彻落实，共举办基层宣讲报告会 98 场，直接听众近 13000 余人，通过网络直播、微博、微信间接收听收看达 28000 余人。和平区"文明先锋"宣讲团让基层宣讲有味、有用、有效、有为，为建设"三个着力"重要要求示范区、"五个现代化天津"旗舰区、"品质和平"和全力打造世界级智慧中央活力区贡献力量。

## （二）志愿服务实践

### 1. 讲清楚、说明白，让基层理论宣讲活色生香

和平区"文明先锋"宣讲团成员为来自基层的各级道德模范、各级身边好人、各级优秀志愿者等先进典型代表，用最朴实的语言，破解宣讲"深入难、接受难、持续难"的问题。一方面是语言通俗易接受，各位宣讲老师来自基层一线、街道社区，了解基层真实情况，每次宣讲，没有照本宣科，没有大话套话，将自己的感人事迹和工作生活实际结合各宣讲单位的工作特色将宣讲内容从"高大上"变成"接地气"。另一方面是结合单位特色，和平区"文明先锋"宣讲团成员在系统全面地学习习近平新时代中国特色社会主义思想、习近平总书记在天津考察工作和京津冀协同发展座谈会上重要讲话精神的基础上精准把握宣讲核心，深入挖掘精神内涵，整体规划组织架构，理清摸顺逻辑关系，用通俗易懂的语言讲群众最关心的民生民事，让听众能够坐得住、听得进、记得牢。

## 2. 点单式、服务式，让基层理论宣讲引人入胜

和平区"文明先锋"宣讲团经过反复推敲精心打磨，先后确定36位宣讲老师，数十个宣讲主题，制成"宣讲菜单"公布在和平文明网、微博微信公众号上，供全区各单位有针对性地"点菜"听课。两年来，宣讲团根据"点单"需求，进企业、进楼宇、进机关、进校园、进社区，与此同时还进行网络视频直播，在宣讲现场和网络上和听众们进行互动，将"一次性"的宣讲变为"持续性"宣讲，将"被动式"听讲变为"互动式"交流，通过课堂讲述、分组讨论、互问互答、实地指导等多种形式，深入教师备课室、社区活动室、党员活动室、部队营房、企业卖场、街边马路进行宣讲。宣讲团通过点单式、服务式有针对性的基层巡讲将道德模范、身边好人自己对党的理论方针政策的理解和认识讲给基层党员干部，按照"贴近实际、贴近生活、贴近群众"的要求，谈感想、谈体会、谈向往，既保证了思想理论的科学严谨，又兼顾了宣讲解读的灵活生动，《天津日报》《今晚报》《天津新闻》、天津电视台"宣讲直通车"栏目等多家新闻媒体对此进行持续报道。

## 3. 规范化、广延伸，让基层理论宣讲生生不息

随着和平区"文明先锋"宣讲团的不断壮大，区委宣传部、区文明办决定规范化宣讲、项目式开展，实现宣讲团良性循环发展。一是"造血输血"，不断充实宣讲队伍。二是"社会招募"，以志愿服务形式开展宣讲。三是"延伸内涵"，传递社会正能量。2019年7月10日，和平区高标准承办中宣部"核心价值观百场讲坛·走进天津和平"活动，邀请中央党校政治和法律部副主任杨伟东教授围绕"推动法治与德治内在融合，实现良法善治"，系统讲述社会主义核心价值观融入法治建设的内涵和实践。光明网、《光明日报》客

户端现场直播，650余名干部群众现场聆听，全国217万网友收看，13.9万网友通过微博、论坛参与交流互动。

### 4.立项目、创品牌，让基层理论宣讲深入人心

和平区"文明先锋"宣讲团以习近平总书记在天津考察工作时讲话精神为重点，广泛开展"新时代文明说""新时代文明实践"系列活动，将基层宣讲作为"志愿服务项目""文明宣传品牌"进行广泛开展，增强基层宣讲的渗透力和感染力。围绕习近平总书记致中国志愿服务联合会第二届会员代表大会贺信精神为内容，组织受到习近平总书记接见的部分志愿者及社会各界优秀志愿者代表进行学习交流。宣讲团将每次基层理论宣讲同各单位、社区重点工作相结合，先后围绕垃圾分类、创文创卫、文明条例、退役军人服务保障等内容进行"量身定制"，宣讲间隙穿插文体活动、节目演出，提高基层宣讲的融入感、参与度、互动性。

### 5.答疑难，解困惑，让基层理论宣讲行之有效

和平区"文明先锋"宣讲团围绕居民群众关注的热点难点问题，面对面把理论讲透、心贴心把政策说清、实打实把办法留下，不断推动宣讲工作深化创新，回应干部群众关切，帮助基层群众解决实际问题，引导群众"辩证看"、撸起袖子加油干，先后针对社区居家养老服务、社区标准化建设、"两元三级"社会救助机制等问题进行阐释解答。对分配、教育、医疗、就业、住房、生态等新矛盾新问题，不回避、不遮掩，用马克思主义的立场观点方法进行分析，讲透讲清党和政府"务实办"，把直面问题、对症下药的办法举措告诉给群众，把来之不易、实实在在的发展成就展示给群众，把干事创

业、开拓未来的信心决心传递给群众，真正让基层群众"在心理上解压、政策上解渴、思想上解惑"。

### （三）志愿服务点评

和平区"文明先锋"宣讲团始终坚持在学懂、弄通、做实上下功夫，在落细、落小、落实上求实效，在入耳、入脑、入心上抓关键，让科学严谨的理论知识和生动活泼的宣讲形式深入结合，使富有特色的宣讲活动和基层一线的工作实践同频共振，扎实推动习近平新时代中国特色社会主义思想往深处走、往实处走、往心里走，激发新时代砥砺奋进前行力量，开创新时代品质和平美好未来。

## 七、和平区妇女儿童保健和计划生育服务中心志愿服务队

### （一）组织简介

为不断扩大具有天津特色的志愿服务社会影响力，和平区妇女儿童保健和计划生育服务中心本着弘扬"奉献、友爱、互助、进步"的志愿服务精神，在原有学雷锋志愿服务站的基础上建设"志愿服务 V 站"，为来检者提供更好的志愿服务。中心立足妇幼公共卫生服务、妇幼基本卫生服务、基本医疗保健服务和计划生育服务职责，开展系列志愿服务。

## （二）志愿服务实践

### 1. 义诊咨询志愿服务

中心 V 站在各种节日期间组织志愿服务队伍积极参加和开展义诊咨询和科普宣传志愿服务，利用义诊咨询活动，在广大群众中做好健康知识科普。在义诊咨询活动中，中心 V 站志愿者以自身服务内容为出发点，面向参与活动的人群开展妇女保健、儿童保健义诊和现场咨询活动，积极向群众普及妇女儿童保健知识，并配发妇女保健、孕期保健、儿童保健、妇科常见病防治知识等内容的宣传资料，得到咨询群众的一致好评。

### 2. 日常导诊志愿帮扶服务

中心 V 站开展日常导诊志愿帮扶服务，在 A、B 两座大厅分别设立志愿服务导诊岗，对老人、儿童、孕妇等来检者提供必要的帮助，把志愿服务融入日常工作。志愿服务岗人员认真履行窗口工作职责，本着"微笑服务"的宗旨，严格实行首问负责，以细心、周到的服务，为数以千计的来检者提供快捷、准确、一步到位的咨询指导和帮助。此外，V 站还购置了轮椅、花镜、雨伞等用品，供有需求的来检者使用。

### 3. V 站志愿服务网络平台

在 V 站志愿服务的同时，通过中心微信公众服务平台进行多媒体宣传，配合天津市民心工程的开展，将惠民措施及时通过微信推送给广大群众，进一步弘扬了志愿服务精神。

### （三）志愿服务点评

和平区妇女儿童保健和计划生育服务中心志愿者时时做到以来检者为中心，以真情换理解，以微笑亮窗口，以服务赢声誉，坚持把志愿精神永远留在工作岗位上，良好的服务形象，成为中心的服务品牌。

## 八、和平区文化宫志愿服务队

### （一）组织简介

和平区文化宫利用阵地资源与业务优势常年开展免费开放艺术培训及文化惠民公益演出活动，并不断丰富公共文化志愿服务的形式与内容，在满足群众基本文化需求的基础上特别关注弱势群体的基本文化权益，创立了多项文化志愿服务项目，这些项目成为和平区品牌活动，具有广泛的社会影响力，并在全国范围内形成示范作用。和平区文化宫公共文化志愿服务分队连续五年荣获"天津市优秀公共文化志愿服务分队"称号，和平区文化宫志愿服务岗站也被评为优秀志愿服务岗站。

### （二）志愿服务实践

1."新时代"和平区文艺小分队

"新时代"和平区文艺小分队成立于2008年1月，目前，主要由和平区文化宫文艺骨干、各文化社团团员、各大演出团体的志愿者组成，成员都具有较高的专业水平，并多次获得全国和天津市比赛众多奖项。和平区文化宫文艺小分队成立以来本着"文化送温暖"的原则，主要为肢残居民、空巢老人、贫困家庭等开展"一对一""心贴心"慰问演出活动。

### 2."共享花季"艺术营地

和平区文化宫 2013 年组织策划"共享花季"艺术营志愿服务项目，是面向外来工、贫困家庭子女进行义务艺术教育的项目。凡生活或学习在和平区的外来务工人员子女、困难家庭的少年儿童，只要有接受艺术教育的愿景和需求，有着自己的"文化梦、艺术梦"，都可成为"共享花季"艺术营地的学员。

### 3.和平区文化宫"心目影院"

2007 年和平区文化宫创办天津市首家"心目影院"，为视障人士开启了扶助残障温暖爱心的志愿者服务历程，"心目影院"从 2007 年 11 月首映开始，坚持每月至少举办一次活动。至今已坚持 12 年，并始终在每月第三周坚持为盲人讲解一部电影。"心目影院"志愿团队主要由和平区文化宫工作者及大学生组成，十年来，"心目影院"的影响力越来越大，得到社会的广泛关注，志愿服务团队不断壮大，志愿服务已有 2000 余人次，常驻核心志愿者 10 余人。每年共计组织 16 场为盲人讲电影活动，其中包括每月 1 场在文化宫的活动和每季度 1 场在社区的活动。受益人数 3 万余人次，服务时长达 900 余小时，与此同时，志愿团队多次赴沧州、西安等多地进行为盲人讲电影活动。

### （三）志愿服务点评

和平区文化宫志愿服务队深入基层、走进社区进行广泛调研，紧密联系百姓生活，满足群众的精神文化需求。服务队通过不断创新服务形式，整合团队力量，进一步丰富特殊群体的精神文化生活，让他们感受到社会大家庭的温暖，促进群众文化工作的繁荣发展。

## 九、和平区"三关爱工作室"志愿服务队

### （一）组织简介

和平区志愿者协会"三关爱"工作室成立于 2016 年，地点现设在和平区社会组织孵化中心一楼，站内面积 63 平方米，服务站有显著标志，有相应的管理制度，站内设有电视机、电脑、电子触摸屏、投影仪等电子设备，并设有理发、包缝、配钥匙、小家电维修、血压血糖检测、图书阅览、谈心聊天茶座、电子图书阅览、志愿者注册、积分兑换、志愿服务宣传展示等不同功能区域。拥有 83 名注册志愿者。

### （二）志愿服务实践

#### 1.志愿服务队伍多样化

工作室拥有 2 名律师志愿者、1 名心理咨询志愿者、2 名理发志愿者、1 名小家电维修志愿者，2 名包缝志愿者，2 名配钥匙志愿者、2 名检测血压

血糖志愿者等专业服务志愿者以及 71 名负责日常接待服务的基础志愿者。83 名服务志愿者均为注册志愿者。工作室自成立以来，志愿者利用自己的技能或优质服务在服务站为居民群众服务千余人次，志愿者参与服务 400 余人次，记录服务时长 800 余小时。

### 2.志愿服务制度健全化

服务站建有健全的工作制度，包括志愿者值班接待制度、志愿者服务时间记录制度、志愿者表彰激励制度、设备设施管理制度等。服务站管理工作健全，设有 1 名专职工作人员负责日常管理工作。服务站有和平区志愿服务成果展示、志愿服务精神宣传、优秀志愿者事迹及志愿服务专题片展播、志愿者注册招募、志愿服务时间记录、志愿服务信息发布、接待参观、组织培训、志愿服务供需对接等功能。

### 3.志愿者招募社会化

为扩大对服务站服务内容、服务项目、服务时间的宣传，"三关爱"志愿服务工作室，印制 5000 张服务站宣传海报，发到和平区各街道、社区进行宣传，同时招募志愿者。海报发出后百余名志愿者前来报名参加义务服务，2 名住外区的有资质律师慕名前来，每周 1 天为群众提供义务法律咨询。海报的宣传吸引了大批群众前来接受服务。

### （三）志愿服务点评

"三关爱"志愿服务工作室在为关爱"老雷锋"、爱心助空巢、关爱农民工三个志愿服务项目的服务群体开展日常服务的同时，也为和平区志愿者提供了奉献平台，推进了志愿服务活动常态化、规范化、制度化，为创新社会治理、服务民生需求做出贡献，获得广大群众和志愿者的一致好评。

## 十、和平区巾帼文明传播团

### （一）组织简介

"和平区巾帼文明传播团"成立于 1998 年，是和平区妇联组建的一支妇女志愿者队伍。日常工作由和平区巾帼文明传播团理事会负责，机构有会长 1 人，副会长 1 人，秘书长 1 人，办公室设在和平区妇联组宣科。巾帼文明传播团下设 8 个分团。分别是：劝业场街分团、体育馆街分团、新兴街分团、南营门街分团、南市街分团、小白楼街分团、区委妇委会分团、老教师分团。

### （二）志愿服务实践

#### 1. 提升妇女综合素质，开展主题文化活动

和平区巾帼文明传播团积极提升妇女综合素质。以提高妇女思想道德素质为根本，大力宣传社会主义核心价值观。以庆祝新中国成立 60 周年、建党 90 周年、妇女运动 100 周年为契机，举办"颂歌献给党，巾帼建新功"

优秀原创歌曲征集、"爱党爱国爱天津"、"百年光荣绽放半边天"征文活动、"我与中国梦"征文演讲比赛、"与爱同行，共圆巾帼梦"等主题教育活动，弘扬女性自尊、自信、自立、自强的时代特质，以提高科学文化素质为目标，积极倡导先进性别文化。

### 2. 根据不同需求，开展多元志愿服务

巾帼文明传播团从不同妇女群体需求出发，广泛开展科学文化、人文素养、专业技能培训，激发妇女参与经济社会发展的热情和潜能；同时致力于倡导体育锻炼，提高妇女的身体素质，"三八"健康杯妇女健身活动常年坚持开展，各种形式的文体健身活动在全市屡获殊荣，成为建设魅力和平、美丽和平的靓丽平台；更加深入地培养家庭文化，通过组织开展和谐家庭、文明家庭、学习型家庭、绿色家庭等特色家庭创建活动，及"廉内助、贤内助座谈会""低碳家庭，时尚生活"等活动来达到以家庭文明促进社区和善、环境和美、社区和谐，以家庭文明创建社会文明的效果。

### （三）志愿服务点评

和平区巾帼文明传播团致力于引领妇女提高思想道德素质和科学文化素质，大力宣传社会主义核心价值观，并激发妇女参与社会建设的潜能和热情。在有关部门的大力支持下，妇女享有的公共资源和社会福利的范围不断扩大，发展水平持续提升，并在全区形成了尊重妇女、保护儿童、关心和支持妇女儿童工作的良好氛围。

## 十一、和平区居家养老应急呼叫服务中心志愿服务队

### （一）组织简介

"和平区居家养老应急呼叫服务中心"成立于 2010 年 3 月 11 日，中心共有值机人员 11 名，应急呼叫分队 26 名志愿者，全体工作人员均为注册志愿者。

### （二）志愿服务实践

#### 1. 与时俱进助力志愿服务发展

应急呼叫服务中心志愿服务队采用信息技术手段，以各类孤老、高龄独居、空巢老人、残疾或失能老人、经济困难且缺少照料的老人为重点，为其在家中安装居家养老应急呼叫器，提供家政、医疗、排险等应急服务的呼叫平台。成立至今已为和平区居家养老服务对象解决各类应急服务数百次。经过回拨式、直拨式两代呼叫器的发展，2016 年，针对和平区居家养老服务对象的实际需求，中心引进了以可燃气体报警器、烟雾报警器、人体红外报警器、一键通主机、一键通移动部件构建的智能化居家养老应急呼叫中心、服务中心，最大程度地保障和平区老年人独自在家居住的安全系数。

#### 2. 志愿服务应急分队实践

为了更好地为服务对象提供服务，2011 年初，应急呼叫服务中心特从

和平区居家养老服务团队中挑选了 26 名志愿者组成呼叫中心应急分队（专业电工 7 人、专业医师 2 人、专业管道疏通 3 人），应急分队队员放弃了自己休息时间进行 24 小时待命，随时回应和平区老年人应急服务的各项需求，年均为和平区老年人提供百余次医疗、水电抢修及管道疏通等应急服务。2018 年重阳节当天，中心通过可燃气体报警器报警，排除一起老人外出家中煤气管道严重泄露的重大隐患，2019 年中心为和平区有困难的孤寡老人提供陪同就医服务，年内已开展 6 次陪同孤寡老人就医服务。

### （三）志愿服务点评

和平区居家养老应急呼叫服务中心志愿者为服务对象提供 7×24 小时服务，9 年无公休，累计服务时间达 10 余万小时。优质的服务最大程度地保障和提升了和平区老年人独自在家居住的安全系数，获得和平区老年人的一致好评。

## 十二、天津市口腔医院

### （一）组织简介

天津市口腔医院始建于 1947 年，是集临床、教学、科研、预防为一体的三级甲等口腔专科医院。2008 年经批准成为南开大学口腔医院。长期以来，医院高度重视精神文明建设，从培育优秀医院文化的高度积极推行和开展志愿服务工作。在医院领导班子的高度重视和全院职工的热情参与下，医院连续多年蝉联"天津市文明单位""和平区志愿服务模范单位"称号。

## （二）志愿服务实践

### 1. 组建高素质志愿服务队

天津市口腔医院建立了一支以团员青年为主，全院职工积极参与的稳定的志愿者队伍，目前有本院志愿者 83 名，招募的社会志愿者 214 名，全部具有大专以上学历，其中具有研究生以上学历的 40 余名，大部分具有医学专业背景且接受过专业志愿者培训。多年来，医院志愿活动在党办、团委的组织和协调下，累计开展志愿服务活动 500 余场次，累计参与活动 3600 人次，累计服务时间达到 17000 小时，累计服务人次 90000 余人。医院获得第 21 届、22 届"志愿服务模范单位"称号。

### 2. 积极开展多项志愿服务活动

多年来，医院志愿者服务队积极开展学雷锋活动，深入社区、街道、福利院开展口腔健康保健咨询、义务献血、清洁环保宣传活动。同时，医院志愿者还走出医院，利用口腔医院"口腔健康直通车"的平台，积极服务广大群众。"口腔健康直通车"自 2008 年开展以来，已成功举行近 450 场大型免费口腔健康宣教及义诊活动，惠及百姓近 4 万余人，活动区域已覆盖天津市各个区县，并延伸至天津周边省市。

### 3.参与重大公共卫生项目

2012 年以来，医院志愿服务队伍还积极参与了市卫生局、市教委、市财政局联合部署、本院负责组织实施的 7—9 岁儿童免费窝沟封闭预防龋齿的重大公共卫生项目工作。该项目旨在降低本市儿童龋齿发病率，保护儿童口腔健康，推动"健康天津"建设。

### （三）志愿服务点评

天津口腔医院通过志愿服务充分展示了医院积极向上的精神风貌，组织的志愿服务具有受益群众数量多、覆盖范围大、活动场次多等特点。在社会上引起较大反响，树立了口腔医院公益、便民、惠民的医院形象。

## 十三、天津滨江商厦有限公司志愿服务队

### （一）组织简介

滨江商厦是一个拥有职工 700 余人、信息员 1000 余人的大型商业零售企业，是滨江集团的骨干核心企业，获得过多项志愿服务荣誉。多年以来，他们结合商厦推广实施的"星级服务"工作，始终将社区服务工作作为培养职工敬业意识和职业道德的有效手段，将社区服务工作作为向社会展示"星级服务"成果、展示员工精神风貌的舞台。

## （二）志愿服务实践

### 1.健全机制设立助困扶贫基金

滨江商厦党委十分重视青年志愿者活动，确定由团委具体负责此项工作，订立了志愿者服务细则，签订了服务责任书，建立了志愿者工作网络和意见反馈制度，坚持做到全年志愿者工作有计划、有措施、有专人管理、有成效，层层分解指标，任务落实到人。商厦全体青年志愿者共计495人参加了团市委的集体注册，成为中国志愿者协会的终身制会员。

### 2.奉献社会持之以恒开展服务

滨江商厦开展的青年志愿者工作，重在常抓不懈。他们坚持以弘扬"视顾客如亲人，与企业共命运"的滨江企业精神为动力，本着"服务顾客，奉献社会"的原则，将"星级服务"向社会延伸，让更多的人享受到温馨、炽热的服务。他们把全体青年志愿者以商场、科室为单位划分为11支青年志愿者小分队，与劝业场街的11户困难户建立了长期的"一助一"扶助关系。多年来无论是节假日，还是季节变换，几乎每月青年志愿者们的身影都会出现在困难户家中。

### 3.立足本职工作拓展服务领域

在本职岗位上用心工作的同时，滨江商厦还积极扩展服务领域、延伸服务内涵、增强服务实效，并秉承"三尺柜台，扶危济困，热心公益，奉献爱心"的优良传统，把爱心奉献给了社会公益事业。通过志愿服务活动，进一步激发了青年们的工作热情，全面提高了青年的整体素质和业务水平，把三尺柜台作为奉献社会、展示形象的良好窗口，努力争创更新、更高、更优的业绩，为企业树立了良好的形象。

### （三）志愿服务点评

商厦青年志愿者们的行动赢得了助困户的尊敬，也赢得了社区群众的赞扬，成为社区群众竞相传颂的新风尚。这个充满青春活力和蓬勃朝气的年轻集体正在用他们诚挚和火热的志愿服务奏响新时代的乐章。

## 十四、津燃公用事业有限公司志愿服务队

### （一）组织简介

津燃公用事业有限公司主要从事管道燃气基础设施的投资建设和经营管理以及管道燃气的输配和销售业务。随着燃气普及率的提升，保证燃气用户安全已是燃气行业的首要任务，该公司以"亲情服务，和谐便民，安全第一"为工作准则，确保和平区 11 万燃气用户的安全。同时，将志愿服务融入日常工作，默默地为燃气用户保驾护航。

### （二）志愿服务实践

#### 1.通过专项活动，关爱独居老人

针对特殊人群，积极开展独居老人专项志愿服务活动。当今天津市

已经进入老龄化社会，津燃公司为社会上的老年人提供特殊的服务。在积极开展的 70 岁以上独居老人特殊安全服务活动中，在和平区政府和各街区、道居委会的大力支持配合下，推出对独居老人优质服务的六项措施，确保每年两次对独居老人进行安全检查，同时对 70 岁以上的独居老人采取"多查一下，多问一句，多讲一下"的工作方式，使他们能够基本掌握安全用气的知识，避免由于使用燃气不当造成的安全隐患事故的发生。

### 2. 依托志愿服务，提升居民安全意识

津燃公司领导坚持带领所有干部职工深入街道、居委会、政府部门进行走访，利用公休日深入社区开展"燃气宝宝在我家"安全知识讲座和义务咨询服务活动，和平区 60 个社区全覆盖，仅 2016 年全年共举办入社区安全知识讲座、义务咨询志愿服务活动 30 场，发放各类宣传品 2 万余份。通过持续的燃气安全宣传，有效提高了社区居民安全用气意识和自防自救能力，为保障居民用气安全发挥了积极作用。

### （三）志愿服务点评

津燃公司所有职工扎实苦干，踏实走好每一步，在自己的岗位上，为全区燃气用户保驾护航。将本职工作与志愿服务紧密融合，以志愿服务的方式为和平区的安全稳定繁荣发展贡献了积极力量。

## 十五、老军医志愿服务队

### （一）组织介绍

中国医学科学院血液研究所、天津市眼科医院、中国人民解放军第九八三医院等 49 家军企商单位和多个军区家属院均坐落在南京路社区。多年来，南京路社区充分继承和发扬"军爱民，民拥军"的光荣传统，开展了多项军民共建活动。其中，成立于 2012 年 7 月的南京路社区"老军医学雷锋志愿服务队"作为南京路社区志愿服务队的一支重要力量，一直在社区开展服务，并且赢得了居民的高度认可。

### （二）志愿服务实践

#### 1. 无私担任群众家庭医生

劝业场街南京路社区老军医志愿服务队由十多名解放军原二七二医院曾经担任医院院长、副院长、科主任等职的离退休老军医自发组成，他们临床经验丰富、医疗水平高超、服务态度和蔼，服务内容涉及内科、外科、妇科、骨科、心理科、皮肤科等。老军医们定期到社区开展健康讲座，同时为居民提供义务咨询、走访入户服务。7 年来，他们的服务足迹遍布街道、社区和养老院，送医、送药、送健康、送温暖达到了千余次，老军医志愿服务队的老专家们每月定期到社区居委会活动室开展健康讲座，同时面对面为社区居民提供义诊咨询等志愿服务，被亲切地称为群众身边的"家庭医生"。

### 2. 形象生动普及医学常识

老军医志愿服务队创始人是原解放军二七二医院内科主任医师惠忠道。每月第二周的周五上午是服务队固定的服务时间。每次活动先由一位老军医进行讲座，内容是他们提前商定好的，根据季节变化、常见病、多发病、老年病、养生保健等方面，题材广泛，通俗易懂，生动管用。为了让讲座生动活泼，使医疗保健知识得到普及，老军医们可没少费心思。在举办防治呼吸道疾病讲座时，惠忠道与老伴郝淑媛自己动手制作了形象生动的幻灯片，再配上通俗的讲解，让大家记住在雾霾天注意什么、吸烟等不良生活习惯带来的后果等等。

### 3. 志愿不停歇铸就爱心磁场

老军医们发扬了志愿者的奉献精神，用实际行动践行了社会主义核心价值观，铸就了强大的"爱心磁场"。7年多来，老军医送健康服务项目先后举办了50余次大型义诊活动，累计服务时间近5110小时。2019年，老军医志愿服务队的脚步没有停歇，仍然继续为居民百姓服务着，除了定期服务，还先后开展"真情共建融社区，雷锋精神永相传"大型义诊、与共建单位为百岁老人和困难群体义诊、"重症病人的观察和护理"讲座、为保洁队员义诊等活动。

### （三）志愿服务点评

几年如一日，老军医志愿者们助人为乐，不求回报，不为虚名，无私奉献着自己的余热，让居民在家门口就能享受到疾病诊断治疗、早期干预、健康追踪、养生保健等方便快捷的服务。他们平凡而又感人的事迹温暖着大家，虽然脱下了军装，他们却仍在用爱心谱写军民一家亲的爱民曲。

## 十六、阳光奶奶志愿服务队

### （一）组织简介

"阳光奶奶志愿服务队"组建于 1998 年，有队员 117 名，成员由工人、干部、教师、医生、军嫂、警嫂、教授、农民工组成。团队中有 21 名党员，已经建立了临时党支部。

### （二）志愿服务实践

#### 1. 坚持文化自信，播撒文明

从 1998 年建队以来，阳光奶奶们每年坚持编排、演出文艺节目 80 多次，有力地推动了社区的精神文明建设，坚持文艺创作从群众中来到群众中去，讴歌身边好人好事，讴歌新时代、讴歌改革开放 40 年的伟大成果，传递着文明，传递正能量，与时俱进。

#### 2. 积极开展志愿服务，硕果累累

团队中有 2 名"天津市优秀志愿者"，2 名"全国最美家庭"，2 名"全

国优秀志愿者"，有 2 个全国五好文明家庭标兵户，有 1 名北京奥运火炬手，有 1 名全运会形象大使火炬手。团队于 2015 年被评为区级先进团队，2016 年被评为全国最佳志愿服务组织，2018 年获得全国终身学习品牌项目奖，2019 年被中华全国妇女联合会授予"巾帼文明岗"荣誉称号。

### 3. 弘扬志愿服务精神，奉献社会

20 年来团队的志愿者经常走进公园绿地、街道小巷、繁华地区、文艺学校、部队军营、老年公寓、地铁施工工地、孤老病残家中开展爱心服务活动。冬天她们是保卫队，夏日是护绿队，各大节日是演出队，参与治安是巡逻队，还是城管文明督导队、红十字志愿服务队、巾帼文明督导队、公交志愿者小分队、文明交通宣传队、文明祭扫宣传队、扮靓津城小分队。这些年来她们脚踏雷锋足迹，弘扬志愿者精神，播撒文明，奉献社会，服务他人，助人为乐，做了些政府所想、社会所需、百姓所盼的好人好事。每逢过年过节，"阳光奶奶"志愿者都走向社会，走进社区，为孤老户、空巢老人、残疾人、外国人送去中华民族文化，鼓励人们包饺子、做元宵、包粽子，把党和政府的温暖送到千家万户，送到每个人的心上。

### （三）志愿服务点评

"阳光奶奶志愿服务队"鼓励老年人积极参与志愿服务活动，奉献回馈社会。阳光奶奶们通过参加各项志愿服务活动，感悟着生活的美好，采摘着健康和快乐，真正体现了老有所为的人生价值。

## 十七、中国协和医科大学血液学研究所

### （一）组织简介

中国协和医科大学血液学研究所于 2004 年在南京路社区成立了"青年志愿者驻社区服务站"，成为天津市首家青年志愿者集体驻社区服务机构，使血研所青年志愿者活动在原有的基础上又上了新的台阶。多年来，血研所的青年志愿者们在南京路社区居委会的帮助下组织了各种义务活动，为社区居民提供了多种志愿服务，志愿者们在服务中感到无比快乐、无比幸福。

### （二）志愿服务实践

#### 1. 让贫困家庭孩子得到读书权利

在南京路社区几千户家庭中有一部分属于生活困难家庭，他们或下岗失业，或残病不能自理，不少家庭基本生活失去保障，其子女也面临着即将失学的厄运。血研所团委了解到这一情况后，立即找到社区主动提出要求承担部分家庭最困难学生的全年学费，帮助他们继续学业。

#### 2. 风雨不改关心孤独老人

研究所的志愿者们对社区内多名孤老和特困老人倾注了无限的感情，冬天送温暖，夏天送清凉，利用休息时间开展以慰问探访、精神慰藉、家务助理为主的"一对一""一对几"的结对子上门服务，风雨不改。青年医务人员利用休息时间为老人送医、送药，举办保健讲座，护理工作者坚持利用业

余时间，上门为老人量血压、测脉搏、搞卫生，护理身染重病的孤寡老人。

### 3.发扬"人道、博爱、奉献、互助"精神

几年来，血液病医院红十字会，在和平区红十字会的直接领导下，大力弘扬人道主义精神，不断扩大组织的影响和作用，把"人道、博爱"的精神扩大到社区志愿服务工作上。他们利用单位的各种媒体大力积极宣传贯彻《中华人民共和国红十字会法》，加强组织建设，加大医护人员的培训力度，结合工作职责，创新开展经常性志愿服务活动，先后组织参加了红十字会"爱心大行动"募捐活动。

### （三）志愿服务点评

医疗志愿服务活动是医疗志愿者奉献爱心、回报社会的一个途径，在提高大家的社会服务意识的同时使志愿者更加了解社区的实际情况。活动中，他们收获了付出的喜悦，体会到了交流的重要性，提高了专业技能，提升了志愿者队伍的良好形象，弘扬了志愿者不求所得、无私奉献、造福大众的精神，也为今后的志愿服务打下了良好的基础。

## 十八、天津医科大学青年志愿服务队

### （一）组织简介

1983 年，天津医科大学学子走进天津市和平区新兴街朝阳里社区照顾

孤寡老人，开启青年志愿者服务之路。1990年，天津医科大学成立了全国最早的大学生志愿服务集体——天津医科大学青年志愿者服务队。学校坚持将志愿服务、社会实践活动与专业知识学习和应用相结合，与学生的成长成才相结合，培育学生职业道德素养，结合专业知识组织开展了医疗咨询、健康宣教、康复指导和临终关怀等特色志愿服务活动。

## （二）志愿服务实践

### 1. 精准发力，准确帮扶

天医青年志愿者始终坚持"专业面向群众，知识回报人民，爱心奉献社会"的宗旨，开展医疗义诊、帮孤助残、文艺汇演、义务家教、爱心工程等一系列有针对性的志愿服务活动，努力做到精准发力、准确帮扶。

### 2. 无偿捐献造血干细胞采血入库

2002年，团队在全市率先发起无偿捐献造血干细胞采血入库活动，天医青年志愿者利用专业知识和技能，面向校园和社会进行无偿捐献造血干细胞知识普及和无害性宣传。通过18次校园集中采血，团队近6322名学生血样进入中华骨髓库。团队成为天津市第一所集体捐献、拥有捐献干细胞志愿者和采血入库比例最多的单位，学校成功捐献的比例达到全国平均水平的两倍，占全市成功捐献比例的12.56%。天津每八名捐献者中就有一位是天医志愿者，被誉为是在用"热血标记一个有温度的职业"。国家级和天津市多家媒体多次跟踪进行专题报道，体现了活动较大的社会影响力。

### 3.捐献角膜志愿者服务队

除无偿捐献造血干细胞外，志愿服务团队还成立了"捐献角膜志愿者服务队"。志愿者向社会发出"捐献角膜，奉献光明"倡议活动，有 1000 多名大学生志愿者签名表决心，首批有 40 余名学生已经在天津市公证处公证成为正式注册的角膜捐献志愿者。

学校学生和六所大学校医院青年医务人员全员注册"中国志愿者"，团队注重志愿者工作的机制保障，完善章程、规范管理，修订了青年志愿者组织、招募、选派、培养、管理和评估等制度，形成志愿服务时间累计人均 200 小时以上的常态化工作格局。

## （三）志愿服务点评

社会的文明和全面进步是全面建成小康社会的重要组成部分，为了更加美好的天津和更加美好的未来，天津医科大学青年志愿者服务队高擎着奉献的火炬，向需要帮助的人们，传递着温暖与信心，传递着爱与光明，为实现"两个一百年"奋斗目标、实现中华民族伟大复兴的中国梦注入强劲、持久的青春动力。

# 十九、中华职业中等专业学校

## （一）组织简介

中华职业中等专业学校目前有会计、金融、烹饪、计算机、旅游服务与管理等 5 个专业部。并且根据实际情况，成立了社会实践志愿服务队，并实现了层级管理模式。校团委组成了以各班团支部书记为主要成员的彩虹志愿服务队；校团委会干部以专业部为单位，组成了以各班团干部为主要成员的彩虹志愿服务分队；各班的团支部书记组成了以班内团员和入团积极分子为主要成员的彩虹志愿服务小队。

### （二）志愿服务实践

#### 1. 敬老爱老，爱心救助

在校团委的带领下，彩虹志愿服务队经常在敬老院开展志愿服务活动。在志愿服务活动中，学生们帮助老人打扫房间、帮助工作人员清洗窗帘、给老人们送饭、陪老人们聊天等，不仅通过爱心救助温暖了老人的心，还让学生产生敬老爱老的社会责任感。

#### 2. 绿色生活，捡脏护绿

现在，越来越多的人开始关注身边的环境。社区环境的好坏会影响着居民的生活。彩虹志愿分队会到学校周边社区以及各自居住的社区开展以"绿色生活"为主题的捡脏护绿的社会实践活动。为了扮靓社区环境，改善居民生活，学生们为小区捡垃圾、擦体育器械和健身器材、擦广告栏，并在公告栏中张贴活动标题。通过活动不仅美化了社区环境，还宣传了绿色生活理念。

#### 3. 传承美德，志愿服务

为培育和践行社会主义核心价值观，学校积极组织学生充分利用自己的特长和专业技能，在传统节日、纪念日等重要时期到社区进行服务，让学生做一名对社会有用的人，形成正确的世界观、人生观、价值观。学校在"3·5学雷锋日"，组织学生到社区开展学雷锋活动。在清明节，学生们到社区参加"清明时节祭英烈"活动。在母亲节，团员们到社区，配合社区老师一起动手为母亲制作小食拼盘，在端午节，学生们与社区老人们开展了"粽情暖人心"活动。

### （三）志愿服务点评

中华职业中等专业学校的学生们通过到社区参加实践活动，增强了服务意识，传承了志愿者精神。社会实践活动的开展也为中职生今后就业打下了良好基础。学校还鼓励学生面向更多人群开展一系列志愿公益活动，为实现社会和谐做出更多的贡献。

## 二十、天津市第一中学

### （一）组织简介

天津一中坐落在体育馆街尚友里社区，多年来积极参加社区的公益活动，狠抓精神文明建设，号召在校同学积极加入志愿者注册工作，一中志愿者为社区志愿者活动做出了很大贡献。到现在为止，包括教职员工在内，已有1000多人成功注册为中国志愿者。

### （二）志愿服务经验

#### 1. 德育为首，教学为主

近年来，天津一中始终坚持把德育工作贯穿到精神文明建设活动之中，其德育教育和精神文明建设活动的核心内容是爱国主义教育。围绕这个核心，学校多次开展诸如校园"献爱心""文明礼貌"月等活动，利用社区社会实践基地参加志愿活动，教育学生爱党、爱人民、爱社会主义，努力塑造学生高尚的灵魂，收到了显著的效果。

#### 2. 加强领导，完善制度

校领导对志愿活动非常关心，积极与社区加强联系开展活动，促进每个教师的专业成长，旨在促进每个学生的发展，从而促进学校教育教学工作的全面发展。在开展教育科研过程中，学校领导十分重视，全校上下团结一心，不断建立和完善学校志愿者社会活动制度，探索教育科研的新途径。并要求全体教师共同学习、共同参与、共同奋斗，创造条件，利用学校可利用的一切资源，积极开展教育科研活动。学校先后完善和出台了各项制度，每学期做到期初有计划，期中有检查，期末有考核、总结。

#### 3. 实践课堂，共同参与

天津一中根据《市教委关于建设天津市中小学生实践课堂的意见》的要求，鼓励家长利用休息日、节假日时间带领学生参与"实践课堂"活动。鼓励学生利用假期跟随家长进行参观体验、调查研究、技能训练、志愿服务等实践活动，并填写《天津一中实践课堂记录表》。

### （三）志愿服务点评

通过参与志愿服务活动，天津一中的学生们不仅从中感受到服务他人的幸福，还使自身的综合素质得到了很大的提升，许多孩子性格变得更加开朗，更有亲和力，同时提升了学习效率。

## 二十一、天津市耀华中学

### （一）组织简介

耀华中学经历了十年的探索和实践，志愿服务活动已经成为经典品牌。学校每年的寒暑假都规划相应的主题。目前，耀华中学已经与小白楼街、南营门街、劝业场街三个街道下辖的近 30 个社区确立了对口关系，还与公安交警和平支队泰安道大队、武警一支队结成了共建单位。每年，耀华中学都有 300—400 人注册成为社区志愿者，全体同学在学校和社区的共同指导下开展志愿服务活动。

### （二）志愿服务实践

#### 1. 学生进社区"当官"

对学生进行责任感教育，脱离生活是不行的，只靠学校的灌输也是不够的，耀华中学与崇仁里社区于 2001 年联手开展"做一日社区小主任"志愿服务活动。在耀华中学德育处、团委和社区居委会的共同组织下，同学们利用休息日等课余时间，带上自己的工作设计，开始了当"一日社区小主任"的志愿服务活动。十多年来，"做一日社区小主任"活动内容常新。

### 2.答谢关爱，回报社会

同学们在参与当"一日社区小主任"活动中，切身感受到社区工作的重要和做合格小公民的意义，感到自己所学知识远远不能满足居民的需要，更增添了奋发学习回报社会的动力。为此，耀华中学开展了"答谢关爱，回报社会"系列活动。为社区免费提供电脑培训、举办大型交响音乐会、为社区未成年人家长进行心理咨询讲座，受到了社区和居民们的一致称赞。

### 3.收获社会实践成果

"做一日社区小主任"志愿服务活动，使学生们亲身体验到社区居委会主任职责重要、工作艰辛，亲身感受到社区工作者默默无闻和无私奉献。通过角色的转换，学到了课堂上、书本里学不到的东西。学生们切磋研究设计方案，增强了班集体的凝聚力和荣誉感；亲身体察社情民意，能锻炼自己的意志品质和社会交往能力；走访困难户，帮助残疾人，被弱势群体奋发向上自强不息的精神和坚毅品质鼓舞，感到努力学习的动力更强了。他们有的召开不同主题班会，有的自编自演了描绘新时期社区居委会主任形象的小品剧，展示他们参加社会实践成果，表达他们为他人服务后的幸福感和自豪感。

### （三）志愿服务点评

青年学生通过参与志愿服务活动，接触社会最基层的干部群众，在社区大课堂里经风雨见世面。他们在社区既了解了国情，认识了社会，扩大了视野，增长了才干，又获得了鲜活的真实的实践知识。

## 二十二、第二南开中学

### （一）组织简介

为了使志愿者服务活动做到制度化、规范化、经常化，做到班班有基地，活动有内容，第二南开中学成立了志愿者服务工作领导小组，由主管校长亲自挂帅，在德育处设立了日常管理机构，将开展志愿者活动纳入全校教育计划之中，做到学期有安排，每月有考核，期末有验收，充分利用社区教育资源，让师生们投身到争做青年志愿者的实践中去。各年级分别与南市街社区居委会及周边地区建立志愿者服务点 26 个，每班都签定了活动协议书，收到表扬信和反馈意见共计 200 多封。

### （二）志愿服务实践

#### 1.建立完善管理机制，激发志愿热情

为激发学生志愿热情，学校开设了志愿者工作论坛。学校还将社区活动

交流贯穿学年教育工作的各个环节，每个假期学校德育处统一下发社区工作安排，并将每位同学参与社区志愿者活动情况与《〈中学生德育规程〉评价手册》的填写、考评相结合，建立起较为完善的管理机制，师生们怀着饱满的热情投身到社会实践的大课堂之中。

### 2. 发挥教育功能，实现资源共享

为让志愿者活动在社区中发挥出学校教育功能的作用，学校领导主动与南市街道工委协商将南市社区学校建在二南开中学，实现了教育资源共享。学校良好的硬件设施为学生们提供了良好的学习条件，也为周边社区精神文明建设提供了良好的场所。几年来，他们以第二南开中学为基地开展多种形式的学生、市民互动教育活动。将社区志愿者请进来，进行事迹宣讲，传播志愿服务精神；让师生员工走出去，到社区传授文化知识开展志愿服务活动。依托社区先后建立为困难家庭中小学生辅导功课的家庭学习小组、建立各班级学生社区。

### 3. 特色志愿活动，活跃社区气氛

第二南开中学志愿服务队在社区开设了居民计算机应用知识讲座，开展与社区联手"共创文明社区、靓扮特色楼门"等志愿服务活动。有的学生志愿者承包社区黑板报的定期更换，到社区为老年人读报、与老人谈心、手把手教老年人学电脑，有的学生志愿者在元旦、春节、老年节前慰问老年人，送福字、贴吊钱、做卫生，到社区演出文艺节目。这些活动的开展给社区老人们带来欢乐、给社区的孩子们带去了知识，深受社区居民的欢迎。

## （三）志愿服务点评

学生们投身志愿活动是全方位，多角度的，学生深入社区了解社会、服务社会，在自身增长了知识，得到了锻炼的同时，还逐步树立了为他人服务、奉献社会的人生观。学生志愿服务活动形式既活泼又丰富多彩，赢得了居民的欢迎和社区的支持，同时，社区也为学生们施展才能才干提供了平台。

# 二十三、天津市第五十五中学

## （一）组织简介

天津市第五十五中学为积极培育践行"奉献、友爱、互助、进步"的志愿服务精神，培养学生的社会责任感，切实帮助需要帮助的人，于 2011 年成立了天津市第五十五中学"朝阳公益社团"。自创建以来，社团成员关注弱势群体、尊老孝亲，积极投入志愿服务，承担起青少年应有的社会责任，同时也收获了快乐与成长。

## （二）志愿服务实践

### 1. 关爱自闭症儿童

学校社团成员前往中心花园和滨江道商业街开展"救助白血病患者"的

义卖募捐活动；走进天津市多家养老院和儿童福利院，为老人和孩子送去关怀与问候；关心关爱智障儿童与自闭症儿童，多次探望并帮助他们进行康复训练。

### 2. 与社区、公司结对开展志愿服务

在天津全运会期间，第五十五中学"朝阳公益社团"联合南营门街"雷锋志愿服务岗"为行人和游客指路，维护交通秩序，表达了"我为全运做贡献""为文明津城献爱心"的美好心愿。社团还与北京摩拜科技有限公司签署了志愿结对协议，参加文明骑行活动，清理车身小广告，定期摆放和宣传文明使用共享单车。每年假期，志愿者们不畏酷暑，前往和平区少儿图书馆参加由苗苗义工服务队组织的"暑期初高中图书馆志愿者"活动，为小朋友和家长们的借阅提供了便捷与温馨。

### 3. 担任文明先锋，传递志愿精神

第五十五中学社团成员还经常前往周围社区拾脏护绿、清理公共设施，为巩固和提升和平区"创卫"成果，共同推进"品质和平"建设做出了贡献。社团还曾多次邀请和平区"文明先锋"宣讲团成员、天津市道德模范、全国优秀志愿者吕文霞老人与学生交流，传递志愿精神。寒衣节，吕文霞老人还与"朝阳公益社团"成员一起宣传雾霾危害，号召家长和同学们在倡导文明祭祀的条幅上签名，承诺用文明的方式祭祀逝去的亲人。学校的"朝阳公益社团"被共青团天津市委评为"天津市优秀学生社团"；学校获得2018年度"志愿服务文明校园"称号。

## （三）志愿服务点评

天津市第五十五中学的"朝阳公益社团"秉承"奉献、友爱、互助、进步"的志愿服务精神，整合五十五中学众多学生的力量，为社区贡献自己的一份力量。他们脚踏实地，用饱满的热情、进取的精神，凝聚青春正能量，谱写青春新华章。

# 二十四、汇文中学新疆班

## （一）组织简介

2010年8月31日，"天津和田内高班"的118名学生顺利抵达天津，开始了他们在天津的学习生活。其中，天津市汇文中学也迎来了学校的首批38名新疆学生。为了引导学生们以良好的精神状态和面貌迎接新的生活，新疆班青年志愿服务队也随之成立。在校领导的指导下，青年志愿服务队始终以"践行志愿服务精神，展现青年学生风采"为目标，不断加强队伍自身建设，积极开展形式多样的活动，组织青年志愿者参加社会公益活动、社区文化活动、敬老助残活动。

## （二）志愿服务实践

### 1.发挥志愿者精神参与志愿服务

新疆班青年志愿服务队成立以来，充分发挥"奉献、友爱、互助、进步"

的志愿者精神，积极参与美化校园、展板设计、搬运货物、礼仪接待、维持秩序等活动。志愿服务虽然苦，虽然累，但志愿者们都能全情投入，热情服务，展现了志愿者良好的形象。同时，学校还常年组织新疆班青年志愿者参加到校园卫生清扫、文艺活动、运动会后勤服务等学校活动中来，为和谐校园的创建发挥了重要作用。

### 2.维护社区治安秩序

2011 年 5 月，新疆班青年志愿服务队与新疆路社区签订了共建协议书。双方本着"共驻共建，资源共享，立足长远，互惠互利"的原则，开展了一系列活动促进社区志愿服务工作的发展。自 2011 年以来，每逢五一、十一长假，新疆班青年志愿服务队都会与新疆路社区平安志愿者、社区党员在社区辖区进行治安宣传和治安巡逻。这支特殊的巡逻队伍已成为社区一道靓丽的风景标志，巡逻队伍每到一处居民们都会投来敬佩的目光，受到大家一致好评。系列活动的开展，激发了学生们争当治安巡逻卫士的积极性，并进一步增强了安全防范意识。

### 3.积极参与公益活动

参与社会公益活动是青年志愿者服务社会、完善自我的一项重要举措，新疆班青年志愿服务队积极参与社区组织的各项活动。新疆班青年志愿服务队利用课余时间，精心编排居民群众喜闻乐见、贴近基层生活的文艺节目，通过演出活动的开展宣传文明知识，传播科学知识，倡导健康生活方式。为弘扬中华民族传统美德，新疆班青年志愿服务队针对孤寡老人、空巢家庭的老人，用爱心和行动去温暖老人的生活，给他们带去欢笑和快乐。

### （三）志愿服务点评

汇文中学新疆班青年志愿服务队共有 38 位注册志愿者，累计开展志愿服务 6049 小时。他们把"奉献、友爱、互助、进步"的志愿精神作为自己的行动宗旨，无私奉献着自己的青春，为构建和谐校园、和谐社会做出了自己的贡献。

## 二十五、哈密道小学

### （一）组织简介

在蒙古路哈密道小学，传承雷锋精神为未来奠基一直是学校一项德育特色活动，向雷锋同志学习被赋予了深刻的内涵和强大的生命力。哈密道小学全体师生就守在生活、工作、学习的这一方天地里，坚持将爱心接力，40 多年从未间断，他们用心延续着雷锋生命，用行动传承着雷锋精神，无数个小雷锋在茁壮成长，同学们置身于这样的集体中也感到无比的骄傲和自豪。同时，哈密道小学组织开展的"爱心助残"工作，进一步落实了社会主义核心价值观，倡导扶残助残的社会风尚。

### （二）志愿服务实践

#### 1. 强化领导，落实工作

为了开展好"爱心助残"活动，哈密道小学成立了"爱心助残"领导小组，由校长任组长，德育主任任副组长，并由各班主任具体负责组织实施，使"爱心助残"工作在真正意义上做到了周密计划，精心组织，密切协调，认真落实。

### 2.加强宣传，扩大影响

为了使"爱心助残"活动能够深入每个学生的心中，使每个学生从小具备人道主义精神和社会责任感，提高学生的思想素质。哈密道小学每周二通过红领巾广播台，进行专题知识讲座，并利用黑板报、橱窗对社会主义核心价值观内容和《残疾人保障法》进行宣传，积极动员，扩大影响。让每个师生都能伸出援助之手，为残疾儿童献出一份爱心，尽一份微薄的力量，帮助残疾儿童少年完成学业，共建和谐社会。

### 3.开展活动，捐献爱心

学校统一安排，要求以班级为单位每学年开展一次学雷锋为主题的班队会，通过班队会活动引导学生自发自愿地把节省下来的零花钱捐赠给残疾学生。同时还在教师大会上倡导全校教师爱心捐款，用自己的实际行动来表达对残疾学生的关心和帮助。哈密道小学师生还先后与老年公寓建立了手拉手单位，定期到老年公寓去服务，和老人们聊天，帮助他们清理房间、打扫卫生，为老人们捶背、讲故事、唱儿歌，与老人拉家常。每逢节假日，他们还为老人送去生活用品及日用品等礼物，表示尊老敬老的一片心意，同时每年春节、重阳节都和老人们一起过，校文艺骨干还为老人们演出精彩节目。

### （三）志愿服务点评

爱心助残、助老服务已在哈密道小学形成全方位多形式的格局，同时，志愿服务内容更加生动活泼，丰富多彩，并逐步制度化、规范化。哈密道小学一代代青少年用自己的行动，践行社会主义核心价值观，让爱心助残、助老服务，像接力棒一样，代代传承。

## 二十六、岳阳道小学

### （一）组织简介

天津市和平区岳阳道小学创建于 1911 年，是一所具有百年历史的老校。前身为私立竞存小学，1952 年由人民政府接管，更名为五区第十小学，1958 年为体育馆小学二分校，1962 年更名为岳阳道小学至今。岳阳道小学十分重视学生的综合素质培养。通过开展志愿服务活动，增强了未成年人思想道德教育、中华优秀传统文化教育、革命传统教育和爱国主义教育等主题教育。纪施雨同学荣获 2019 年天津市首批"新时代好少年"称号。

### （二）志愿服务实践

**1.搭建志愿服务平台，开展志愿服务活动**

以队干部为主体，建立每个班级的志愿者队伍，将志愿服务常态化、制度化。学校大中队委领衔建立"融娃慧娃志愿小分队"和志愿者服务站，建立活动基地。"融娃慧娃志愿小分队"立足学校公益岗，放眼社会志愿岗，培养学生的责任意识。"融娃慧娃志愿小分队"抓住节日和一系列纪念日的契机，开展志愿服务活动。

**2. 通过志愿服务，对学生进行美育和劳动教育**

岳阳道小学创造性地将提升学生美育和劳动教育融入志愿服务之中，以快闪演唱、书画祝福、义务劳动等方式开展志愿服务活动，活动不仅提升了学生的社会责任感，美育、劳动技能也有了显著提升。

**3. 通过志愿服务，对学生进行思想品德教育**

岳阳道小学发挥本位课程先行引领作用，充分利用思政课程，着实有效的开展公民素养的教育活动。结合毒品预防教育、校园欺凌现象等校园重点话题，以校园志愿服务的形式，编排校园主题短剧，开展学生容易接受而又充满教育意义的公益巡演活动，引发深刻反思，达到教育目的。

## （三）志愿服务点评

岳阳道小学鼓励学生积极参与志愿服务，不断丰富学生的生活体验，培养学生心系他人的优秀品格。在参与志愿服务中，学生加深了对社会的认识，提高了实践能力，增强了自信心，学会了与人相处的本领。通过志愿服务，学生们履行一份小公民的责任和义务。

## 二十七、和平区第十一幼儿园

### （一）组织简介

和平区第十一幼儿园，始建于 1927 年，原名为"培才幼稚园"。多年来，和平区第十一幼儿园以实现儿童受教育权为目标，坚持立足基层、志愿服务居民、志愿服务社区、志愿服务社会的理念，充分发挥优质园所的教育辐射作用，利用有效资源，以社会为依托，以家庭为基础，以幼儿园为基地，采取多种措施服务于社区 0—6 岁散居儿童、残障儿童及贫困家庭儿童，使更多的儿童享受到高质量的幼儿教育，取得了显著成效，赢得了儿童家长的满意、社会各界的认可。

### （二）志愿服务实践

#### 1.热心公益，服务散居儿童

2003 年和平区第十一幼儿园参与了联合国教科文组织的旨在关注弱势群体的"ECCD"课题，启动了关爱特殊家庭儿童的"阳光工程"，针对区内家长外出打工的留守儿童、单亲家庭儿童、流动人口家庭儿童、生活困难家庭儿童的成长需要，创造条件建立了散居儿童教育基地。

#### 2.爱心助困，亲情温暖群众

和平区第十一幼儿园党总支，在精心组织开展教育幼儿的同时，非常注重加强幼儿教师的思想教育，全园教职员工集体注册社区服务志愿者，积极参加所在街道社区的共驻共建活动，自开展保持共产党员先进性教育活动以后，该园的全体党员团员就主动与体育馆街安乐村社区的五个困难家结成"一助一"帮扶对子，开展定期帮扶活动。

一直以来，第十一幼儿园始终教育全体教职员工将社区内的困难家庭和残疾儿童的关心照顾作为份内工作，列入全园工作指标。他们经过摸底调查，掌握了这些儿童和家庭的基本情况，因人而异进行帮扶关照。平日里他们有针对性地在生活上和学习上给这些孩子们帮助，假期里将这些孩子邀请到幼儿园的夏令营、冬令营中参加活动，满足困难家庭孩子们精神上和生活上的需求。

### 3. 言传身教，传播志愿精神

和平区第十一幼儿园教职员工在积极参加各种社会志愿服务活动的同时，注重在幼儿教育中传播爱心互助精神。2006 年该园在全市创建了第一家"幼儿园爱心超市"。"走进"超市里的物品琳琅满目，让人目不暇接，超市里的物品都是孩子们从家里带来送给周边社区困难家庭孩子和残障小朋友的礼物。

### （三）志愿服务点评

和平区第十一幼儿园，秉承 80 年优良传统，凭借无私奉献的志愿者之心，呵护着幼儿健康快乐成长，全力打造孩子快乐、家长满意、社会认同的优质园所。和平区第十一幼儿园始终处于天津市乃至全国幼教改革的前沿，为和平区教育的腾飞和幼教事业的发展做出了突出贡献。

## 二十八、新兴街社区服务志愿者协会

### （一）组织简介

新兴街社区志愿服务活动始于 1988 年 10 月，当时朝阳里社区为解决 13 户居民的生活困难，13 名社区积极分子自发组成了服务小组，也就是最早的社区志愿服务团体的雏形，开展义务包户服务。1989 年 3 月 18 日成立了全国第一个社区服务志愿者协会，即新兴街社区服务志愿者协会。自协会成立以来，志愿者队伍不断壮大，由最初的 13 人发展到目前的 16000 多人，团体会员单位 130 个。

### （二）志愿服务实践

#### 1. 坚持一切依靠群众

一切依靠群众体现在"三个充分"上：一是充分尊重志愿者在志愿服务活动中的主体地位；二是充分发挥协会的积极性和志愿者的主观能动性，更多地依靠志愿者；三是充分发挥志愿者的特长，为他们搭建施展才能和奉献爱心的平台。

#### 2. 坚持一切为了群众

一切为了群众体现在四个方面：一是坚持开展 20 多年的万户居民问卷调查活动，目的就是充分了解群众，根据群众需求设立服务项目，开展服务活动,使志愿服务更具针对性和时效性。二是根据不同时期群众的不同需求,调整服务重点。三是根据不同群体的不同需求,确定服务内容,既重点突出特殊群体的需要,又考虑各类群体的普遍需求。四是兼顾个人合理利益。

### 3.坚持有效运用社会资源

整合和凝聚社会力量参与社区志愿服务,是吸引公众参与社会管理,补充政府社会管理和社会服务空缺的有效途径。协会通过充分发挥社区志愿服务团体会员单位的作用,为社区居民开展专业化服务;发挥驻街单位的资源优势,开展助困包户服务;发动社会力量,开展志愿助学活动;发挥社区社团组织作用,开展公益性服务。通过这四种方式促进社区志愿服务发展。

### (三)志愿服务点评

社会在发展,群众生活方式和需求在改变,社区志愿服务工作也必须紧跟时代发展同步前进。新兴街社区服务志愿者协会及时总结多年社区志愿服务活动的经验和发展规律,探索建立起一套反映时代特点、符合发展规律的运行管理机制,并随着时代发展在实践中不断充实完善。

## 二十九、南市街社区卫生服务中心志愿服务队

### (一)组织简介

南市街社区卫生服务中心始终秉承着"尊重生命,捍卫健康,厚德兴

医，造福社会"的宗旨和"以病人为中心，以质量为核心"的指导思想，实施优质服务，努力为辖区百姓解除病痛和健康服务，取得了较好的成绩。该中心成立了志愿服务活动领导小组，职责明确，全面负责辖区志愿服务相关工作。该中心一直将志愿服务作为一项日常工作常抓不懈，在提升职工思想道德素养上狠下功夫，并把道德教育作为医德医风岗前教育培训的一项重要内容。通过各种活动的开展，提升全体职工的思想素质和服务意识，促进南市社区卫生服务中心各项工作的提高。

## （二）志愿服务实践

### 1.立足特长，提供优质服务

该中心通过开展青年志愿者服务活动，增加青年敬老爱老之情，定期为辖区内老年人提供健康咨询、导医就诊，开展爱心帮扶活动，建立了长效服务机制。如义诊入户送健康；免费为老人提供饮用水、轮椅等多项服务；开展了老人先就诊后挂号，认真解决老人就诊时的问题；在窗口放置"五优先"的标志，加大宣传力度，营造敬老、助老的社会环境；建立了辖区内老年人健康档案。

### 2.组织文化活动，实现老有所乐

在日常生活中，为丰富老年人的生活，该中心利用重阳节等重大节日组织退休职工参与到文娱活动当中，为退休职工提供了互相学习和互相交流的平台，让他们发挥才华和培养爱好，通过组织各种活动，帮助他们建立了积极的人生观，减低了退休后的孤独感。切实起到了愉悦身心的作用，促进了社区和谐健康发展。

## （三）志愿服务点评

南市街社区卫生服务中心各科室及下设社区卫生服务站积极开展多项志愿服务活动，掀起了志愿服务热潮。该中心医护人员弘扬文明新风，爱岗敬业，具有良好的职业道德和能力素质，群众评价良好，社会效益显著。

# 三十、南营门街社区卫生服务中心志愿服务队

## （一）组织简介

南营门街社区卫生服务中心社区科由 14 名医务人员组成，主要承担为南营门街辖区居民建立健康档案、慢病管理、老年人健康查体、大肠癌筛查、健康教育、计划免疫、儿童保健、传染病管理等一系列免费国家基本公共卫生服务项目。

## （二）志愿服务实践

### 1. 建立健康档案，把握居民需求

居民健康档案是对居民的健康状况及其发展变化、影响健康的有关因素和接受各项卫生服务的信息集合，是实施居民健康管理的第一步。中心团队每一位医生对所管辖社区都能做到心中有数，熟悉掌握各种信息为建档工作

打下基础，对不能来中心建立档案的居民采取入户方式建立健康档案，截至目前共建立 45309 份健康档案。建立健康档案，精准聚焦了群众健康服务需求。

### 2.服务重点人群，展现志愿精神

医生们发扬志愿服务精神，关爱服务对象。在开展查体过程中，医生尽职尽责，反复打电话通知，嘱咐查体注意事项，对于行动不便的居民及时安排入户提供服务，查体后要在最短的时间内把体检表整理完整，确保居民们能及时拿到体检报告，发放时告知居民健康体检结果并进行相应健康指导；对体检中发现有异常的老年人建议定期复查并告知或预约下一次健康管理服务的时间。儿童也是中心的重点服务人群，中心每年为儿童提供免疫接种和健康管理，一年中累计预防接种 12000 余人次，健康儿童和高危儿童体检 2691 人次，先心病听力髋关节等各项筛查 1026 人次。

### (三) 志愿服务点评

南营门街社区卫生服务中心志愿服务团队热心公益，他们把一腔热血奉献给了自己的公益事业，为美丽和平、美丽社区建设，为和谐社会建设义务服务，乐于奉献，努力为每一位社区内居民提供最优质的健康管理服务。

# 三十一、南营门街义工讲师团

## （一）组织简介

南营门街义工讲师团成立于 2010 年，参与项目的注册志愿者 20 人，重点围绕"老有所学，老有所乐，老有所教"助老服务这一主题，通过民间组织、社会各界人士积极参与，持续开展各类形式多样的教学助老服务活动，丰富老年人的物质和精神生活，提升老年人的生活质量。

## （二）志愿服务实践

### 1. 义工讲师系统教学

"义工讲师团"现由 15 名有知识、有文化、有技能、有热情、肯奉献的志愿者组成。在开展义工讲师资格审查、签订讲师协议并发放聘书后，开设了 13 个科目老年班。现在"义工讲师团"每年春季班授课时间为 3 月初至 6 月初、秋季班授课时间为 9 月初至 12 月初。为了做到有教学计划、有总结、有交流。南营门街老年学校在期末不仅组织各班学员进行结业成果展示，还召集义工讲师总结本学期教学情况，制定下学期教学内容，要求讲师在开学前准备好教学材料。由于老年学员记忆力较差，为了使老年学员学得扎实、记得牢固，每个老年班的老师还在学员中培养了学员骨干作为辅导员，配合老师在课余时间对老年学员进行辅导。在招收学员方面，南营门街老年学校在开学前半个月即在所有的社区张贴招生通知，只要能出来参加活动的老年人都可以根据自己的喜好选择学习科目，发给听课证。

## 2. 开展多类课程丰富老年人生活

多年以来，团队已聘请过 26 名义工讲师，先后开设了民族舞、健身操、国标秧歌、太极、文学、电脑初级、电脑中级、按摩、刮痧、手诊、国画、手绘、书法、摄影、泥塑、营养烹饪、乐器、陶笛 18 个科目的老年课程，主要面向辖区及社会的中老年人群，注册收益学员达 2400 余名，义工讲师在没有分文报酬的情况下平均每人授课 208 个小时。老师和学员们的作品多次参加街、区的展览，并取得不错的成绩。

## 3. 带动居民参加志愿服务

义工讲师团开设的各类教学班，让那些有需求的居民不花钱就能学到自己所要学的知识，通过与他人的沟通，相互促进，相互提高；让那些感觉生活无聊的人焕发出极大的生活热情；让那些整天围着家里转的人走出家门，融入社会的大家庭。在义工讲师团的感染下，更多的居民朋友通过参加社会活动，参与社区建设和管理，提升了自身素质和修养。

## （三）志愿服务点评

义工讲师团积极链接社会资源，鼓励社会各界人士积极参与，持续开展形式多样的助老志愿服务活动，丰富了老年人的物质和精神生活，提升了老年人的生活质量。

# 三十二、新疆路社区"梦之声"艺术团

## （一）组织简介

新疆路社区"梦之声"艺术团成立于 2014 年 3 月，注册志愿者 60 人，是由文化志愿者为主组成的百姓文化团队。经过多年的发展壮大，已颇具规模。队员们自编自演的许多脍炙人口的节目深受居民喜爱，成为社区文化建设、弘扬志愿文化的重要力量，为街道、社区文化事业开展发挥了积极作用。"梦之声"艺术团先后获得"2016 年和平区先进老年文体团队"称号、2016 年天津市志愿者心得讲述大赛三等奖、市妇联主办的"感恩党，跟党走，巾帼唱响"微视频大赛一等奖、2017 年巾帼唱响新时代歌舞大赛二等奖。

## （二）志愿服务实践

### 1. 艺术团汇集各类人才

新疆路社区"梦之声"艺术团由朗诵队、声乐队、舞蹈队组成。艺术团从最初的二十几人发展到上百人，团队文化志愿者包括社区老年人、残疾人、汇文中学新疆班学生，节目包括朗诵、合唱、表演唱、独唱、舞蹈、戏曲、小品、快板等，并根据需要编排不同主题与不同风格的节目。除朗诵队以外，声乐队和舞蹈队没有专业老师指导，许多节目都是队员们集思广益创作和编排的。作为文化志愿团队"梦之声"艺术团多次承接或参演区、街主办的大型文艺演出活动。

### 2.扶贫助困发挥重要作用

和平区启动"文化乐民"志愿服务项目后，"梦之声"艺术团在关爱社区困难群众，服务老年人、残疾人、特殊家庭的志愿服务活动中，发挥了重要作用。他们不仅积极参加社区举办的"新春联欢"、庆"七一"、"端午佳节一家亲""和平之春""喜迎十九大"等大型文艺演出活动，还组成流动文艺小分队，经常走进养老院慰问住养老人；走进保洁队慰问新市民；走进医院关爱失独老人；走进残疾人家中举办"一个人的春晚"……文化志愿者们不论严寒或酷暑，只要群众有需要便风雨无阻热情服务。

### （三）志愿服务点评

新疆路社区"梦之声"艺术团发挥文艺特长，在丰富社区文化的同时，倡导科学文明、健康生活方式，推进了社区文化工作的全面发展，为和平区经济社会文化的发展做出了积极贡献。

# 三十三、土山花园社区志愿服务队

## （一）组织简介

土山花园社区位于和平区新兴街东南部，以贵州路、西康路、岳阳道、宜昌道为界，辖区由森淼清华园、赛顿中心、辅恩里、新宜里等 16 个小区组成。社区共有 154 个楼门，居民 3100 余户，近 9600 人，党员 600 余人。

社区以"服务群众，奉献社会"为目的，广泛组织开展多种多样的志愿服务活动。社区先后获得全国综合减灾示范社区、市级文明社区、市级民族团结进步模范集体等多项荣誉。

## （二）志愿服务实践

### 1. 以服务促发展

社区坚持以服务促发展。用科学发展理念，创新社区管理服务模式，实现责任网格化、管理精细化、服务人性化，努力铸就一支务实、创新、高效的社区工作者队伍，着力为居民群众创造一个整洁、安宁、文明、祥和的人居环境。

### 2. 以活动聚民心

社区坚持以活动聚民心。用先进文化作为和谐社区建设的精神支撑和有效载体，社区内花园书社、夕阳红健身队等10支文体团队常年开展志愿服务、文化体育、娱乐休闲、知识培训等各类活动，成为凝心聚力、扩大居民参与的有效形式。社区结合春节、端午、中秋、重阳、国际志愿者日等重大节日开展系列志愿服务。

### 3. 以阵地助服务

为更好地满足社区居民需求，社区利用学雷锋志愿服务站开展多个服务项目，为社区居民多层次地展开志愿服务，扩大居民的受益面，受到居民的一致好评。社区根据不同群体的需求，更新服务内容，增加服务项目，坚持每月开展形式多样的服务活动，通过活动的开展，在全社区形成助人为乐、奉献光荣的浓厚氛围，努力营造更加优美、和谐的环境，促进志愿服务规范有序运作，提升志愿服务工作水平。

### （三）志愿服务点评

志愿服务活动是社会进步文明的体现，是对中华优良传统的传承和发扬。土山花园社区牢记宗旨，一心为民，志愿服务，奉献和平，用实际行动践行全心全意为人民服务的宗旨，建设环境更美、品质更好、功能更全、服务更优的新土山。

## 三十四、大都会社区志愿服务队

### （一）组织简介

大都会社区以"社区＋社工＋志愿者"的工作模式开展社区志愿服务工作，以社区工作者带志愿者的活动方式，广泛开展形式多样的学雷锋志愿服务活动。现有注册志愿者 660 余人，每年开展活动 40 余次，服务社区居民 1500 余人。

### （二）志愿服务实践

#### 1. 组建多元化的志愿服务队伍
大都会社区将注册参加志愿者服务队伍的居民按照特长爱好，分别成立了社区党员志愿者服务队、机关在职党员志愿队、巾帼志愿者服务队、平安志愿者巡逻队、青年志愿者服务队、法律科普宣传志愿者服务队、"绿橄榄"退役军人志愿服务队 7 支不同类别的志愿者服务队伍，并制定了社区志愿者服务流程、志愿者管理培训制度、志愿服务记录制度。这 7 支队伍的队员，无论是上学的、在职的、无职的、退休的，都服务在社区志愿者的第一线。

### 2. 社区网格化志愿管理服务

社区网格化志愿管理服务为社区构建了一张范围大、反应快、效果好的防控网。志愿者们能在第一时间掌握居民动态，对群众反映的合理诉求及早介入并协调落实。努力营造"有困难找志愿者，有时间做志愿者"的良好氛围，不断开拓工作领域。以深入开展学雷锋活动为重点，以社区志愿服务为新的增长点和着力点的志愿服务活动正向着持久、规范、制度化的方向发展。

### 3. 多种形式开展志愿服务活动

大都会社区采取多种方式，加强与辖区内机关、非公企业、学校、个体工商户等社会各界的沟通联系，并通过社区宣传栏、LED 屏、党员学习日、上门走访以及社区举办的各种演出活动、文体活动等，宣传志愿服务工作的精神和重要意义，提高辖区居民群众对于志愿服务工作的思想认识和重视程度，为社区深入开展志愿服务活动打下良好的基础。今年，社区继续率领红色先锋志愿者服务队进行志愿服务，红色先锋志愿者服务队由社区在职党员、辖区企业、行政事业单位党员组成，通过每月开展的一系列志愿者活动，切实做好社区志愿服务，乐于奉献、团结友爱，服务广大群众，让每个居民感受到"社区志愿者服务就在我身边"。

### （三）志愿服务点评

大都会社区鼓励并组织建立了多支志愿服务队伍，充分发挥志愿者热情贡献、服务大众的优良品质，把初心使命转化为实际行动，为推动"三个着力"示范区、"五个现代化天津"旗舰区和"品质和平"建设、打造世界级智慧中央活力区提供坚强保证。

## 三十五、文化村社区志愿服务队

### （一）组织简介

文化村社区现有常住居民 910 户，2700 余人。注册志愿者 540 人。社区文化团队 13 个，200 余人。属地共有企业 41 家。社区党委现有隶属党员 184 人，在职党员 42 人，党员中 80 岁以上党员 45 人。截止到 2019 年 9 月底社区志愿者网上注册人数已达到社区常住人口的 24%，民政主任亲自负责，建立健全社区志愿者各个职能组，每组都有专人负责并充分发挥作用。每年面向社区空巢老年人、未成年人、残疾人、贫困户等弱势群体，提供有组织的、无偿的公益志愿服务。

## （二）志愿服务实践

### 1. 组织社区志愿者开展各项活动

文化村社区发挥社区居民特长和社区优势，以丰富的文娱活动吸引社区居民到社区参加活动，参与社区建设，通过活动不仅愉悦自己，增进邻里情，大家在一起互帮互学互助，还为社区居民开展志愿服务。文化村社区通过开展联欢会，让社区居民在展示自己才艺的同时充分了解社区文化，增强社区成员之间的凝聚力，宣传了社区党建和社区廉政建设，弘扬志愿奉献精神。

### 2. 发挥社区智慧平台的作用开展志愿服务

在街道领导高度重视下打造的社区智慧平台，不仅提升了社区的管理水平，保障了社区的治安环境，深化社区智慧为民。整合"十分钟生活服务圈"资源，发挥平台和志愿者作用，为居民提供为老服务、医疗健康等多项便捷服务，提升居民幸福感。

### 3. 辖区单位积极参与社区建设

文化村社区积极调动辖区单位参与社区共建。共建单位志愿者每逢节日都会为社区困难居民送温暖送关爱入户慰问。和平区司法局、和平区政法委及律师协会等共建单位党员为社区居民开展助老维权义务法律咨询活动。文化村社区和和平绿化所结成"携手共建美丽家园"志愿服务队。和平绿化所、苏宁易购等辖区单位的志愿者每逢"我们的节日"期间都会主动到居民家中慰问，为老人送温馨、送祝福。共建志愿服务在社区内形成尊重老年人、关爱老年人的良好风尚。

### （三）志愿服务点评

文化村社区党委、居委会高度重视志愿服务工作，把志愿服务送温暖活动当做社区的头等大事来做，积极做好志愿服务工作计划安排。通过志愿服务活动充分以党建带社建，有效促进了社区"资源共享，优势互补，共驻共建"志愿服务工作新格局。

## 三十六、兆丰路社区志愿服务队

### （一）组织介绍

劝业场街兆丰路社区地处繁华地带，占地 0.2 平方公里，南至南京路，北至河北路，西至锦州道，东至滨江道。社区属老旧城区，老年人、残疾人居多，总户数 3061 户，8701 人，注册志愿者 1623 人。2019 年，兆丰路社区志愿服务团队和志愿者在纪念和平区社区志愿服务 30 周年暨第二十五届志愿服务工作评比表彰大会上获得了多个奖项，志愿服务硕果累累。

### （二）志愿服务实践

#### 1. 党建引领创新特色

社区党委坚持以习近平总书记关于基层党建工作重要指示精神为指导，聚焦发挥基层党建的四大作用，创新思路，创新方法，将社区的特色工作融入社区的志愿者工作中，广泛招募志愿者参与社区建设。自 2012 年开始，社区以"爱心助空巢"志愿服务项目为推手，按照区、街要求和社区实际情况精心组织、认真实施、广泛发动志愿者，与空巢、独居老人结成对子、签署帮扶协议，围绕落实项目活动方案，结合不同时期，不同阶段主题，设计并组织开展了丰富多彩的"爱心助空巢"志愿服务活动。

### 2. 多支队伍助力社区建设

2018 年，社区在原有的 4 支学雷锋志愿小分队基础上，联合辖区单位、共驻共建单位、两新组织成立了 6 支学雷锋志愿服务队伍，分别是文明建设智囊团、爱心志愿帮帮团、"微"治理服务队、网格巡查便民队、楼门管家互助队、家长学校传播团。这些志愿服务团队活跃在社区建设的舞台上。每逢春节，他们包饺子、写春联送给外来务工人员和城市新市民；清明节他们宣传移风易俗、文明祭奠；"七一"党员志愿者慰问困难的、卧床、患病的老党员，给他们送去党的问候，让这些老党员倍感温暖。除了这些，社区还利用"五爱"教育阵地，将青少年带到志愿服务的行动中，这些孩子跟随志愿者一起到辖区内的小花园捡脏护绿，扮靓自己的家园，到长寿老人院给老人们表演。社区还利用寒暑假将辖区内的青少年组织起来，与成年志愿者一起以"大手牵小手"为主题开展志愿帮扶活动。

### （三）志愿服务点评

兆丰路社区在志愿服务活动中，大力提倡"有求大家应""有爱传帮带""有难众人帮"等群策群力的志愿服务，着力把对雷锋精神的传承与社区工作相结合，与群众需求相结合，与新时代文明实践相结合。将辖区每个单位、每个家庭、每位居民及残疾人等弱势群体紧密联系起来，激发社会各方广泛参与志愿服务的积极性，不断满足人民日益增长的美好生活需要。

## 三十七、庆有西里社区志愿服务队

### （一）组织简介

庆有西里社区坐落在和平区南市街中心繁华地带，社区开展志愿服务项目累计 17 个，注册志愿者 1155 人，累计志愿服务时间 46816 小时。拥有集办公、综合服务、老年人日间照料等于一体的综合服务设施 1000 多平方米。近年来，社区坚持以服务群众为重点，以居民满意为目标，以文化活动为载体，以社区党建为龙头，大力发展社区志愿服务事业，全面推进社区精神文明建设。社区先后荣获国家、市、区级近百个先进荣誉称号，接待国内外学访团体 700 个，2016 年在全国志愿服务"四个 100"评比活动中，被评为最美志愿服务社区。

### （二）志愿服务实践

#### 1.凝聚社会力量，形成社区志愿服务工作良好局面

2003 年 8 月，庆有西里社区在全市率先创建了楼栋党支部，通过楼门建设倡导党员带头参加志愿服务，使党员成为组织者、践行者，成为发扬人

道主义的带头人。带领群众为有需求的人服务，为社区建设服务。在社区党委的领导下，楼门模式的志愿服务组织如雨后春笋般蓬勃发展起来。从2003年庆有西里社区五门的一个"艺术楼门"，逐渐发展为庆有西里39个楼门全覆盖。

### 2. 弘扬博爱理念，丰富社区志愿服务活动形式

庆有西里社区在招募志愿者工作中坚持"走出去"宣传、"引进来"服务的工作方针，通过在社区进行志愿者个人和团体单位招募、在公共文明引导员服务站进行招募、依据志愿服务项目进行网上招募等多种方式，加大宣传力度，挖掘专业服务资源，壮大服务队伍，成立了为老服务、普法宣传、关爱外来务工、扶残帮困、公共文明引导、文化志愿6支服务小分队，以丰富多彩的志愿服务形式弘扬博爱理念。

### 3. 传承奉献精神，提高社区志愿服务工作水平

为传承"奉献、友爱、互助、进步"的志愿服务精神，庆有西里社区不断推陈出新，创新志愿服务形式。2011年，庆有西里社区率先创建全国首个城市新青年之家，将社区服务对象扩展至外来务工人员，吸纳他们加入社区志愿者队伍，向他们提供生活、就业、法律法规、娱乐等方面的服务的同时，引导他们用己之所能回报社会；2012年11月，社区落实和平区"爱心助空巢"志愿服务活动项目，在原有的基础上拓展了服务领域，完善了"一助一""多助一"的为老志愿服务模式，使空巢老人不因子女不在身边而感到寂寞孤独，不因年老体弱而感到生活不便。

## （三）志愿服务点评

"乘风破浪会有时，直挂云帆济沧海。"志愿服务事业崇高而艰巨、任重而道远，庆有西里社区不断探索新形势下的志愿服务形式，打造独具特色的志愿服务品牌，让志愿服务精神在庆有西里永不褪色、熠熠生辉。

# 三十八、兴河里社区志愿服务队

## （一）组织简介

兴河里社区东至气象台路，西至吴家窑四号路，北至同安道，南至河沿道，辖区面积 0.08 平方公里，常住人口 2512 户，6372 人，其中 60 岁以上老年人 1253 人。是一个纯居民老旧小区，社区单位少、老年人和困难户多。社区学雷锋志愿服务队坐落在兴河里小区综合楼 17 号，面积 1020 平方米，其中办公面积 170 平方米。经过多年的运作，目前，社区"爱心家园"的成员由最初的 12 人，增加到现在的 100 余名党员和 50 余名社区志愿者。

## （二）志愿服务实践

### 1.搭建服务平台，营造无微不至的志愿服务氛围

为满足社区居民的不同生活需要，社区党委开展了"爱心家园"大型志愿服务活动，为老年人提供免费理发、清理卫生、修小家电、配钥匙等生活

上的服务，同时，社区为孤老户和高龄空巢老人建立了"爱心洗衣房"，为高龄老人免费洗衣，解决老年人生活方面的问题。

### 2. 搭建教育法律平台，为居民提供多方面的服务

以社区教育为载体，社区学雷锋志愿服务队邀请专家学者根据不同季节对老年人进行养生知识系列讲座；为了给居民提供和谐安定的生活服务，社区党委本着"预防为主"的原则，组建以社区志愿者、社区退伍军人及社区骨干居民为力量的治安巡逻队；自 2012 年，社区"爱心家园"依托街司法所成立了老年人维权小分队，3 名有法律常识的党员承担起了维权咨询活动，搭建法律平台，真心实意地为居民解难题。

### 3. 搭建文化服务平台，提高老年居民的文化生活质量

社区党委以"雀之梦"老年舞蹈队、烫画组、老年朗诵组、合唱队为基础，组织开展各种文艺活动，丰富老年人的文化生活，定期开展文艺入户服务，对老年人进行精神慰藉方面的服务，营造浓厚的孝老氛围。在每年春节联欢会和庆祝建党、新中国成立文艺汇演活动中，社区文化团队展示了风采和魅力，也为社区居民送去了文化盛宴，营造了浓厚的社区文化氛围。

### （三）志愿服务点评

兴河里社区通过开展志愿服务，不仅满足居民生活基本需求，更聚焦精神层面需求，让服务充满浓浓的"人情味"。志愿服务让居民获得了归属感、家园感、愉悦感，让学雷锋志愿服务队更有温度，民心更温暖，百姓更幸福。

## 三十九、西康路社区志愿服务队

### (一) 组织简介

西康路社区位于和平区新兴街东北部，辖区面积 0.17 平方公里，有居民 1900 多户，5300 余人。由 9 个旧楼小区、5 个纯物业管理小区构成，辖区内有医院、学校和企事业单位 73 个。社区建立了以党总支为指导，志愿者组织机构为龙头，以服务队、志愿者小组为分支机构的多层次的服务体系。

### (二) 志愿服务实践

#### 1. 积极探索志愿服务的新思路、新方法

社区结合社会主义精神文明建设要求，结合社区居民需求，以"为民服务"为宗旨，以文化学习型社区为特色努力营造社区志愿服务氛围。通过开展各项志愿服务、整合社区资源、奉献爱心、关爱弱势群体等系列活动使广大居民成为最大受益者。

#### 2. 加强党建引领，发挥共驻共建平台优势

西康路社区志愿服务工作在社区党委的领导下，充分发挥共驻共建平台的作用，开展全面具体的多样化的志愿服务工作。社区每个季度都会邀请共建单位来到社区开展户外志愿服务活动，辖区内的津萃医院、红十字门诊为

居民免费测血压、测血糖，专家现场为居民义诊；银行作为金融机构的代表为大家带来理财规划、防诈骗等各类金融常识；教育机构为居民免费咨询家中孩子的教育难题等。

### 3.服务弱势群体，彰显人文关怀

社区在开展各类志愿服务活动的基础上，大力弘扬"奉献、友爱、互助、进步"的志愿服务精神，把对孤寡老人、残疾人、困难户等的帮扶作为工作的重点，开展了一系让群众满意的工作。

### 4.祖国的未来，志愿者的接班人

未成年人是祖国未来的希望，做好下一代人的思想道德工作关系祖国未来的发展。在弘扬雷锋精神的同时，激发了孩子们热爱祖国的情怀，同时也激励着学生们努力学习，奋发图强，追寻自己的梦想，为祖国的未来增添光彩。除此之外，社区在寒暑假、重大节日经常开展形式多样的志愿服务活动，让孩子们在实践中感受志愿服务精神的真谛。

## （三）志愿服务点评

西康路社区志愿服务紧紧围绕让"居民受益，让群众满意"这个中心，以"社区以民为本，民以社区为家"为宗旨，大力弘扬"奉献、友爱、互助、进步"的志愿精神，积极推动社区党建、社区服务、社区卫生、社区文化、社区治安、社区环境进楼栋，不断满足社区居民的物质和精神需求，得到了群众的充分肯定，产生了良好的社会影响。

## 四十、香榭里社区志愿服务队

### （一）组织简介

和平区南营门街香榭里社区紧紧围绕"让居民受益，让群众满意"这个中心，以"社区以民为本，民以社区为家"为宗旨，在多年来的实践中，将志愿服务作为推动社区治理创新的有效载体，大力弘扬"奉献、友爱、互助、进步"的志愿精神，有声有色地开展了形式多样的志愿服务活动，形成社区共建共治的强大合力，社区注册志愿者人数已达到 1164 人，成为一个有组织、有制度、有章程的志愿服务社区，志愿服务工作得到了广大群众的认同感和获得感。

### （二）志愿服务实践

#### 1. 活动阵地，丰富居民生活

社区志愿者主要由社区工作人员、党员志愿者、热心公益事业的居民群众组成。现有爱心助空巢、关爱老雷锋、关爱新市民、关爱高龄独居老人等10 余个志愿者服务队。社区居委会总面积 700 余平方米，设有电子阅览室、老年活动室、半边天家园、快乐营地、党员学校、市民学校等多种多功能活动室，为各类社会组织开展活动创造了优越的条件，曾先后获得了志愿服务优秀社区、文明社区、明星社区、先进社区老年人协会、"社区文化大使"公益创投项目二等奖等荣誉。

### 2.播撒爱心，谱写和谐乐章

为弘扬中华民族传统美德，社区积极开展尊老敬老助残系列活动。建立孤寡、空巢和特殊家庭的档案，用爱心和行动去温暖老人的生活。"早看窗帘，晚看灯"，坚持做到"五访""五送""五清楚"的关爱活动。每年志愿者们都会不定期地给社区老人们送去生活必需品、照料老人生活，为老人按摩、组织文艺慰问演出活动，丰富社区老年人的精神文化生活，让老人们感受到了一份特殊的亲情，感受到了社区志愿者大家庭温暖的关爱。

### 3.爱心理发，展现业界良心

社区爱心服务站——爱心美发活动已经成为社区志愿服务工作一张靓丽的名片。社区志愿者张崇达，每月定期免费为保洁队新市民、低保户、贫困户、孤寡老人及老党员义务服务。爱心美发店为了照顾不能出门接受理发服务且有需求的老人，特别提供上门服务。爱心理发店的一系列活动获得了辖区居民的一致好评。通过开展形式多样、丰富多彩的志愿服务活动，使社区工作变成亲情服务，有力促进了社会和谐。

### （三）志愿服务点评

香榭里社区通过不断创新志愿服务理念，丰富志愿服务内容，拓展志愿服务途径，引导大家投身志愿服务。将志愿服务融入社区工作，让社区志愿服务常态化、长效化，把真情和暖意带给更多需要帮助的社区居民，用真心和爱心共同谱写志愿服务工作新篇章。

## 四十一、树德里社区志愿服务队

### （一）组织简介

树德里社区地处天津市中心地段。辖区面积 0.12 平方公里，现居居民 3468 人。2012 年 7 月 17 日，树德里社区在天津市首家成立了社区"学雷锋志愿服务站"。2015 年被评为天津市"优秀志愿服务站"。服务站成立近五年来，共吸纳 19 个志愿服务单位参加社区志愿服务活动，142 名志愿者在站内服务群众，组织 118 次集中志愿服务活动。

### （二）志愿服务实践

#### 1.特色打造，建设服务阵地

为了大力弘扬雷锋精神、志愿者精神，树德里社区积极打造"尊知树德"工作特色，通过邻里关照传递爱心、社区共建资源共享、文化宣传教育提高居民素质，积极开展社区志愿服务活动，在社区形成浓厚和谐氛围。学雷锋志愿服务站以利民惠民为宗旨，服务站有专人负责，有明显的阵地标志，有固定的服务场地，有明确的志愿服务时间、、服务团队坚持活动经常化。

#### 2.喜闻乐见，传播正能量

"爱白派"评剧团是树德里社区学雷锋服务站的一个团队，在天津剧团白派团长王冠丽的指导下，始终秉承传播中华民族美德和志愿服务的精神，把社会主义核心价值观扎根在社区，把传承和创新相结合，把服务和奉献相结合。他们把社区的好人好事和身边邻里互助的事编成剧本给群众演绎，让社区的好人好事在人们的心里生根开花，促进家庭和睦和邻里和谐，弘扬了社会正能量。他们还辅导群众编排评剧传统剧目，在传统节日、重要节点日为群众义演，弘扬了传统文化，丰富了群众文化生活。

### 3. 邻里守望，关爱空巢老人

随着社区空巢老人的逐渐增多，互助养老已成为社区倡导的一种方式，这种方式也体现着"奉献、友爱、互助、进步"的志愿服务精神。学雷锋志愿服务站的"欢乐夕阳"互助小组是老人们自发而成立的，受到社区老年人的喜爱。他们每天都有活动，做手指操、学英语、学手工编织，一起买菜、购物、聚餐，一起游览天津美景，甚至看病都互相搀扶着一起去，没有你我之分，相处得就像一家人。这种互助方式彰显着"我为人人，人人为我"文明道德风尚，使空巢老人们的养老生活更加愉快，晚年生活更加幸福。

### （三）志愿服务点评

树德里社区学雷锋志愿服务站的成立为各志愿服务团队搭建了服务群众平台，各成员单位分别结合各自优势面向群众开展帮困、助残、助学、医疗、培训等志愿服务活动，深受居民欢迎。

## 四十二、朝阳里社区志愿服务队

### （一）组织简介

朝阳里社区常住居民 2300 余户，5756 人，其中 60 岁以上老年人 1854 人，退役军人 267 人，先后荣获"全国先进基层党组织""全国最美志愿者组织"等称号。朝阳里社区认真贯彻落实习近平总书记视察时重要指示精神，坚持以党建为引领，紧盯社区治理、退役军人、志愿服务三项工作，创新思路，狠抓落实，取得了一定成效。

### （二）志愿服务实践

#### 1. 强化党建引领，创新社区治理

一是强化社区党委轴心作用。在业委会中建立党组织，推行党员比例过半，大力打造"红色物业"。依托社区党建联席会，充分调动辖区单位力量，共同参与社区治理。今年 1—4 月份，与共建单位共举办活动 30 场。二是探索实行"一叫就到，提锅上灶"工作机制。率先建立精准化精细化为民服务制度，形成居民需求收集、分析、响应、反馈工作闭环。三是加强网格管理。构建完善"社区党委—网格党支部—楼门党小组"组织体系，配强网格员队伍，充实党员楼门长力量。

## 2.坚持有效融入，服务退役军人

一是推行标准化建设。建立社区退役军人服务站，由社区党委书记任站长，并安排 1 名专人负责，制定接待、登记、回访等制度，规范工作标识牌，并上墙公示。对退役军人实行"一人一档"，对重点关注对象分类建档、分类管理。二是提供精准式服务。探索了信息登记、就业创业指导、困难帮扶的"一站式服务"。开展关爱老兵系列活动，通过健康义诊、入户理发、法律咨询等服务，满足个性化需求。三是组织经常性活动。为退役军人家庭悬挂光荣牌，每年召开两次座谈会，引导退役军人发扬光荣传统，积极参与社区建设。

## 3.厚植为民理念，深化志愿服务

一是"项目化"管理运作。把志愿服务活动做成一个项目，明确服务主体、内容和时间，使其看得见、管得了、可持续。二是"社会化"整合资源。依托驻区单位和在职党员"双报到"机制，整合资源、发挥优势，形成特色志愿服务项目。三是"制度化"常态运行。采取入户走访、问卷调查、手机App 等方式广泛收集居民需求，每年对社区居民进行 1 次全覆盖问需调查。

## （三）志愿服务点评

朝阳里社区积极落实"一叫就到，提锅上灶"工作机制，在志愿服务过程中，发挥共建单位力量，强化街道社区党组织轴心地位。摸准居民群众需求，动员各种力量全力为群众解决困难，做到事事有回复，不断提高群众获得感、幸福感、安全感。

## 四十三、新兴南里社区志愿服务队

### （一）组织简介

新兴街新兴南里社区位于和平区西南部，辖区范围北至宜昌道；东至西康路；南至小成都道、蛇口道；西至气象台路，占地约 0.34 平方公里，有居民小区 4 个，共有楼房 23 幢 118 个楼门，纯物业小区 2 个；户籍居民 2658 户，6913 人。新兴南里社区以基层党建为引领，创新志愿服务模式，携手卫协医院、平安保险、春芽行动、中国电信、联通公司等志愿服务单位，共驻共建，共享资源，多次联合开展主题为"筑梦新兴，展志愿风采"的系列志愿服务活动，为有需要的社区居民提供理发、维修小家电等服务，受到了社区居民的普遍欢迎。

### （二）志愿服务实践

#### 1. 关注少年成长，全面普及志愿服务教育

为让梦想照进现实，倡导志愿服务精神，致敬先进志愿者典型，新兴南里社区组织二十一中学学生走进朝阳里社区志愿服务展馆，跟随总书记的"足迹"，回顾自 20 世纪 80 年代起到今日，志愿服务事业的发展历程，引导学生接受志愿服务教育，树立志愿服务意识，以此激发青少年自觉加入志愿服务队伍的意愿。

### 2.树立模范典型，发扬志愿服务榜样力量

新兴南里社区还有这样一群老人，他们组成了平安志愿者巡逻队，自成立之日起到今天已有 31 年的历程，31 年以来，巡逻队由最初的几个人发展到了如今的 27 人，队伍不断壮大。31 年来，巡逻队受到了居民的好评，被居民们亲切地称为"身边的保护神"，并称赞他们发挥了"五大员"作用，即防火救火的"消防员"，安保防范的"治安员"，调解矛盾的"调解员"，救助病人的"救护员"，零活小修的"维护员"。

### （三）志愿服务点评

新兴南里社区服务民生诉求，围绕居民日常小事，体现的是无私奉献的精神，是文明素养的水平。面对新时代的志愿服务事业，新兴南里社区志愿服务工作一直在行动、探索、创新，用实际行动弘扬志愿服务精神。

## 四十四、福林里社区志愿服务队

### （一）组织简介

和平区五大道街福林里社区地处五大道边缘，毗邻人民体育馆，北至沙市道，西至云南路，南至成都道，东临武昌路和桂林路，有常住居民 1378 户，4008 人，隶属党员 146 人，下设 6 个党支部。2017 年，福林里社区获得了"天津市优秀志愿服务社区"称号。2018 年，福林里社区被评为我市

首批、也是五大道街首个"天津市志愿服务 V 站"。

## （二）志愿服务实践

### 1. 以网格管理为载体，健全志愿服务架构

福林里社区在社区网格化管理的基础上，建立志愿服务网络。以社区为志愿服务中心，社区党委书记担任"中心站长"，各网格员担任"网格站长"，在每个网格的居民楼栋、文化活动队伍、辖区单位中广泛建立志愿服务组织，形成纵横到底的志愿服务网络。在楼院长、堡垒户中培养志愿服务骨干，就近就便服务居民，使他们成为社区志愿服务的中坚力量。

### 2. 以区域共建为依托，壮大志愿服务力量

为促进志愿服务工作有效地开展，社区党委将区域共建作为有力抓手。把辖区单位参与社区党建、支持社区建设、搞好社区服务、优化社区环境、维护社区稳定作为推进社区建设的重要内容来抓。

### 3. 以居民需求为标准，确保志愿服务实效

为了了解居民的服务需求，福林里社区在户籍底册的基础上，不断完善居民家庭档案，主动采集服务需求。特别是针对困难居民、残疾人、孤寡空巢老人等重点人群，社区工作人员和志愿者骨干随时进行关注，做到了事情有人管、困难有人帮。

### 4.大力推进社区志愿文化建设，弘扬社会正气

福林里社区党委始终坚持把志愿文化建设作为加强基层党风建设的重要任务，建立了"1+2+3+N"志愿服务平台，使党风志愿服务建设落到实处，推动社区工作积极、向上、健康发展。

### （三）志愿服务点评

福林里社区以习近平新时代中国特色社会主义思想为指导，特别是在习近平总书记视察天津时的重要指示精神的指引下，坚持不懈开展社区志愿服务，不断破解社区志愿服务难题，在"做细、做小、做实、做全"上下功夫，着力解决推动志愿服务最后"一小步"的问题，不断促进社区志愿服务的规范化、专业化、常态化，推动社区志愿服务蓬勃开展。

## 四十五、"巧手阿姨手工编织沙龙"志愿服务队

### （一）组织简介

南市街福方里社区于 2006 年成立了"巧手阿姨手工编织沙龙"志愿服务队，由擅长编织的居民为大家讲解各种手工艺品的制作方法，成员们充分发挥自己的余热，用实际行动关爱空巢老人、困难群体，从而使社区这个大家庭温暖到每一个人。

### （二）志愿服务实践

#### 1. 通过编织缓解老人生活空虚

自"巧手阿姨手工编织沙龙"志愿服务队成立以来，编制组成员曾多次自费购买材料，自己动手为空巢、困难老人制作卡套、手机布兜等手工艺品。通过这些活动，不仅帮助了困难家庭解决了一小部分生活开支，让他们感受到生活的乐趣，而且还缓解了空巢老人生活空虚、无人照顾等问题。

#### 2. 志愿服务队弘扬志愿精神

2012 年，和平区民政局和志愿者协会发出了"爱心助空巢"的志愿服务号召，"巧手阿姨手工编织沙龙"的成员们积极响应加入了这项服务中。大家为困难家庭、困难单亲母亲、外来务工人员子女编织爱心毛衣、围巾，还自掏腰包买材料制作串珠作品——圣诞老人、平安福、大红灯笼、福寿挂件、宝葫芦、大红苹果、粽子、康乃馨、玫瑰花，还有使用的抽纸盒、笔筒、杯垫、老年卡袋等共计 700 多件，逢年过节都会将这些作品送到空巢老人身边，为他们带去慰问和服务。其中部分成员与困难空巢老人结成了帮扶对子，与空巢老人们结下了深厚的友谊。团队中的每个成员都是社区活动的积极分子，无论是社区服务、社区治安、社区环境、社区文化等各项公益活动都少不了她们的身影，弘扬了志愿者精神，为社区建设做出了贡献。2015年，和平区政府加大购买服务力度，街里为志愿服务队办理了公益创投试点项目，进一步激励了成员们积极参与社会服务的热情。在原有的基础上，又进一步地增加了内容和服务对象，让更多的需要帮助的人得到来自社区的温暖。

### 3."针情送暖"服务实践

2019 年 6 月份,"巧手阿姨手工编织沙龙"志愿服务队积极请缨承包了和平区南市街"针情送暖"编织志愿服务项目,同裕德里社区志愿者协会的成员们一起为社区空巢老人编织一批保暖袜。虽然这些阿姨平均年龄都 72 岁,但没有人强调困难,其实有的本身也是空巢老人,由于经常感受到社区带来的温暖,他们特别希望通过这种形式给更多的人带去温暖,回报社区。通过大家的努力,一共制作出了 74 双保暖地板袜、4 顶毛线帽、4 副手套、2 条围巾,提前圆满完成了任务。

### (三)志愿服务点评

志愿服务队在"爱心助空巢"的同时,也提高了居民的编织技能,增强了团队凝聚力。此外,服务队成员决心在现有的基础上更加努力发挥特长,在区、街、社区的领导和关怀下积极把志愿服务这项工作做得更好,为更多有需要的人送去温暖。

## 四十六、情暖夕阳服务队

### (一)组织简介

为积极响应和平民政局和区志愿者协会的"爱心助空巢"和"低龄老人服务高龄老人"的号召,新兴南里社区志愿者分会于 2012 年 11 月 30 日成立了"情暖夕阳服务队",队员们与4名服务对象签订《关爱空巢老人帮扶志愿书》,定期看望老人,为他们提供生活照料、心理抚慰、应急救助、健康保健、法律援助、文化娱乐等服务。

## （二）志愿服务实践

### 1.聚焦空巢,老有所乐

在街道老年人协会的大力支持下,曹文琴与热衷社区活动的志愿者们专门成立起服务社区空巢老人的"情暖夕阳服务队",照顾在生活上有困难的高龄老人。"情暖夕阳服务队"在社区开展合唱、编织等活动,让空巢老人们融入这些活动中,好让他们老有所乐。

### 2.邻里守望,结对帮扶

在曹文琴的带动下,服务队的志愿者们与行动和生活上有困难的空巢老人结成帮扶对子,奉献爱心。"情暖夕阳服务队"的队员们为老人们送过连心卡和认亲礼物,春节送过宫灯,中秋送过月饼,老年节送过他们自己编织的象征平安的串珠苹果,陪老人们玩过游戏,给老人们表演过自编自演的节目。"情暖夕阳服务队"力争让社区的高龄空巢老人们都能深切感受到温暖,体会到时代新风下人处晚年的幸福与安逸。虽然,"情暖夕阳服务队"的队员们年纪也都不小,但是,几年来队员们始终如一地走访、关注着需要帮助的空巢老人,一声声嘘寒问暖,一声声亲切问候和深情的祝福,使老人们备感温暖。

### 3. 弘扬传统，行孝感恩

通过一系列活动，大力弘扬了中华民族尊老爱老的传统美德，发挥了社区文化志愿者优势，解除了空巢老人的寂寞，营造了和谐大家庭的志愿服务氛围。志愿者帮扶的行动已经传遍社区，促使更多的人行孝感恩、孝老爱亲、敬老助老，感恩奉献已经成为一种使命、一生活方式和一种习惯。

### （三）志愿服务点评

"情暖夕阳服务队"因人、因时、因地制宜开展志愿帮扶活动，根据空巢老人的具体情况，采取不同的服务形式，为不同需求的空巢老人提供服务，把为空巢孤寡、高龄老人解决实际困难当作头等大事来做，关注社区弱势群体，使社区形成"爱老、敬老、助老"的良好氛围，为构建美好家园打下基础。

## 四十七、鹤童摄影志愿服务队

### （一）组织简介

劝业场街南京路社区"鹤童摄影志愿服务队"，在街区领导的大力支持与热情帮助下正式成立于 2015 年夏秋之交，其中大部分成员是老干部。"鹤童摄影志愿服务队"主要针对老年人、残疾人、流动家庭和儿童、贫困家庭等，义务为低保困难家庭的子女提供摄影体验；为不能行动的老人、残疾人入户提供证件照、家庭合影照片；为金婚老人提供艺术写真照等。让弱势群体享受与社会其他人同等待遇，丰富他们的业余文化生活。

## （二）志愿服务实践

### 1. 以影像服务社区

自队伍成立以来，在队长丁治邦老师的带领下，18 名队员边学习边交流，并且将学到的摄影及电脑知识服务于社会，服务于他人。几年来，协助社区做了大量的工作，为劝业场街和南京路社区拍摄、整理制成影视作品几十套，给社区留下宝贵的资料。

### 2. 举办社区志愿服务活动

2012 年南京路社区举办艺术节，开展"重温激情岁月'夕阳美'金婚庆典"活动，以构建和谐社区、倡导和谐家庭为宗旨，树立积极向上的生活方式和健康理念，用社区居民身边的和睦家庭典型事例，晒出幸福、晒出健康，进一步弘扬社区精神文明建设。"鹤童摄影志愿服务队"队员和社区其他志愿者一起为 20 多对金婚老人或入户、或在小区花园内，甚至带着体力较好的健康老人到水上公园拍摄金婚合影、翻拍处理老照片、采访录音、撰稿录制等，整理编辑了一套《激情岁月夕阳美中携手人生夫妻情》视频文件，刻成光盘送给每一对金婚老人，在金婚庆典中播放视频，还将合影制作成水晶相框赠送给金婚夫妇，整体提升了社区弱势群体的精神生活档次。

### 3. 媒体宣传志愿服务

在南京路社区党委举办《我眼中的风景》迎新春老干部、摄影班作品展活动上。"鹤童摄影志愿服务队"的队员积极响应，上交自己的作品参加摄影展，吸引了众多社区居民前来参观，给广大摄影爱好者带来精神的大餐。社区的活动受到《天津都市报道》《今晚报》《中老年时报》《每日新报》及中央电视台、天津电视台，各大网站、媒体的关注、采访与报道。

## （三）志愿服务点评

对于"鹤童摄影志愿服务队"的成员们来说，生命会因摄影志愿活动而精彩，精彩因记录瞬间而永恒。他们不忘初心，在新长征的路上，继续奉献自己的光和热，以当好志愿者，为社区的发展多做贡献作为自己的新使命。

## |第十一章| 和平区优秀志愿服务项目

〔引言〕

和平区志愿服务项目践行着满足人民需要、推动服务现代化的历史使命。志愿服务项目的全域深入，蓬勃发展，为社区居民提供了全方位、立体化的服务："心目影院"做好视障群体的眼睛，"天津 V 站"当好妇幼群体的老师，"流动花朵"关注儿童青少年成长，"爱心银行"存储志愿者的爱意。如此种种，皆是和平区志愿项目的常态化服务。项目化的志愿服务凝聚着更大的能量，成为助推和平区志愿服务长效发展的核心力量之一。

## 一、爱心助空巢志愿服务项目

### （一）项目简介

2012 年，和平区启动"爱心助空巢"志愿服务项目，按照志愿服务项目化运作流程制定方案、入户调查、招募志愿者、志愿者培训、结对子、签订志愿书、建立《管理办法》、记录服务时间、开展评比表彰，实现了志愿服务项目常态化。目前，和平区有"爱心助空巢"项目志愿者 508 人，结对老人 478 人。2015 年，在中国志愿服务联合会组织开展的全国"邻里守望"志愿服务品牌项目活动中，"爱心助空巢"志愿服务项目活动获"优秀实践成果奖"，2017 年被表彰为天津市"优秀志愿服务项目"，2018 年被评为全国学雷锋"四个 100"最佳志愿服务项目。

### （二）项目实施情况

#### 1. 生活照顾与康养服务

由泰康家政公司志愿服务团队为空巢老人提供医疗咨询、测血压、测血糖、小家电维修、按摩、修脚、理发服务；由社区卫生服务中心志愿服务团队提供的专家义诊服务；居民志愿者以"早看窗帘，晚看灯"、帮做家务、代买物品、陪伴出行提供志愿服务。

#### 2. 心理照护与慰藉服务

项目志愿者通过经常入户聊天心理疏导精神慰藉结对老人，通过"五访、五送、五知道"关爱结对老人，既：传统节日必访，送温暖；恶劣天气必访，送急需；老人生病住院必访，送慰问；老人生日必访，送祝福；老人遇到特殊困难必访，送帮助；清楚老人有什么慢性病、应急吃什么药、有什么兴趣爱好、经常到哪里活动、家属的联系方式。每逢传统节日和平区志愿者协会都集中组织各种主题关爱活动，如：春节组织开展"新春送温暖，爱心暖空巢"活动；端午节组织开展"端午志愿情，爱心伴我行"活动，志愿者陪伴结对老人游海河，乘坐观光大巴车看津城美景；中秋节组织开展"关爱空巢老人，共度中秋团圆"活动；重阳节组织开展"情暖空巢老人，重阳奉献真情"活动；春季组织开展"爱心助空巢圆梦踏青"活动；秋季组织开展"针情编织送温暖"等主题志愿服务活动，为项目志愿者服务老人搭建平台、创造条件，很好地推动了项目活动的开展，深受空巢老人、老人家属、志愿者的欢迎和好评。

### 3. 文化娱乐与专业服务

通过组织项目志愿者陪伴结对老人进剧院，圆了空巢老人看戏梦，邀请空巢老人观赏街道社区组织的"佳节一家亲"志愿者唱响主旋律的文艺演出活动，丰富了空巢老人文化生活，营造了温馨和谐的节日氛围。对不能外出的老人，通过组织快乐小分队入户、送评戏到家、一个人的春晚等形式，为空巢老人送欢乐。项目还提供其他专业志愿服务，如：社区志愿者为空巢老人提供的为老服务咨询、律师志愿者提供的法律咨询等服务。

### 4. 开展志愿者专业培训服务

聚力提升志愿者的服务水平，为空巢老人提供更加优质的服务。和平区志愿者协会制定项目书、项目管理办法，每名项目志愿者都签订了志愿服务书，区协会定期组织开展"爱心助空巢"项目志愿者服务意识、服务技能、老年人心理等专项培训，提高志愿者能力。

区协会坚持每年进行项目评估，每两年开展一次"爱心助空巢"项目总结表彰大会，树立了一批先进志愿者典型，并通过开通微信平台、编辑《和平志愿者——"爱心助空巢"专刊》、举办最美志愿者事迹展播、召开交流会、座谈会、事迹报告会等形式宣传典型，同时积极向各媒体推荐，宣传学习先进典型。截至目前，通过各种形式宣传"爱心助空巢"志愿服务活动及典型近400次。

### （三）项目点评

"爱心助空巢"志愿服务项目在原有的基础上拓展服务领域，完善了"一助一""多助一"为老志愿服务模式，使空巢老人不因子女不在身边而感到寂寞孤独，不因年老体弱而感到生活不便。目前，"爱心助空巢"项目已经走上了专业化、规范化的道路，使广大老年人和残疾人得到了更优质更实效的志愿服务。

## 二、"学雷锋志愿服务月"项目

### （一）项目简介

因"3·5"学雷锋日、"3·8"国际劳动妇女节、"3·12"国际植树节、"3·15"国际消费者权益日、"3·18"和平区志愿者日、"3·20"中国植树节等众多彰显志愿服务风采的节点日均集中在3月份，每年3月和平区志愿者协会组织广大社区志愿者围绕这些节日、节点日开展的主题活动，掀起全区志愿服务活动的高潮，因此区志愿者协会将每年3月定为和平区"学雷锋志愿服务月"。通过志愿服务月活动，不仅使全区志愿服务资源得到进一步整合，更促进了各街道、社区志愿者组织和团队的发展，也为和平区特色志愿服务活动提供了展示平台。

## （二）项目实施情况

"学雷锋志愿服务月"项目是以几大节日为主要节点开展的。

### 1. 3月5日学雷锋日开展"弘扬雷锋精神"主题活动

如区民政局、区协会通过组织召开"和平区志愿者弘扬雷锋精神座谈会"，邀请和平区"老雷锋"中的全国优秀志愿者、劳模志愿者、医疗志愿者、律师志愿者、知青志愿者、社区志愿者代表50余人，共同缅怀雷锋事迹，畅谈学习雷锋、坚持开展志愿服务的经历体会。通过组织"牢记总书记嘱托　传承雷锋精神——和平区志愿者学雷锋事迹展"，8位优秀志愿者在个人事迹展板前向参观者介绍学雷锋做好志愿服务的体会。小白楼街志愿者协会开展"弘扬雷锋精神，聆听劳模故事""我为劳模画张像"，以及组织各街道社区志愿者开展学雷锋主题志愿服务等活动，弘扬了雷锋精神、志愿者精神。

### 2. 3月8日国际劳动妇女节的巾帼展风采活动

区志愿者协会以"凝聚力量，巾帼先行"为主题组织各街道开展系列志愿服务活动，如和平区劝业场街志愿者协会携手街宣传科、街妇联共同策划举办志愿服务活动。来自天津市眼科医院、市红十字会、和平司法局、锦州银行、公交八路"雷锋"车队等近20家辖区单位志愿服务团队的120多名志愿者，为居民群众提供医疗义诊咨询、血压和血糖测量、教育咨询、法律咨询、图书捐赠、小家电维修、义务理发等 30 个便民服务项目，现场受益群众近 500 人次。

### 3. 3 月 12 日国际植树节的养绿护绿志愿服务

以"爱我家园，养绿护绿"为主题，各街道组织社区志愿者在辖区公园、绿地开展植树、护绿活动，如五大道街志愿者协会组织社区志愿者在五大道旅游景区开展捡脏护绿、擦拭公园设施、景观雕塑、文明引导等志愿服务活动，植树节期间全区千余名志愿者参加"关爱自然，养绿护绿"志愿服务活动，区内所有"爱我家园"志愿者认领的海河沿岸绿化带、公园绿地及小区花草植被均得到志愿者的巡查养护。

### 4. 3 月 15 日国际消费者权益日的"志愿携手，让消费无忧"活动

以"志愿携手，消费无忧"为主题，组织消费维权志愿者到 6 个街道开展讲座活动，在南营门街主活动现场，来自区市场监管局、和平燃气所、城南供电分公司、南营门卫生院等单位的近 20 支志愿服务团队，设置了 30 余个服务展台，现场为居民提供了消费者维权、食品和药品安全宣传等消费者权益主题服务以及测血压、义诊、理发等便民服务，同时还现场提供各类政策、金融、法律、安全、医疗等咨询服务，受益居民群众达 150 余人。

### 5. 3 月 18 日和平区志愿者日的"志愿精神永传承，党员奉献掀高潮"活动

每年和平志愿者日，区、街、社区都以召开纪念大会、表彰优秀志愿

者、设立志愿服务广场、便民志愿服务活动等形式开展纪念活动。如，区志愿者协会组织和平区"三关爱"工作室、蓝天市民防灾避险体验中心等近20支志愿服务团队的党员志愿者，身着和平区志愿者红坎肩，在30余个服务展台前，热情周到地为居民群众提供理发、服装包缝、测量血压、测量血糖、法律咨询、老年人摄影、食品安全知识普及、应急救援培训等多种贴心志愿服务，累计受益群众数千人。

（三）项目点评

志愿服务月项目每年持续1个月，和平区近万名志愿者参与项目活动，受益群众两万余人。同时，区志愿者协会追踪报道"弘扬雷锋精神，践行志愿服务"和平区学雷锋志愿服务月项目活动，对激励志愿者，营造志愿服务月活动氛围起到促进推动作用。

# 三、"文化乐民"志愿服务项目

## （一）项目简介

2017年，为更好地整合资源，引导社区文化团队开展志愿服务活动，和平区"文化乐民"志愿服务项目应运而生。和平区"文化乐民"志愿服务项目，共招募项目志愿者1040人，组建"文化乐民"志愿服务团队64个，其内容涵盖了戏曲、曲艺、舞蹈、器乐、音乐等多种类别，充分展示和平区文化志愿者的风采，传播正能量，为群众送去欢乐。通过举办的一系列活动，助推了和平区志愿服务事业的发展，并取得了良好的社会效应。

## （二）项目实施情况

### 1. 整合资源，规范管理

根据区志愿者协会制定的《和平区"文化乐民"志愿服务项目实施方案》，各街道、社区对特色鲜明且规模较大的群众性文化团队进行整合登记，动员这些团队进行志愿者和志愿服务团队注册，组建"文化乐民"志愿服务团队，从而逐渐转变原有文化社团注重自娱自乐的特点，达到整合共享社区文艺资源的效果。为文化志愿者配发和平志愿者 T 恤及胸牌，让社区文化志愿者集体亮相，以明确志愿者新身份。"文化乐民"志愿服务团队在传统节日、重要节点日发挥文化志愿者特长，以集中文艺演出、入户送文艺等形式丰富社区居民文化生活，扩大原有文化团队服务领域，实现了社区文化志愿服务规范管理。

### 2. 鼓励原创，源于实践

区志愿者协会注重引导项目志愿者打造原创经典节目，同时积极搭建平台展示"文化乐民"志愿者创作成果。例如，合唱《志愿者到咱身边来》、表演唱《社区一家亲》、快板《志愿服务薪火相传》、山东柳琴《壮丽奋进七十年》、朗诵《海河守护人》等节目取材于和平区社区志愿者及志愿服务项目的生动实践，在"文化乐民"志愿者的诠释下引起志愿者和群众的广泛共鸣。

### 3.常态项目，文化惠民

和平区志愿者协会积极响应天津市委、市政府文化惠民政策，为部分区级志愿服务项目关爱对象"老雷锋"、农民工、空巢老人办理天津市文化惠民卡，四年来先后组织关爱对象观看交响乐、评剧、河北梆子、曲艺、话剧等专业院团文化惠民演出十余场，受益关爱对象和项目志愿者近两万人。

### 4.文化引领，繁星璀璨

区志愿者协会结合中心工作，组织文化乐民项目志愿者开展文艺汇演活动，先后组织开展了"献礼十九大，志愿展风采""我爱你中国，庆祝新中国成立 70 周年文艺汇演"等活动，弘扬正能量，激发志愿者爱党、爱国情怀。"文化乐民"志愿服务项目实施三年来，涌现出劝业场街"梦之声"艺术团、南市艺术团等一批文化志愿骨干团队，通过"网络春晚""和平之春"等群众性文化活动宣传志愿文化。劝业场街"文化乐民"志愿团队连续两届荣获全国社区网络春晚"优秀组织奖"，《第二故乡的幸福》《芭蕾奶奶的春天》《说说大老郭》《消防柳琴书》等节目荣获最佳节目、入围奖等奖项。

## （三）项目点评

"文化乐民"志愿服务项目整合全区文艺志愿服务资源，规范队伍管理，统一标志，集中宣传，形成全区"文化乐民"志愿服务合力，产生集群效益，扩大了志愿服务的覆盖面和社会影响力。

## 四、"爱我家园""扮靓母亲河"志愿服务项目

### （一）项目简介

和平区"爱我家园""扮靓母亲河"志愿服务项目是区志愿者协会牵头组织的志愿服务项目，通过志愿服务项目运作的形式，在全区共建立"爱我家园""扮靓母亲河"项目志愿服务队 69 支，招募项目志愿者 1190 名。该项目为社区志愿者参加社区综合治理、生态环境保护，宣传移风易俗、绿色环保理念搭建了平台，推动了群众性环保志愿服务活动常态化、规范化、制度化。区志愿者协会为每名志愿者配备统一蓝色 T 恤、腰包、手套、垃圾夹、垃圾袋等服务用品，实现志愿服务项目化运作。

### （二）项目实施情况

#### 1. 常态化开展"爱我家园"护绿活动

其一，项目的开展使以往志愿者突击性参加社区环境清整变为坚持每周两次在自己巡逻管片、晨晚练场地、文明督导区域参加捡脏护绿、擦拭公共设施、绿色环保宣传等"爱我家园"志愿服务活动。其二，坚持开展移风易俗，文明祭扫志愿服务活动，每到清明节、中元节、寒衣节等祭扫

日，区志愿者协会都动员组织项目志愿者在各自小区开展文明祭扫宣传和劝阻活动。其三，项目志愿者积极参加环境监督治理，带头维护社区公共环境，主动劝阻损害公共设施、乱堆乱放、乱倒垃圾、乱贴小广告、践踏绿地等破坏环境和不文明行为，积极开展移风易俗、文明祭扫志愿服务活动和参加垃圾分类活动，带头低碳环保生活，为建设美丽社区和"品质和平"做出贡献。

**2. 特色化开展"扮靓母亲河"宣传活动**

区志愿者协会在各种节日、节点日开展丰富多彩的志愿服务活动。其一，在第十三届全运会开幕倒计时 100 天和 10 天时，区志愿者协会先后举办"和平区扮靓美丽家园，迎全运为品质和平做贡献""当好东道主，喜迎全运会"主题志愿服务活动；在每年世界清洁日组织开展"垃圾不落地，和平志愿者在行动"等主题志愿服务活动。其二，还将海河沿岸、道路绿化带、公园绿地、小区绿地由就近社区承包，并划分志愿者责任区、认领河沿、绿地，定期开展养绿护绿、海河沿岸环境维护、爱护母亲河宣传等志愿者服务活动。其三，典型团队引领，推动项目开展。在"爱我家园""扮靓母亲河"志愿服务项目开展中，"阳光奶奶"志愿服务队和五大道街体育馆志愿服务团队是具有代表性的两支团队。

**3. 组织专业培训，提升志愿服务质量**

和平区志愿者协会先后 8 次组织"爱我家园志愿服务项目绿色种子培训班"和环保及垃圾分类培训班，对项目志愿服务队队长等 80 余人和项目志愿者 2000 余人次进行了环保知识及垃圾分类知识专业培训。同时，将环保及垃圾分类知识讲座和志愿活动引入街道社区，将日常生活垃圾处理常识和阳台绿色植物种植知识带到居民中。

### （三）项目点评

"爱我家园""扮靓母亲河"志愿服务项目使千余人的志愿服务队伍常态化开展志愿服务活动。志愿者用实际行动影响着身边每一个人，为和平区居民群众营造整洁有序的市容环境，推广绿色环保生态意识，为营造美丽、健康、清洁、舒适的社区环境奉献力量。

## 五、关爱"流动花朵"志愿服务项目

### （一）项目简介

和平区志愿者协会从 2011 年起启动关爱"流动花朵"志愿服务项目。多年来，区志愿者协会通过组织发动志愿者、志愿服务团队利用自身优势和资源对农民工子女进行精神上关爱、生活上关照、学习上帮助等常态化志愿服务活动。组织志愿者走进农民工子弟学校，举办夏令营，开展志愿者与"流动花朵"结对帮扶，儿童节集中慰问，向"流动花朵"开放图书室、电子阅览室，举办培训讲座等，促进农民工子女融入城市，系好人生第一粒扣子，营造了和谐社会氛围，至今受益"流动花朵"达千余人。

### （二）项目实施情况

**1.爱心助学伴成长，志愿传承进校园**

连续 7 年，每年暑期和平区志愿者协会都会走进农民工子弟比较集中的学校，开展爱心助学进校园志愿服务活动，区志愿者协会启动项目资金为"流动花朵"赠送学习用品、文惠卡片，组织优秀志愿者开展宣讲等活动。教育帮助孩子们树立正确的"三观"，热爱第二故乡，长大了回报社会。

**2.受教育，学技能，举办快乐夏令营**

每年暑假，区民政局、区志愿者协会都会开展关爱"流动花朵"快乐夏令营活动。组织志愿者"大手牵小手"陪伴"流动花朵"到极地海洋世界、区协会"三关爱"工作室、区少儿图书馆、部队军营、平津战役纪念馆等教育基地，为"流动花朵"提供免费的学习机会，提供健康快乐的成长沃土。

**3.浓浓关爱情，圆困难学子大学梦**

该项目为考取大学的保洁队农民工子女发放爱心助学金，这是关爱"流动花朵"项目的品牌活动，旨在帮助品学兼优、经济困难的农民工子女圆大学梦，让那些为了城市干净整洁做奉献的新市民家庭感受"第二故乡"的温暖，项目先后资助 14 名农民工子女。

### （三）项目点评

"流动花朵"与流动人群相比是更加需要被关注的群体，该项目服务人群是项目最大的亮点。同时，项目内容从生活照顾拓展到教育培训，再拓展到人际交流与社会互助，步步深化，为"流动花朵"撑起了一片良好生长的蓝天，使得"花朵"们更能茁壮成长。

## 六、关爱老雷锋志愿服务项目

### （一）项目简介

为了传承志愿服务精神，并付之发扬光大，让贡献突出的志愿者得到褒奖，2012 年和平区志愿者协会向市社团局申请关爱"老雷锋"行动公益创投示范项目，获得市财政局支持，至此和平区关爱"老雷锋"行动项目正式启动。关爱"老雷锋"行动项目的关爱对象是和平区 60 岁以上，曾荣获过全国、天津市优秀志愿者、和平区志愿者荣誉标兵称号的志愿者。为实施好项目活动，和平区志愿者协会制定《关爱"老雷锋"行动示范项目实施方案书》，建立并完善了项目管理、项目宣传、资金使用、考核评估等工作制度，对"老雷锋"政治上关怀、精神上激励、物质上奖励、生活上关照。2013 年关爱"老雷锋"行动示范项目被国家民政部评为首届全国优秀志愿服务项目。

### （二）项目实施情况

#### 1.政治上关怀"老雷锋"

鼓励长期奉献的优秀志愿者，其中被评为和平区志愿者荣誉标兵以上荣誉的志愿者作为"老雷锋"被关爱。30 年来，和平区表彰优秀志愿者都是由区委、区政府表彰，区四套领导班子主要领导亲自为获奖志愿者披绶带、颁奖杯、授奖牌、发证书、戴红花，让优秀志愿者受到最高嘉奖。

**2. 精神上激励"老雷锋"**

区民政局、区志愿者协会通过召开优秀志愿者经验交流会、"老雷锋"事迹报告会、弘扬雷锋精神座谈会等形式，宣传"老雷锋"先进事迹。通过创建和平区社区志愿服务展馆，创办《和平志愿者》杂志、编辑《志愿者风采》系列书籍、印制《奉献的足迹》志愿服务图册、制作《群众的丰碑》等志愿服务活动专题片，举办最美志愿者、最佳志愿服务团队展播和展览等，让"老雷锋"和优秀志愿者事迹深入人心。

**3. 物质上奖励"老雷锋"**

区民政局将 60 岁以上"老雷锋"纳入政府买单居家养老服务范围，让他们享受每月 120 元 60 项的家政服务。连续 7 年每年组织"老雷锋"健康查体活动，700 余人次的"老雷锋"享受了彩超、血液、X 光、内外科等百余项检查。区民政局、区志愿者协会坚持每年春节组织开展走访慰问"老雷锋"活动，对贡献突出或生活困难的"老雷锋"发放慰问金，对"老雷锋"开展生日送蛋糕、病床前慰问、灵前吊唁活动，自项目启动以来，各级领导、志愿者组织累计走访慰问"老雷锋"800 余人次。

**4. 生活上关照"老雷锋"**

区志愿者协会以爱心银行的形式，将年老体弱、子女远离身边的"老雷锋"纳入"爱心助空巢"帮扶对象，招募年轻志愿者与他们结成帮扶，通过开展认亲活动、送连心卡、"早看窗帘，晚看灯"关照、入户聊天、精神慰藉、代买物品、生活帮扶、文化娱乐等志愿服务，让爱心传递。

### （三）项目点评

关爱"老雷锋"志愿服务项目，使千余人次"老雷锋"受益，项目的亮点在于志愿服务的互助性，"老雷锋"通过曾经的付出而获得了爱心回馈和褒奖。项目社会效益明显，积极营造了志愿服务光荣的氛围，也激励和调动了更多居民成为志愿者、参加志愿服务活动的热情。

## 七、关爱农民工志愿服务项目

### （一）项目简介

2011 年，区志愿者协会响应中央文明委的号召，启动并实施了"关爱农民工"志愿服务项目，使 1000 多名农民工和他们的子女受益。关爱农民工志愿服务项目，通过组织开展"情系农民工，第二故乡度新春"系列志愿服务活动；"冬送温暖，夏送清凉"关爱室外作业环卫农民工主题志愿服务活动；对重病农民工结对帮扶活动，让身居第二故乡的农民工倍感幸福温暖。他们积极回报社会，全区 96% 的保洁队农民工都注册成为志愿者，保洁队农民工中涌现了天津好人、道德模范、劳动模范、志愿者标兵等先进人物。关爱农民工志愿服务项目被评为"天津市四个 10 优秀志愿服务项目"，"全国四个 100 优秀志愿服务项目"。

## （二）项目实施情况

### 1.节假日关怀行动

区志愿者协会针对春节部分环卫农民工为了城市干净整洁，要坚守岗位，不能回家与亲人团聚的实际，坚持每年春节组织开展"情系农民工兄弟，温暖在第二故乡"慰问春节坚守岗位环卫工主题志愿服务活动，区志愿者协会代表全区志愿者给农民工的家人写慰问信，组织志愿者为农民工兄弟姐妹送节日大礼包，邀请农民工到街道、社区参加春节联欢活动，每逢传统节日，都组织开展不同主题关爱农民工志愿服务活动，让身居第二故乡的环卫农民工倍感温暖。

### 2.寒暑天气慰问行动

每当严冬、酷暑室外作业环卫农民工非常辛苦之际，区志愿者协会组织开展"送夏凉，献爱心，关爱高温作业环卫农民工"，"送温暖，献真情，关爱寒冬室外作业环卫农民工"等主题志愿服务活动，组织志愿者为环卫农民工送防暑降温物品、药品，送御寒棉衣、棉被。

### 3.特设关爱角温暖服务

在区、街、社区都建立农民工免费饮水站、歇脚点、暖手角，营造了浓浓的城乡一家亲，社区居民理解环卫农民工，珍惜他们劳动成果的良好氛围。

### 4.文娱文化惠民服务

为丰富农民工业余文化生活，定期组织文艺专场演出，为农民工和他们子女购买天津市文化惠民卡，让他们在繁忙工作之余享受天津市民的文化盛宴，得到农民工的一致好评。最后，志愿者协会号召农民工回报建设第二故乡，许多农民工主动报名成为志愿者。

### （三）项目点评

关爱农民工志愿服务项目是区级层面带动各街道、各社区大力推动的惠民项目，项目在服务的每个细节中都传递着志愿服务精神，充分体现着党的关爱，是和平区志愿服务的亮丽品牌。

## 八、佳节一家亲志愿服务项目

### （一）项目简介

传统节日既是阖家团圆的日子，也是各级政府、组织关爱凝聚群众，营造和谐大家庭的契机。2017 年，和平区志愿者协会启动"佳节一家亲"志愿服务项目，利用春节、元宵节、端午节、中秋节、重阳节等传统佳节开展不同主题志愿服务活动，在弘扬传统文化同时，让志愿者与帮扶对象在奉献与关爱中共度佳节，营造"佳节一家亲"氛围。

## （二）项目实施情况

### 1. 慰问新市民暖心服务

每年的春节、元宵节，区志愿者协会都会用项目资金为环卫、园林、保洁队新市民赠送节日慰问品米、面、油等。在腊月二十三小年当天"情系新市民第二故乡度新春"志愿服务活动在各街道举行，社区志愿者与保洁队新市民团圆庆祝，包饺子，演节目，迎佳节。同时，和平区其他项目志愿者都会开展入户慰问"老雷锋""爱心助空巢"项目结对老人等活动，并为关爱群体送吉祥、送服务。每逢元宵节，和平区各社区志愿者会与空巢老人、武警官兵、新市民、青少年等关爱群体欢聚一堂，一起包汤圆、猜灯谜，共享元宵佳节的快乐和喜悦。

### 2. "文化乐民"进社区

春节、元宵节期间，全区各街道、社区"文化乐民"项目志愿者都会以集中汇演、社区联欢、入户慰问等形式为社区居民、关爱对象送文艺、送娱乐，在全区掀起佳节的喜庆热潮。

### 3. 节假日大型汇演活动

在每年国庆节、中秋节、重阳节前夕，和平区志愿者协会都会制定《喜庆迎三节·志愿一家亲系列活动方案》。2017年中秋节前夕，区志愿者协会举办了"献礼十九大·志愿展风采"文艺汇演。国庆节期间动员社区志愿者以开展美化楼道、美化家园、文明引导、义务指路等志愿服务活动，喜迎国庆，志愿展风采。重阳节，举办了"庆重阳，赏戏曲"和平区志愿者协会"三关爱"文化惠民专场演出，来自全区 6 个街道的"爱心助空巢"项目志愿者陪伴结对老人、"老雷锋"、农民工、项目志愿者等千余人观看演出。

### （三）项目点评

"佳节一家亲"志愿服务项目以节日串起年度完整的志愿服务项目，既营造了良好的节日氛围，又完美地结合志愿服务精神。志愿服务润物细无声地渗入到居民生活之中，营造出志愿服务的生活场景。

## 九、"服务百姓健康行动"大型义诊志愿服务项目

### （一）项目简介

为进一步深化开展党的群众路线教育实践活动，加强健康和医学知识的宣传普及，着力解决人民群众看病就医的实际问题，和平区各医院按照国家卫生计生委、市卫生局的相关要求，多次举办"服务百姓健康行动"大型义诊活动，满足人民群众日益增长的健康服务需求，提高人民群众的健康水平，让人民群众真正体会到医疗卫生事业发展带来的实惠与便捷。

### （二）项目实施情况

#### 1.推动医疗资源下社区、入基层

和平区卫生局联合区内各医院，定期与不定期地组织医疗资源下社区、入基层，常态化开展义诊活动，形成区内特色医疗志愿服务项目。2015年9月18日，组织10个医疗机构特色专科的专家，在和平区睦南公园开展常见病、慢性病、专科病的咨询，普及医学常识和健康知识，倡导健康生活方式，引导群众科学就医的"服务百姓健康行动"全区大型义诊活动。参加本次义诊的特色专家共计30余人。辖区参加义诊的医疗机构共有13个单位，参加义诊医师共计113人、护士37人、药师3人，参加大讲堂人次为270人次，义诊人次12152人次，发放宣传材料5603份，义诊收住院人数为26人，减免医疗费用为64647.3元。义诊当天，中国医学科学院血液病医院涉及白血病、贫血、骨髓增生异常综合症、儿童血液病等多个病种，累计参加义诊医师28人，共接诊患者411名，免除患者挂号费用3314元，发放宣传材料500份。和平区口腔医院特邀北京大学口腔医院牙周科主任进行口腔疾病防治知识讲座。

#### 2.开展"服务百姓健康行动"义诊活动

2016年9月8日，五大道街与公安医院、眼科医院、妇产医院等多家医院在睦南公园联合开展和平区2016年"服务百姓健康行动"的义诊活动。在义诊中，知名专家为广大前来应诊的居民群众进行听诊、测量血压，耐心细致地就居民咨询的健康问题进行详细解答。对于病情较重的患者，专家还记录下他们的联系方式，并建议他们到医院做进一步的检查或住院治疗；针

对身体状况良好的居民，专家对他们进行食疗方法和健康保健知识讲解，帮助社区居民掌握健康保健基本知识与技能，养成良好的生活习惯。

天津市和平区通过开展大型义诊周活动，方便了居民看病就医，加强健康和医学知识的宣传普及，提高了人民群众的健康水平和意识，推行便民惠民措施，提高居民满意度，提升了服务质量和服务水平，深受群众的欢迎。

### （三）项目点评

"服务百姓健康行动"大型义诊志愿服务项目通过区卫生局联合各大医院，有效保证了"义诊"志愿服务的常态化、便民化、亲民化，形成了常态可持续的医疗卫生领域的志愿服务机制。

## 十、天津市公安交通管理局和平支队安全服务项目

### （一）项目简介

作为展现城市文明的窗口，和平支队南京河北岗组民警以严格执法、热情服务为宗旨，与岗区交通安全志愿者一起努力做好文明交通宣传教育，全力打造文明、规范的交通文明示范岗。天津市公安交通管理局和平支队南京河北岗组由3名优秀骨干民警和20名交通安全志愿者组成，交通文明志愿者身披绶带，手持红旗在岗区配合岗组民警和交通协管员一起疏导交通，作为社会宣传力量劝导过往群众遵守交通规则。

### （二）项目实施情况

交管和平支队自参与建立和平区交通文明志愿者队伍至今，已会同政府职能部门、企事业单位成功开展了 1000 余次各类交通安全宣传活动，成为了和平区交通安全宣传活动的中坚力量。该项目亦是交通管理部门的常态化志愿服务项目。

#### 1.常态化"示范文明"服务

多年来，南京河北岗优秀骨干民警用自己的实际行动"示范文明"。秉承"管理为主，服务为先"的原则，他们既是执法者也是志愿者。2015 年 9 月，南京河北岗延续交通文明志愿者上路执勤，进行交通安全宣传，携手天津交通广播"1068 帮帮团"开展了交通文明志愿者社会服务活动，进一步扩大了文明交通宣传面，受到了广大群众的好评。自成立之日起，在岗组青年优秀民警的指导下，交通安全志愿服务小分队共参加交通安全志愿服务活动 900 余次。2016 年 7 月 28 日，市民苗先生通过交管局为民服务专线电话对南京路与河北路交叉口交通文明示范岗提出赞扬，其实在南京河北岗的民警看来，规范的执法动作和执法程序是他们该做到的，而扶老人过马路、为过往行人提供帮助，在他们看来不过是天天在做、最寻常不过的事情。如何能够通过执法做到真正为津门百姓服务，是他们真正的价值追求。

#### 2.深化创建"文明城区"活动

除常态化服务外，为深化"文明城区"创建活动，南京河北岗的优秀青年民警与志愿者还一同研究拟定了《交通安全文明志愿者方案征求意见稿》，推动建立交通安全志愿者专职队伍，为进一步完善志愿者义务执勤和上路宣传长效机制，推进和平区交通安全志愿服务活动常态化、品牌化作出了重要贡献。

## （三）项目点评

交通安全是保障人民安全生活的重要一环，和平支队安全服务项目的实施着眼于人们日常需要，保障群众日常所需。作为常态化开展的志愿服务项目，民警与交通安全志愿者多年如一日的服务更显得弥足珍贵。

# 十一、"生命屋子"自护自救观摩培训项目

## （一）项目简介

"生命屋子"自护自救项目由团区委组织发起，联合和平区社会组织孵化中心、天津蓝天救援队共同开展。项目主要开展防震减灾及应急救援基本知识、人员疏散方法、消防四会、自救互救训练、心理帮助服务五大类培训服务。每类中分别包含多个细分项目。项目师资均来自天津蓝天救援队中救援经验丰富的队员、具备红十字会及相关师资或专业资质的队员。通过培训提高团员青年自护自救技能，降低因各种灾害造成的人员伤亡和财产损失。

## （二）项目实施情况

### 1. 定期开展五大类培训，进行实操演练

"生命屋子"项目定期开展五大类培训服务，为辖区居民提供相应的技术支持与实操演练。项目根据需要，定期开展不同主题培训，亦根据实际需求进行服务调节。例如，2016 年 7 月 8 日，团区委联合和平区社会组织孵化中心、天津蓝天救援队在孵化中心一楼，共同开展了"生命屋子——你身边的安全屋"自护自救现场观摩培训活动，来自和平相关领域的 10 名青年代表参加了培训。活动中，天津蓝天救援队的专业培训师向青年们详细讲解了消防安全、应急避险、紧急救护等相关知识的基本原则、方法与步骤，并进行了规范的演示，大家听得聚精会神。在实践模拟阶段，大家按照讲解的步骤认真练习，通过反复的操作，对自护自救技能有了更加深刻的认识和理解。此次活动受到了广泛欢迎，大家专心听讲、积极互动，课程收效良好。

### 2. 深化项目品牌建设，扩大自护自救影响力

团区委不断巩固加强"生命屋子"项目建设，在关注民生、服务百姓方面持续深化志愿服务品牌建设，以和平区社会组织孵化中心为基点，围绕项目培训内容，常态化实施"生命屋子"自护自救项目，广泛辐射和平区各街道、社区及企事业单位，通过青年志愿者活动，传递社会正能量。

## （三）项目点评

"生命屋子"项目旨在为市民提供自护自救培训，是提升全民生命安全

救护技能，增强安全保障的公益性项目，其项目立意即能突出项目亮点与特色。

# 十二、和平区人体器官捐献志愿服务项目

## （一）项目简介

和平区人体器官捐献志愿服务项目是由和平区红十字会人体器官捐献志愿服务登记站负责，于 2013 年 3 月 1 日《天津市人体器官捐献条例》正式施行后正式开展。本项目现有红十字志愿者 5 名，其中 1 人取得全国人体器官捐献协调员证书，2 人取得天津市人体器官捐献协调员资格。近年来，出色完成了辖区内人体器官捐献的业务咨询、报名登记、宣传推动、资料收集、数据统计、协调联络及潜在捐献者动员、捐献见证、缅怀纪念等志愿服务工作任务，有效促进了人体器官捐献事业又快又好发展。登记站被评为 2017 年度"天津市人体器官捐献宣传工作先进集体"。

## （二）项目实施情况

1. 精心策划发动，增强号召力，提升器官捐献社会知晓率和接受度

2013 年以来，和平区红十字会人体器官捐献志愿服务登记站策划并开展了一系列大众传播活动，同时及时回应社会关切并解答公众疑惑，开展社

会动员。每年的《天津市人体器官捐献条例》正式施行纪念日和人体器官捐献宣传季期间，在全区 65 个社区、辖区内 15 所医院等场所，通过 LED 电子屏、板报、条幅、橱窗张贴器官捐献相关知识。还为全区 6 个街道及 64 个社区培训人体器官捐献志愿服务宣传员 70 名。

### 2. 提高服务质量，升华感染力，优化人体器官捐献登记方式

项目多次组织志愿者参加总会或市会举办的器官捐献协调员培训班，掌握做好协调员宣传发动咨询、登记公正等工作的方法程序。积极改善登记方式，实现人体器官捐献网上登记，对电话咨询的潜在的捐献对象提供上门登记服务。登记人员相对集中时，为捐献人体器官的志愿者们举行登记仪式，让人体器官捐献志愿者有自豪感和荣誉感。

### 3. 注重善后事宜，强化生命力，缅怀人体器官捐献者

每年清明节前夕，项目的工作人员会组织实现器官捐献者家属和红十字志愿者来到蓟州区元宝山庄生命纪念园，缅怀实现人体器官捐献的志愿者，敬献花篮和鲜花，让器官捐献者家属缅怀亲人，让接受器官移植成功的人士抒发感恩之情。同时广泛宣传人体器官捐献者的先进典型事迹和感人故事，营造良好捐献氛围。

截至目前，和平区登记人体器官志愿捐献者 286 人、遗体志愿捐献者 127 人；先后成立老知青和阳光奶奶人体器官捐献志愿者服务队；同时提升人体器官捐献理论研究工作，《人体器官捐献亟待规范化》等多篇文章发表在《中国红十字会报》上。

（三）项目点评

人体器官捐献本身具有崇高的生命价值与志愿服务意义，通过志愿服务登记站的协助，更能提升捐献者与接受者的生命连接，造福社会，引领志愿服务新风尚。

# 十三、"心目影院"志愿服务项目

## （一）项目简介

"心目影院"项目发起于 2007 年 9 月，发起人为和平文化宫副主任郑伟。项目以文化权益均等化为原则，以满足弱势群体文化需求为目标。项目选取弘扬社会主义核心价值观的影片，由志愿者同步讲解画面，以弥补视障人群的视觉缺陷，帮助他们完整地听懂一部影片。"心目影院"项目在 2008 年荣获天津市和平区首届"感动社区，感动和平"评选唯一的集体荣誉奖项。2012 年，该项目被文化部评为"全国基层文化志愿服务活动优秀项目"。

## （二）项目实施情况

项目内容：志愿者在影片开始前为视障人士讲解影片的相关知识，如影片的历史背景、演职人员相关资料等，在放映过程中通过语言描述电影中画面信息，弥补视觉障碍带来的信息缺失。让他们在"听电影"的过程中，通过对空间、飞行、爆炸、景物、形态、表情的描述来加深对生活、声音与视觉关系的认识，这不仅是欣赏电影艺术，更重要的是理解环境和生活的状态。通过这个项目，既可以让盲人朋友们精神愉悦，又可以让他们通过这个平台更好地融入社会。

### 1. 开展月度活动，项目常态化可持续

文化宫志愿者们坚持每月在和平文化宫举办一期"心目影院"活动，组织社区周边盲人朋友就近就便参加。"心目影院"活动在社会上引起了积极的反响，吸引越来越多的文艺工作者加入到项目中来。一是 2013 年 7 月，天津电视台主持人海瑛、马钊、武文专门为盲人们讲解电影《海洋天堂》，现场的掌声和笑容足以印证盲人朋友们的喜悦。二是 2013 年 10 月，天津电视台交通广播主持人孟萱等为视障朋友们讲解了国产电影《桃姐》。志愿者与盲人一起感受着主持人带来的独特体验。三是 2013 年 5 月是全国助残日，和平文化宫联合北方网文娱频道举办的"欢笑伴你行"系列公益演出走进"心目影院"，为盲人朋友们献上了一场别开生面的相声演出。

### 2. 开展特色活动，丰富项目内涵

为盲人朋友们同步直播讲解 2008 北京奥运会开幕式，讲解国庆 60 周年阅兵式活动，组织盲人朋友赴北京航空航天博物馆亲手触摸"神舟"号宇宙飞船活动，组织盲人赴北京触摸法国卢浮宫十八件复制品活动等。近年来，和平区文化助残志愿者们还举办了天津市首届盲人艺术节，开办盲人电脑培训班，与室内乐团联合举办了高雅艺术欣赏和爱心相声汇，并请他们坐马车触摸天津五大道小洋楼。

### 3.壮大服务力量，凸显项目效果

自项目开展以来，文化宫"心目影院"志愿服务的团队已为视障人士讲解影片 60 余部，举办各类特色活动 60 余场，服务视障者 2 万余人次。目前"心目影院"文化志愿者已经有来自社会各界的 180 多名成员，同时成立 6 支大学生志愿者团队。

### （三）项目点评

和平区文化宫以"心目影院"为抓手，以"你是我的眼"连接盲人朋友与志愿者，让服务对象感受世界的美好。项目抓住视障人士核心痛点与需求，并为其量身定制志愿服务，延伸、丰富了志愿服务内涵。

## 十四、少年儿童图书馆"小雨点"智慧营地志愿服务项目

### （一）项目简介

该项目由"小雨点"志愿服务团队执行。天津市和平区少年儿童图书馆的"小雨点"志愿服务团队自 2015 年筹办，后逐步发展壮大，志愿团队受到了社会各界爱心人士的积极响应和广泛参与，馆内全体员工也积极参与到志愿者服务队伍之中。该项目属于图书馆常态化志愿服务项目，主要服务内容亦为与图书馆工作相关的志愿服务。

## （二）项目实施情况

### 1. 协助图书馆的日常维护与大型活动服务

项目志愿者整理图书、图书上架、图书倒架、擦拭书架、维持图书馆秩序、引导读者有序借阅、帮助到馆读者查找图书位置；承担图书馆举办大型活动时的部分协调工作和阅读推广工作。

### 2. 联合其他团队开展志愿服务

项目志愿者积极与各学校志愿团队合作，包含天津理工大学志愿服务团队，和平区少儿图书馆分馆十九中、五十五中等志愿服务团队及其他社会团体，开展志愿服务活动。项目在几年执行中，取得一定成果：2016 年共开展 59 场志愿服务活动，志愿者达 751 人次；2017 年共开展 104 场志愿服务活动，志愿者达 820 人次；2018 年共开展 106 余场志愿服务活动，接待志愿者达 803 人次。"小雨点"志愿者们完成了大量整理图书类工作、大型活动组织协调工作和阅读推广工作，为维持图书馆公共秩序、保证图书整齐、构建安静舒适的阅读环境、促进全民阅读做出了巨大的贡献。2017 年天津市和平区少儿馆荣获了"天津优秀志愿服务岗（站）"称号。

## （三）项目点评

"小雨点"智慧营地志愿服务项目为孩子们带来丰富多彩的课外活动，以趣味生动的内容和新颖独特的形式打破了传统的课堂式教育模式，使小读者、志愿者在休闲娱乐的同时能够学到知识，并真正培养出他们的学习兴趣，从而使他们发自内心的爱上读书、爱上学习。

# 十五、天津市眼科医院社区服务直通车项目

## （一）项目简介

2006 年，为服务于大众，天津市眼科医院启动了"社区服务直通车"公益项目，项目的医护技术人员开启义诊检查、送医送药、扶弱助残的道路。眼科医院社区服务直通车的所有检查免费，车内装有国际一流的进口眼科检查设备，可以筛查青光眼、白内障、弱视、近视、远视等疾病。多年来，眼科医院社区服务直通车始终秉承着"奉献爱心，播撒光明"的服务宗旨，先后深入革命老区、边关哨所、社区、学校、工矿企业、农村、福利院、养老院、儿童村等地，服务半径覆盖京、津、冀等十几个省市。直通车所到之处，人们都亲切地称之为"光明大巴"。项目执行团队还荣获"第二十四届志愿者服务优秀团队"荣誉。

## （二）项目实施情况

### 1.深入贫困地区，服务眼病患者

"光明大巴"经常深入一些经济发展较为落后的地区，这些地区的百姓收入低，医疗条件差，许多患者不能得到及时的救治，致使病情一再延误，

生活充满了无尽的痛苦。项目执行中，"光明大巴"一是通过诊断和筛查，已经安排为1700余例的贫困白内障患者免费实施了复明手术。二是肩负着预防和普及眼病知识的重任。项目人员在给市民检查眼底时，发现这些患者存在糖尿病的眼底病变，甚至病情已经非常严重。"光明大巴"让很多人及时地发现了疾病，了解了病情，得到了救治。它就像阳光一样洒向每一个幸福美满的家庭，为千家万户送去光明和温暖。

### 2.常态化进驻社区，验光配镜送温暖

一是2016年4月12日，由和平区志愿者协会与天津市眼科医院"光明大巴"社区服务直通车联合举办为和平区庆有西里社区60岁以上志愿者免费配花镜活动。活动中，"光明大巴"的志愿者们共为南市街老志愿者义诊130余人次，配镜花镜90余副；二是2016年4月19日上午，天津眼科医院的"光明大巴"驶进新兴街，开展了"扶老助老，明亮双眸"公益创投项目活动。为150多位老志愿者和老年人进行各种眼病的检查，并当场为老花眼的老人配送了花镜。为患有眼病的老人发放了眼药，提供咨询等免费的志愿服务；三是2016年5月12日，天津眼科医院的"光明大巴"驶进劝业场街，为"老雷锋"提供眼疾筛查和配镜等义诊服务。当场为老"雷锋"验光，免费赠送花镜，发放了眼药，并提供咨询等免费志愿服务。眼科医院"光明大巴"公益活动有110名志愿者和老年人受益，现场配镜60余副。

### （三）项目点评

天津市眼科医院社区服务直通车项目以流动车的形式开启"光明之路"

流动服务，使得服务更加便捷、有效。同时，项目通过流动服务深入基层、山区、贫困地区等，使得服务区域与范围更广，增强眼科服务普及性与便民性。

## 十六、和平区支医精准扶贫志愿服务项目

### （一）项目简介

和平区中医医院按照和平区卫健委总体部署，于 2018 年开始为甘肃省相关医院提供支医精准帮扶。和平区中医医院援甘医疗志愿者团队包含中级以上各专业的卫生技术人员，在区卫健委统一安排下依次依批前往甘肃支援。志愿者们积极投身到当地医院的义诊、门诊、查房及培训工作中；对病房的疑难病例进行了会诊查房、开展中医适宜技术专题讲座、向当地医院推广医疗技术等，并根据当地实际情况提出建设性意见，促进了医院的长远发展，做到了扶贫工作的可持续化。

### （二）项目实施情况

#### 1. 瞄准问题对象，引导健康生活方式

甘肃省会宁县地处西北黄土高原和青藏高原交接地带，全年降水偏少，农民饮用水普遍比较困难，交通条件非常差，老百姓日常饮用水水质难以保障，特别是妇女儿童的日常清洁存在一定的困难，在一定程度上导致了一些

疾病的发生，同时也由于各种主客观因素，当地百姓不能及时就医，使疾病复杂化。和平区中医医院扶贫工作者通过科学、简洁、系统的基层健康教育活动，普及预防保健知识，引导人们改正不良的生活习惯和生活方式，从源头上预防疾病，提高生活质量。

### 2. 医生发挥所长，大医悬壶助扶贫

樊春英副主任医师自 2018 年 5 月起，对甘肃省会宁县中医院开展为期 6 个月的帮扶工作。带教中医内科主治医师、住院医师、西学中临床医师各两名，积极协助科主任提高本科内中医药诊疗项目和技术的拓展，带教低年资医生运用中医八钢辨证，学习《黄帝内经》《伤寒论》等中医经典；陈轶劼主治医师自 2018 年 5 月起，对甘肃省会宁县中医院开展为期 6 个月的帮扶工作。他综合急诊科的门诊及住院病患的疾病情况的汇总和分析，手绘糖尿病、高血压、病毒性肝炎、肺结核、胃癌、骨关节疾病等当地常见疾病的健康宣教知识手抄报，分发到各科以向患者开展健康教育宣传工作。同时积极开展和指导三伏贴及三九贴的治疗；医疗专家组于 2019 年 4 月对舟曲中藏医院和舟曲县妇幼保健院开展为期 1 周的对口帮扶工作。在巡诊期间通过对病房、门诊、诊疗技术室、藏医研究院、藏药研究室等地方实地考察，根据当地实际情况提出建设性意见，同时，医疗专家组通过深入两家医院病房对疑难病例进行了会诊查房、开展中医适宜技术专题讲座、义诊等活动，对两家医院相关技术人员进行了技术培训。运用针灸、手法治疗 63 人次，接待汉族、藏族百姓 530 余人次。2018 年至今通过对甘肃会宁、靖远、舟曲的支援志愿服务，共计志愿服务 2840 个小时，受益群众 5100 余人次，受益各医院医务人员 990 余人次。

## （三）项目点评

和平区支医精准扶贫志愿服务项目积极响应国家"精准扶贫"大政策，有效将医疗领域专业志愿服务进行连接，优化整合资源。同时，该项目医护人员深入藏区，与藏医进行医学探讨和研究，进一步深化了医学交流与民族团结。

# 十七、北方网"身边好人"志愿者爱心服务项目

## （一）项目简介

"身边好人"栏目成立北方网身边好人志愿者团，吸引了大批热心公益的网友加入，成员有在职人员、青年学生、消防官兵、退休职工等，现已发展到 500 余人。他们走进养老院、儿童福利院、特困家庭，去帮助那些需要帮助的人，来到繁华的商业中心、游客众多的公园宣传环保理念。新疆路社区依托"身边好人"志愿者团，发挥其人才储备的优势，面向社区空巢独居老年人、残疾人、外来务工人员及在学子女以及特困家庭开展节假日慰问、医疗保健咨询、精神慰藉、一般性生活照料、临时帮扶等服务，解决上述人群的生活难题，对他们的心理健康提供精神层面的支持。

### （二）项目实施情况

**1. 成立爱心基地，定期定时提供服务**

2015 年 3 月，北方网身边好人志愿者团在新疆路社区成立了本市第一个社区爱心基地，定期定时去帮助那些需要帮助的人，搭建起助人者与受助者的长期互动平台，将爱心扎根基层，传承志愿者奉献、友爱、互助、进步的精神。

**2. 关爱老幼群体，随时随地传送温暖**

新疆路社区北方网"身边好人"志愿者团项目已开展了两年，主要活动包括：一是开展"践行志愿精神，关爱空巢老人"活动。为老年人进行简单体检，并送去慰问品及精神抚慰；二是开展"为高考学子们加油助威！"活动。通过标语和为考生们准备考试必备物品，为考生加油鼓劲，送上祝福；三是开展"大家'益'起来为你圆梦"爱心众筹公益活动。用义卖的爱心款项，为白血病儿童购买书包，满足孩子们上学的梦想。

**3. 爱护社会环境，建设美丽安全社区**

开展"向雷锋学习，做志愿服务"活动。通过捡脏护绿、安全防范、卫生清理、巡逻警示等志愿服务惠及社区居民；开展"公交安全进社区"活动。针对社区内老年人、残疾人、少年儿童平时的乘车安全及突发应急事件进行公交科普宣传活动。

### （三）项目点评

北方网"身边好人"志愿者爱心服务项目的开展，凝聚了广大志愿者，搭建起了志愿者与受助者的长期互动平台。同时，项目也调动受助者的积极性，帮助社区居民建立自助互助的生活方式，传承奉献、友爱、互助、进步的志愿者精神。

## 十八、蒋宏建法律工作室法律进社区志愿服务项目

### （一）项目简介

蒋宏建法律工作室成立于 2014 年 6 月，成立至今持续开展法律进社区公益服务项目。蒋宏建法律工作室以蒋宏建律师为核心，事务所全体律师为服务主体，面向和平区南营门街所有社区居民提供法律服务，仅竞业里社区受益对象就达 3300 余人。自成立以来，以"服务百姓，奉献社会"为宗旨，在和平区竞业里、绵阳道、天兴里等社区居民以及鹤寿养老院、和平区各中小学等单位中广泛开展法律咨询和法律知识讲座服务，把法律服务送到社区居民和广大师生身边，以专业知识零距离满足人民群众的法律服务需求，在广大社区居民中产生了良好的社会效益。

## （二）项目实施情况

### 1.开展定时与不定时法律咨询服务

其一，固定时间进行法律咨询。每个月最后一个周五，蒋宏建主任均安排该所专职律师到社区提供法律咨询服务；其二，随时接受广大居民群众的电话咨询，并定期为社区居民举办法律知识讲座，利用专业法律知识为百姓解决实际问题，普及法律常识。

### 2.积极参与社区法制宣传活动

蒋宏建法律工作室还积极参加区、街和社区组织的各项活动，注重普法宣传和社会效果，以实际行动践行社会主义核心价值观，得到了社会各界的一致好评。律师事务所的律师们具有各自的专业侧重，能够更好地解决不同法律问题，在业务上和时间上均能够实现互补。另外，对于老百姓关心的其他民计民生问题，蒋宏建还可以发挥其作为区人大代表的作用，通过提出代表建议等方式呼吁有关政府部门予以解决。

项目有关事迹被《人民日报》《人民代表报》《中国人大》、北方网、天津文明网、天津电视台《都市报道60分》、《每日新报》、《天津社区》、和平有限电视台等媒体纷纷报道，产生了强烈社会反响，在依法治市与法治和平建设方面发挥了积极作用。

## （三）项目点评

蒋宏建法律工作室法律进社区志愿服务项目极大地方便和满足了社区群

众的法律服务需求，增加了广大居民的法律知识，提高了法律意识。同时，项目通过提供义务法律咨询和为困难群众免费代理案件，有效化解了部分社会矛盾，使得运用法律武器解决问题深入人心，为法律成为全民信仰打下坚实群众基础。

## 十九、小白楼街"夕阳再晨"帮助老年人使用智能手机志愿服务项目

### （一）项目简介

当前智能手机已成为人们相互联络、信息来源的主要工具。面对智能手机的复杂功能，老年人感到十分困惑。通过调查了解到，掌握智能手机的使用是很多老年人的渴望和要求。为此，小白楼街道社区社会组织服务促进会联合南开大学青年志愿者协会组织实施了"夕阳再晨"老年人智能手机使用培训项目。

### （二）项目实施情况

#### 1. 项目开展流程化

项目严格按照标准流程进行。首先，为了有针对性地组织实施项目，小白楼街道社区社会组织服务促进会设计了《"夕阳再晨"老年人智能手机使用培训调查表》向社区空巢独居老人发放，通过汇总调查表，了解到老年人对哪些培训内容感兴趣，需要什么形式的培训。其次，将问卷调查结果提供

给南开大学青年志愿者协会去设计授课内容和主题。再次，大学生志愿者将每课教学内容制作成简洁易懂的 PPT，并打印成册，发放给老年人。最后，进行一对一培训。在培训过程中，大学生志愿者采用边演示、边实践的方法，手把手辅导老人。项目培训对象以独居老人、空集老人为主，其他感兴趣的老年人通过报名也可以参加。

### 2. 项目服务更新化

教授智能手机 App 的使用细则。包括"微信""QQ"等社交 App；"车来了""滴滴打车""百度地图"等交通出行 App；"淘宝""京东""饿了么"等网络购物、网上订餐 App；还有"懒人听书""全民 K 歌"等娱乐 App。随着手机 App 的发展更新和老年人需求的改变，项目的培训内容也与时俱进。

### 3. 项目培训趣味化

随着活动的稳步推进，小白楼街道社区社会组织服务促进会创新性地引入了情景剧。情景剧活跃了培训内容，吸引了更多老人幕名而来参加活动。2018 年初，小白楼街道社区社会组织服务促进会在街为民服务大厅活动室举办了"夕阳再晨"老年人智能手机使用培训公益项目之"全民 K 歌"App 的使用以及模拟微信扫码购物培训。小白楼街促进会、老年人协会、志愿者协会、志愿者及老年朋友共计 30 余人参加了此次活动。在项目实施过程中，参与志愿者累计达 100 人以上，受益老人 300 余人。

### （三）项目点评

"夕阳再晨"项目的实施，一方面让老年人感受到智能手机的使用给生活带来的极大便利，如亲朋好友之间的距离被社交 App 拉得更近，出游旅行在交通 App 的帮助下更加省时省力。另一方面也为青年志愿者提供了参与志愿服务的平台，南开大学青年志愿者团队的志愿者们在教老年人学习智能手机使用过程中收获了奉献带来的喜悦，实现了自我价值，坚定了志愿服务的信念。

## 二十、小白楼街"爱洒回家路"志愿服务项目

### （一）项目简介

"爱洒回家路"老年人二维码腕带试点项目是在和平区财政支持下，由和平区民政局立项、小白楼街道社区社会组织服务促进会承接的政府购买公益服务项目。该项目创新性地采用"三社联动"的方法，有效推动了社区、社工和社会组织之间相互融合，为活动顺利开展奠定了基础。

### （二）项目实施情况

#### 1.需求调研：了解老人真实情况

小白楼街道社区社会组织服务促进会设计和印发了二维码腕带调查表，

并为老人准备了爱心小手帕。为更进一步了解居民需求，倾听居民的心声，小白楼街道社区社会组织服务促进会动员楼门院长和社区社工一起入户，请本街道 65 岁以上常住老人填写调查表格。

### 2.项目培训：及时准确接收老人信息

小白楼街道社区社会组织服务促进会工作人员对小白楼街辖区内的各社区逐个进行培训，为社区社工讲解制作二维码的方法和技巧，解决社区社工遇到的疑难问题。再次，制作活性二维码。根据采集的信息制作二维码，二维码标识包含老人的姓名、性别、居住地、所患疾病、常服药物和家人联系方式等内容。各社区社工齐心协力，为二维码的制作付出大量心血。

### 3.发放腕带：保障"爱洒回家路"

项目最后，核对信息发放腕带。工作人员向老人发放的二维码腕带上印有"请帮助我"的字样，腕带中间的信息存储夹内存有二维码标识的防水信息卡。老年人可将腕带佩戴在手腕、书包、小拉车、轮椅、拐杖上或放在衣服口袋内等外出随身用的物品上。

### （三）项目点评

"爱洒回家路"项目贴近居民需求，解决其燃眉之急，动员专业力量，推动三社联动，协作发力。项目操作相对简化，使得受益面广，能够惠及广大居民，为更多有需要的老人提供温暖回家的保障。

# 二十一、南市街"关爱到家"志愿服务项目

## （一）项目简介

南市街道"关爱到家"志愿服务项目旨在传承和发扬志愿服务精神，发展和壮大志愿服务队伍，健全和完善志愿服务机制，拓展和创新志愿服务内涵，在现有的优秀志愿者与高龄、残疾、独居、空巢老人结对帮扶的基础上，充分挖掘辖区资源，在志愿服务单位和需要帮扶的居民群众之间搭建起功能全面、服务专业的"志愿互助服务平台"，力求实现志愿服务队伍由个人到集体，志愿服务对象由面向部分群众到面向全体社区居民，志愿服务形式由"一对一"服务到项目化服务的发展变化，真正做到志愿服务人人参与，人人受益。

## （二）项目实施情况

### 1. 成立团队、服务小分队，形成纵深服务团队

"关爱到家"志愿服务项目实施以来，南市街道六个辖区志愿服务单位和两个外区志愿服务单位的志愿者先后注册成为社区志愿者，怡华物业志愿服务团队、保利物业志愿服务团队、和平区社区卫生服务中心志愿服务团队、朗泰纳医院志愿服务团队、和平区口腔医院志愿服务团队、明明美发造型志愿服务团队、天津理工大学海运学院志愿服务团队八个志愿服务单位根据自身优势成立"关爱到家"志愿服务小分队，开展送医送药送服务活动。

截至目前，各志愿服务小分队共计入户送医送药 26 人次、义务理发 686 人次、为居民群众免费上门换窗纱、修水管、换灯泡等服务 36 人次，同时，开展义诊活动 12 次，义务理发活动 28 次。截至目前，项目已惠及居民群众近 800 人，"关爱到家"志愿服务项目活动得到了进一步延伸，志愿服务参与面和受众面也越来越广泛。

### 2. 制作"笑脸墙"，链接资源深化服务

在"关爱到家"志愿服务团队开展活动的过程中，志愿者们发现南市街道老年人不仅需要物质上的帮助，更多的需要给予精神上的慰藉，经过志愿者们深入社区走访，结合和平区公益创投项目工作，相关项目负责人在"关爱到家"项目的基础上，纵向延伸出南市街道"爱心助空巢，笑脸映夕阳"公益项目，为空巢老人、老雷锋等群体入户拍摄笑脸照片，截至目前，项目共入户拍照 110 人次，已为 45 名空巢老人、57 名"爱心助空巢"志愿者、8 名"老雷锋"制作了笑脸照片百余张。并创新思路，制作了南市街"笑脸墙"用以记录和展示南市街志愿者们和老年人的风采。在项目进行的同时，由南市街承办的"针情送暖"活动也在如火如荼地进行之中，志愿者为空巢老人制作的袜套也随着照片一同送到了空巢老人、"老雷锋"的手中，让他们从手中、从心中感受到了来自社会的温暖。

### （三）项目点评

在南市街"关爱到家"志愿服务项目开展过程中，志愿者带着认真服务的心，敏锐感知服务对象需求，根据需求进行配套项目的设计与执行，为社

区居民提供物质帮助与精神慰藉，实现真正意义上的"关爱到家"。

## 二十二、新兴街"为老志愿者圆梦"项目

### （一）项目简介

新兴街是全国志愿服务组织的发祥地，新兴街没有忘记志愿服务的功臣们，将他们列入重点关心对象，每逢年节及大型纪念日，新兴街的领导及志愿者协会都会对这些"老雷锋"进行走访慰问，为困难的老志愿者办理政府买单的居家养老服务，志愿者与他们结成帮扶对子，随时为他们解决生活上的困难，为送温暖的人送温暖，让他们充分地体会到奉献得到的回报，从而使更多的人感到奉献光荣，让更多的人当志愿者、参与志愿服务。2013 年，新兴街志愿者协会启动了"为老雷锋圆梦"服务项目，通过制定项目方案，采取入户走访等方式，了解"老雷锋"们的所想所需，开展了帮"老雷锋"圆梦活动。

### （二）项目实施情况

项目实施以单个个案为载体，满足不同志愿者的梦想。

#### 1.为"老志愿者"提供生活照护服务

例如：一是曾获得全国志愿服务之星的兰长燕家中的洗衣机坏了，准备

更换一个新的，志愿者协会立即为她购买了一台；二是当年的抗战英雄，当今的老志愿者吴炯老人，独居生活，家中的窗户年久失修，一直想更换，却无能力，志愿者协会及街道办事处领导积极协调有关部门，为他更换了室内以及阳台的全部窗户，为老人解决了后顾之忧。

### 2. 为"老志愿者"提供健康保障服务

例如：朝阳里社区的全国志愿服务先进个人王志仁，由于耳失聪，听力受到严重障碍，他是社区理论学习小组的成员，要定期参加理论学习组的学习，还要给大家进行理论学习辅导，听力障碍给他带来不便，新兴街志愿者协会为了解除王志仁的困难，多方打听协调，为王志仁购买了价值一万多元的助听器，解决了他的听力障碍。

### 3. 为"老志愿者"提供个性化定制服务

例如：朝阳里社区老志愿者年事已高，腿脚不便，多年未出远门，有的老志愿者想看看大海，有的"老雷锋"想与老伴儿一起出去旅游，为满足他们的梦想，新兴街志愿者协会带领老志愿者们以及他们的另一半到汉沽去参观航母，乘坐大轮船畅游大海，组织他们逛花市、逛津城，享受大自然的美好风光。为了满足老志愿者的精神需求，还为他们请来专业摄影师为老志愿者们拍婚纱照等。

### （三）项目点评

"为老雷锋圆梦"服务项目实施至今，先后为 20 余名老志愿者圆了心中多年来期望实现的梦。新兴街志愿者协会将此项目作为长期工作，不论志愿者的梦想大小，只要他们有愿望、有所需，就尽全力为他们实现梦想。关注志愿者、照护志愿者是新一批志愿者礼敬"老雷锋"的暖心之举，也是志愿服务代代传承的优秀典范。

## 二十三、新兴街志愿服务广场日志愿服务项目

### （一）项目简介

在开展志愿服务实践中，新兴街将群众有需求、志愿者可为的服务活动按项目运作，将零散的服务变为常态化、规范化的服务，既整合了服务资源，为志愿者和服务团队搭建奉献平台，也为有需求的群众提供固定服务场所。"志愿服务广场日"项目，就是基于这种思考创建的。自 2010 年起，新兴街将原来不定期、不固定地点的设点志愿服务，设计为每季度一次，在卫津路、气象台路、西康路、汉阳道四条主干道上开展大型户外"志愿服务广场日"项目。

### （二）项目实施情况

#### 1.需求调研，了解居民真实需求

街道每年开展万户居民问卷调查，从居民需要哪些服务、自己有什么技能、能够为他人提供哪些服务、对服务有哪些意见建议等方面设计问卷。通

过问卷调查，准确掌握群众需求意向和有技能志愿者资源，不断扩大有特长志愿者队伍，并动员辖区单位利用资源参加服务日活动。

### 2. 前期宣传，营造志愿服务氛围

每次"志愿服务广场日"前，街道联合社区都将活动的时间、每条街的服务内容在各社区宣传栏内公示。在活动现场张挂横幅宣传志愿者精神，邀请社区文化团队助阵，敲锣打鼓、载歌载舞，营造浓郁的志愿服务光荣的氛围。

### 3. 活动开展，提供全域志愿服务

项目在四条街上设 50 余个服务展台，20 个志愿服务单位参加，联合近百名社区志愿者为群众提供理发、修脚、按摩、自行车维修、小家电维修、修锁配钥匙、裁剪包缝等义务服务以及医疗、法律、电力、燃气、自来水、洗染、家政等咨询和现场服务。每次志愿服务广场日前来寻求服务的群众均超 2000 人次，累计服务群众数万人次。

### 4. 项目延伸，开展小型月度服务

项目中每月举行一次"小广场"活动。许多志愿者团队在集中服务之余，主动为各社区提供爱心助学、政策宣讲、健康教育、法律援助、青少年心理咨询疏导、社区管理培训等方面的志愿服务。此外，天津医科大学临床医学院、护理学院等十多个院系的青年志愿者经常到社区为老年人和居民群众提供医疗服务。天津青年职业学院、南开大学志愿服务课题组、天津医科大学等院校在街道建立了青年学生社会实践基地。

一些外区的团队也纷纷加入街道服务队伍。现在活跃在新兴街辖区的单位志愿服务团队有 60 余支，辖区外志愿服务团队 16 支，辖区外的注册志愿者 2000 余人，通过志愿服务广场日项目，充实壮大了新兴街志愿服务队伍和力量。

## （三）项目点评

新兴街志愿服务广场日志愿服务项目营造了良好的志愿服务氛围，弘扬了志愿服务精神。在多年实施中，形成了立足街道、辐射和平区的志愿服务影响力，逐渐打造常态化月度志愿服务日，吸引了更多志愿服务资源进驻街道，为志愿服务不断注入新活力。

## 二十四、文化里社区"母亲沙龙"志愿服务项目

### （一）项目简介

母亲"沙龙活动"作为文化里社区实施母亲教育和未成年人思想道德教育的品牌，丰富了社区家庭教育的内容。"母亲沙龙"特色活动是社区主任和社工人员采取设立"母亲沙龙"专业社工事务所服务平台的形式，利用专业方法为这些困难及单亲母亲提供专业志愿服务的一个项目，针对不同困难母亲的不同需求，开展各种助人活动。

（二）项目实施情况

**1. 开发单亲母亲动手能力活动**

项目开展主题为"魅力女性多彩生活"多肉植物栽培、"爱的烘焙"蛋糕 DIY 等多项活动让单亲母亲们学到一门技术。一方面可以增进单亲母亲间的交流互动。另一方面可以促进母亲们动手，提高劳动技能水平，增强她们就业、创业的综合能力。

**2. 开展困难母亲心理咨询服务**

项目针对母亲心理健康问题开展"用爱点亮心灯，用情助燃希望"困难母亲心理咨询活动，邀请心理咨询师针对困难母亲的心理健康问题进行了讲解跟指导，使更多的困难母亲获得自信，更加有勇气和信心地面对生活。

**3. 链接资源促进困难母亲自我成长**

项目协调社会上可用的资源为困难母亲提供诸如激发潜能、促进个人发展、协调其社会关系、融入社会大环境等更深层面的服务。创新协调让这些困难单亲母亲参与到社会上的团体中，创新协调困难母亲参加职业培训班（烹饪班、茶艺师、养老护理员、美容师等），从而增进她们的技能，促进她们个人发展，也使她们在面对以后生活中困难时有了应对和解决的能力，甚至有能力去帮助其他有困难的人。

## （三）项目点评

文化里社区"母亲沙龙"志愿服务项目通过社工、志愿者的宣传和介入，使更多的困难及单亲妈妈获得自信，走出封闭的生活网络，让她们更加有勇气和信心地面对生活。同时，社区借助"母亲沙龙"这一载体，充分发挥志愿者队伍在维护妇女儿童合法权益和调处家庭、婚姻、赡养、教育等常发性民间纠纷中的积极作用，倡导家庭成员宽容谦让、平等和睦，倡导邻里互相关爱、团结友善，倡导以德育人、文明守法，让广大群众看到了社区在构筑幸福家庭、和谐社会中的重要作用，提高了社区和品牌的影响力。

# 二十五、天兴里社区"乐融融"长者志愿服务项目

## （一）项目简介

南营门街天兴里社区"乐融融"长者服务中心发展计划项目，旨在改善老人们的日常生活，提高生活安全，解决生活孤寂问题。项目以促进中老年人身体健康，促进中老年人积极情绪，丰富中老年人兴趣爱好、业余生活为核心，以坚持自办、自养、自我巩固为发展原则，推动中老年人自我价值的实现。

## （二）项目实施情况

### 1. 成立社区文明服务队，培育志愿服务骨干

项目以原有的文体为核心，招募更多社区老人及社区代表参与，成立"乐融融"社区文明服务队，通过志愿服务队伍带动居民参与。其次，在继续完善各种社区团体活动的同时，培养社区领袖人物成为社区文明服务队的骨干成员。

### 2. 形成季度"社区演出日"，联动发挥合力优势

社区每个季度以"社区演出日"形式开展演出活动，为社区居民带去欢乐。同时还进行有组织有计划的助老、扶困活动，并开展大型公益宣传、为弱势群体提供爱心服务等活动。再者，联合其他社区共同开展大型志愿服务活动和社会性公益活动。

项目紧密围绕老年人关心的热点难点问题，不断进行创新实践，完善为老服务，构建助老服务圈，扩大老年人协会和助老志愿者队伍，带动老年人广泛参与社会活动，构筑和谐助老氛围。项目以解决老年人精神需求为目标，延伸服务触角，发挥其中心辅助周边功能，成为整个社区老年人居家养老服务的"心灵驿站"。

## （三）项目点评

"乐融融"长者服务项目根据长者需求，不断拓展服务边界，延伸服务触角，真正以服务对象为核心主体。同时链接多种资源，有效整合形成资源优势，更加有力地促进了项目的实施与发展。

# 二十六、长春道社区便民志愿服务项目

## （一）项目简介

为提升社区便民惠民服务水平，强化组织服务能力，小白楼街道长春道社区秉着便民利民宗旨，以方便群众生活为目的，从实际出发，深入居民生活，成立了志愿者服务队伍，并于2017年在辖区内落成便民服务站，成立便民服务项目。以"解家难，暖家心"为工作标准，提供多种服务，以满足社区居民多层次需求。本项目旨在常态化开展学雷锋志愿服务活动，大力弘扬志愿服务精神，就近就便为居民群众提供便民利民服务，不断提升居民文明素养，提升社区文明程度。

## （二）项目实施情况

**1.聚合志愿者、志愿者队伍与志愿服务项目，形成服务合力**

为了切实把志愿服务工作落到实处，深入居民生活，长春道社区现已注册志愿者495人，并成立志愿者服务队伍，又于2017年在辖区内落成便民服务站。在此基础上开展便民服务项目，以"解家难，暖家心"为工作标准，提供多种服务，以满足社区居民多层次需求。

**2.满足生活与文娱需求，为社区居民提供"一体化"服务**

其一，在生活方面，为社区老年人、低保户、残疾人等特殊群体提供无偿理发服务；针对居民的困难程度提供无偿或低偿洗衣服务等，比如：为社区孤老户、失独老人无偿洗床单、被罩等；为居民提供工具借用服务，社区居民可凭身份证件免费借用工具、轮椅、电打气、下水疏通器、梯子、高凳等，以备生活不时之需。其二，在文化生活方面，还设立了图书室和电子阅览室，共有图书 600 余册，设置电脑 10 台，为居民提供图书免费借阅、上网、阅览服务，居民凭身份证即可免费借阅，且不定时对图书进行补充和更新，方便社区居民在家门口享受方便快捷的借阅服务，丰富居民的精神文化生活。在项目开展的同时，更有社区志愿者积极响应，入驻便民服务站，为居民提供包缝、锁边等服务。

## （三）项目点评

长春道社区便民志愿服务项目的开展是将实事做到居民的心坎上，凝聚了民心。首先，便民服务队的志愿者服务工作不耍花枪，"解难事，做好事，办实事"是他们的工作宗旨，志愿者们的尽心服务更让居民如沐春风，甜在心坎。其次，通过开展便民服务活动，发挥爱心辐射作用。通过便民服务的实际成效，把服务意识和服务理念渗透到居民的日常生活中，让更多具有专业水平的居民加入服务队伍，切切实实提升服务质量。

# 二十七、友谊里社区爱我家园志愿服务项目

## （一）项目简介

为了切实把志愿服务站工作落到实处，把志愿服务意识和回报社会理念

深入居民，友谊里社区成立了志愿服务领导小组及多支志愿者服务队伍，共有 21 位注册志愿者，并且先后开展了为老服务、科普宣传、法律援助、学雷锋志愿者等一系列志愿服务活动，得到了社区居民的积极响应，产生了良好的社会影响。

## （二）项目实施情况

### 1. 开展爱我家园活动

社区志愿者定期开展打扫社区卫生、为居民宣传政策法规安全知识等服务活动。平日里打扫小区的卫生死角，维护社区环境卫生，还居民一个整洁、舒适、健康的生活环境。在全民创建文明城市、卫生城区的号召下，志愿者积极组织开展各类宣传及实干活动，清整背街里巷，清扫旮旯死角，为创卫生城区贡献力量。

### 2. 进行治安维护

志愿者积极组建志愿巡逻队伍，对辖区进行巡逻，有效维护了社区治安，将在巡逻过程中发现的不安全因素或存在的各种隐患及时传达给社区相关负责人，极大地消除了安全隐患。同时在巡逻过程中，志愿者还对不文明行为进行劝导，有力维护了辖区的文明、安全、稳定。尤其在全运会、十九大、"两会"期间，巡逻队更是对重点区域、重点人员进行巡查管控，做好安全隐患排查，确保了辖区一方平安。

### 3. 提供人文关怀

志愿队在开展各具特色的志愿服务的基础上，大力弘扬"奉献、友爱、互助、进步"的志愿精神，把对空巢老人、留守儿童、残疾人、低保户等辖区弱势群体作为帮助的重点，对社区这些特殊人群进行慰问关怀，平日里经常上门询问生活情况，发现困难，及时给予帮助。

### 4. 促进居民共建

结合辖区实际情况开展丰富多彩的共建活动。例如：在学雷锋月与社区卫生院，共同开展为辖区居民免费测血糖、血压。为居民传授健康的生活习惯。另外在元宵节、端午节、中秋节等重要传统节日中，社区志愿者一起为辖区空巢老人、残疾人送元宵、粽子、月饼等，让他们过上了一个温暖、快乐的节日。

### 5. 推动科普宣传

社区志愿者定期以讲座、网络、发传单等形式为居民传播科学、法律知识，为其提供法律援助及相关政策咨询，促进辖区居民做懂法守法的道德公民。

## （三）项目点评

友谊里社区爱我家园志愿服务项目有效结合社区主要工作，获取社区大力支持。项目以为民服务为宗旨，以构建美丽社区为目标，在社区志愿者和广大居民的支持配合下，凝心聚力，创新工作方式，保障街道社区爱我家园服务成效。

## 二十八、达文里社区翰墨飘香刻瓷社志愿服务项目

### （一）项目简介

和平区小白楼街达文里社区翰墨飘香刻瓷社于 2013 年成立，2014 年，由天津市老年大学授牌，成为老年大学的校外教学基地。每周五在社区活动站开课，由老年大学的老师们专程到社区授课。刻瓷集绘画、书法、刻镂于一身，具有很高的欣赏与收藏价值，但由于工艺复杂，这种工艺过去只有一些专业人员才能制作。社区成立了翰墨飘香刻瓷社以后，为广大刻瓷艺术爱好者提供了一个研讨、切磋技艺的交流平台，让刻瓷这种高雅的文化艺术真正走进了"寻常百姓家"。

### （二）项目实施情况

达文里社区最初成立翰墨飘香刻瓷社的目的是有意发展社区困难群众和残疾人一起参与进来，学成后可以形成产业链，帮助他们解决些实际问题。

#### 1. 固定教学时间，形成常态化授课机制

社区活动站每周五邀请老年大学专业老师对班级成员进行瓷刻授课，形成系统课程体系。

### 2.年度静态展览，参与形式多样刻瓷活动

2013—2018 年，达文里社区翰墨飘香刻瓷社每年都会举办一场刻瓷作品静态展览，还参加了市、区、街里组织的很多活动。

### 3.特定作品创造，打造特色化作品展览

2017 年，在天津举办全运会时，社区老年刻瓷爱好者，人人动手，用 1 个月左右的时间精心制作了"津娃"系列刻瓷纪念品，用手中的作品和行动热情迎接全运会的召开。

### （三）项目点评

达文里翰墨飘香瓷刻社志愿服务项目呈现出志愿服务逐步精细化、专业化的特点。该项目通过与中国传统文化以及美学艺术的完美结合，使得志愿服务更加有魅力，也以新颖的方式吸引了更多的社区居民参与志愿服务。

## 二十九、兆丰路社区"让爱来敲门"扶老助残志愿服务项目

### （一）项目简介

关爱空巢老人对于营造文明和谐的社会环境和人际关系、推动社会和谐发展具有重要意义。2012 年 10 月，和平区开展"爱心助空巢"志愿服务项目以来，劝业场街兆丰路社区经过精心组织、认真实施，做了大量的工作，

此项目取得了明显成效。2012 年 11 月，兆丰路社区在前期基础上，升级打造"让爱来敲门"扶老助残志愿服务项目。项目旨在增强对老年人的保障和照顾，帮助老年人积极面对晚年生活。兆丰路社区志愿者积极努力，用小爱汇聚成大爱，用社会大爱的力量照亮老年人的生活。

## （二）项目实施情况

### 1. 召开"让爱来敲门"动员大会

兆丰路社区领导高度重视"让爱来敲门"志愿服务项目，按照区、街要求，结合社区的实际情况制定了活动实施方案，并召开了"让爱来敲门"动员大会对各项活动计划进行了落实和指导，要求"让爱来敲门"志愿服务项目有计划、有目标、多角度、多方面实践，鼓励社区志愿者真正用行动温暖空巢老人。

### 2. 结对子订制贴心服务

社区组织形式丰富的爱心助空巢活动，社区志愿者们情暖老人心。2012年 11 月 22 日，在"让爱来敲门"志愿服务志愿者签订协议仪式上，四位招募来的志愿者与社区两位空巢老人结成对子。社区主任向前来签订志愿服务协议书的志愿者介绍了"让爱来敲门"志愿服务项目的服务内容及职责，如"早看窗帘，晚看灯"、每周必访、代购生活用品、代料理家务等力所能及的帮助空巢独居老人解决日常生活难题。志愿者都明确表示愿意在日常生活中为社区高龄体弱空巢独居老人献爱心，结成帮扶对子，经常向社区居委会、志愿者组织汇报帮扶情况，及时反馈信息，用自己的爱心赢得结对老人的认可，接受社区居委会和志愿者组织对自己服务的评价。

几年来，在"让爱来敲门"项目也取得额外的成就。一是社区涌现出几名区级优秀爱心助空巢志愿者。二是社区党委把"让爱来敲门"志愿服务项目作为社区感恩教育的重要途径、重要形式、服务居民的重要举措。

### （三）项目点评

兆丰路社区"让爱来敲门"项目盘活了社区资源，动员社区居民成为在地志愿者，推动低龄老人帮助高龄老人的邻里互助服务，真正为社区空巢老人提供了生活照顾与心理慰藉，保证了服务的长期性与可持续性。

## 三十、兴河里社区"爱心家园"志愿服务项目

### （一）项目简介

2011 年初，兴河里社区党委成立了社区"爱心家园"。"爱心家园"是倡导"让关爱成为一种习惯"的互动平台，通过社区党委的力量，积极引导社区党员和志愿者参与爱心活动，帮助更多需要帮助的人。社区党委本着扶持、帮助弱势群体及困难家庭的意愿，组织开展各种主题实践活动，使更多的党员参与到了关爱活动中，贯彻了"让关爱成为一种习惯"的理念，同时为社区老年人及弱势群体做些实事，解决一些力所能及的实际困难。

## （二）项目实施情况

"爱心家园"项目初期，由蔬菜楼党支部和第五支部的两位书记负责，主要是开展一些义务劳动，例如组织党员开展志愿服务、刮残标、捡拾白色垃圾以及协助居委会开展清脏治乱工作。活动内容较单一。从 2011 年下半年开始，社区党委调整了"爱心家园"的项目内容。

### 1. 提供健康生活服务

一是根据不同季节对老年人进行养生健康知识系列讲座，定期为老年人查体，免费量血压、测血糖；二是为老年人提供精神慰藉方面的服务；三是为老年人提供生活上的服务；四是每月 18 日社区"爱心家园"还要组织大型的志愿服务活动，为老年人提供免费理发、清理卫生、修小家电、配钥匙等生活上的服务。

### 2. 组织文化娱乐活动

一是安排党委成员负责组织活动，并根据党员的特长分别建立了健康医疗、精神慰藉、合唱、编织、舞蹈、家政服务六支小分队；二是开辟了老年人棋牌室、聊天站、编织组、合唱队等，组织老年人开展了老年人才艺展示、老有所为事迹报告会、老年健身操汇演、老年游艺等活动；

### 3. 开展专业志愿服务

2012 年，社区"爱心家园"依托街司法所成立了老年人维权小分队，3 名有法律常识的党员承担起了维权咨询活动。

经过两年多的运作，目前社区"爱心家园"的成员由最初的 12 人，增加到现在的 50 余名党员和 30 余名社区志愿者，并先后开展了 30 余次主题实践活动，受益居民 1500 余人次，受到了社区群众的欢迎和肯定。

## （三）项目点评

兴河里社区"爱心家园"志愿服务项目由小范围服务扩大至志愿服务全域，项目志愿者能够长期坚持，不断拓展自己的服务领域，提升服务水平，体现出与服务对象一起成长的志愿服务深刻含义。

# 三十一、百货大楼社区爱我家园志愿服务项目

## （一）项目简介

百货大楼社区"爱我家园"志愿服务项目始建于 2017 年 3 月，这是一支由社区党员、楼门院长、居民志愿者等组成的致力于爱国卫生、环境保护、生态文明建设领域的志愿者团队。百货大楼社区"爱我家园"项目，是凝聚爱心力量改善社区居民生活环境，服务百姓生活，营造整洁宜居社区氛围的具有极强生命力的志愿服务项目。

## （二）项目实施情况

百货大楼社区"爱我家园"项目持续稳定开展活动，社区党员、楼门院

长、居民志愿者充分发挥作用，积极主动参与项目活动。

### 1. 规范管理制度，实行项目全流程管理

项目结合社区创建文明城区、卫生城区工作精心组织实施，规范管理制度，严格落实项目志愿者考勤管理，及时记录项目服务时长，并建立激励机制。严格采取科学的运作模式，进行满意度等项目效果评价反馈。同时保证档案资料详实，严抓痕迹管理，各项活动台账均及时整理归档。

### 2. 定期开展服务，发挥先锋模范作用

项目定期开展"爱我家园，扮靓母亲河"爱国卫生志愿服务活动。项目志愿者利用休息时间首先做好宣传动员、率先垂范，自觉清理自家居住范围内的卫生，带动身边群众从自身做起，志愿者们引导广大居民从自我做起，带头做好垃圾分类，倡导绿色生活，带动家庭成员把垃圾按照统一标准分类投放，并积极宣传群众养成垃圾分类的文明生活习惯。

### 3. 配合社区管理，维持社区良好秩序

志愿者积极配合社区清整辖区居民楼院、胡同里巷及公共设施卫生。包括摆放共享单车，擦拭公共设施，捡脏护绿，清除乱涂乱画、小广告，倾倒垃圾时做好分类，骑行后的共享单车有序停放等。其次，项目有效凝聚共驻共建辖区单位的优势资源，在区域化"大党建"的引领下，为共筑共建扎根基层服务社区搭建了平台。为有效破解"城市牛皮癣"难题，辖区单位天津联通和平分公司助力"爱我家园"项目，在胡同里巷试点安装了广告栏，引导企业将便民广告规范张贴；中南建筑公司紧邻海河，公司内的"新市民"

主动定期与项目志愿者开展"爱我家园，扮靓母亲"公益活动，捡拾河道周边及绿地垃圾，擦拭护栏等公共设施，带动引导公众在保护环境、服务社会、促进和谐方面产生了明显社会效益。

### 4.探索"互联网+"，优化服务宣传

在"互联网+"等领域对志愿服务项目进行有益探索，广泛利用党建云、社区微信公众号、政务微博等各媒体平台进行宣传，进一步扩大了社会影响力，受到了广泛好评。

### （三）项目点评

百货大楼社区"爱我家园"项目有效链接整合辖区内资源，带动社区居民、志愿者、企业等主体共同参与志愿服务项目，增加了志愿者的参与感和荣誉感。同时积极打造"互联网+"志愿服务，推动了志愿服务的便捷化、信息化建设。

## 三十二、昆明路社区聊天站志愿服务项目

### （一）项目简介

现如今空巢老人、独居老人比较普遍，子女大多忙于工作，对父母无暇顾及，老年人独自在家，缺乏与人的沟通交流，昆明路社区为老年人提供场

地，组织大家聊聊家庭生活，谈谈奇闻轶事，交流健康美味的饮食，畅谈时事政策等。诸如此类的寓教于乐的活动丰富了社区老年人的日常生活，使老年人的生活不再孤寂，聊天站已然成为社区老年人心灵的家园。

## （二）项目实施情况

### 1. 开展日常生活照顾服务

在生活照顾方面，社区内的退休大夫和党员骨干自发组成一支志愿者队伍，每周二上午为老年朋友们提供量血压、健康咨询的服务，每周有两名志愿者值班为居民们提供服务。对于行动不便，无法下楼的老年人，志愿者还会定期入户测量血压。

### 2. 开展常态化心理陪伴服务

在心理陪伴方面，有的老人遇到烦心事又不方便和外人诉说，他们都会到聊天站来，这里为大家提供了可以单独倾诉的心灵驿站，志愿者为老人进行心理疏导，解开老人的心结。聊天站活动持续开展，志愿者发现有一部分独居老人活动结束后迟迟不愿离开，志愿者就此组织这部分老人开展打牌、下棋等娱乐活动。

## （三）项目点评

昆明路社区聊天站志愿服务项目以简单的生活照顾为切入点，以此打开老人的心理世界，进行更深层次的心理陪伴和情感疏导。项目亮点在于

"活"，聚焦于服务对象，不拘于项目形式与方法以满足服务对象需求。

## 三十三、树德里社区"心家园"志愿服务项目

### （一）项目简介

随着生活节奏的加快，现代社会及各方面的压力越来越大，"421家庭"的出现，老年人空巢面临的孤独，中考、高考等方面的压力，都日显突出，因此心理健康咨询已经成为社区居民的迫切需要，为了解决这部分人的需要，树德里社区通过前期调查和筹备，结合树德里社区实际，2017年11月2日，和平区首个社区心理咨询服务站——树德里社区"心家园"心理健康服务站正式挂牌成立。旨在开展社区心理健康知识普及和心理健康辅导，帮助社区工作者提高服务特殊人群的工作技巧，梳理社区群众的心理困惑，促进社区的和谐稳定，全面提高辖区居民身心健康水平。

### （二）项目实施情况

**1. 细分功能区，升级功能室硬件配置**

项目实施依托功能教室，树德里社区"心家园"心理健康服务站有三个功能教室，分别是接待室、畅心室和体验室。接待室，方便社区群众在平日和志愿者沟通交流，室内还有两台电脑，都安装有专业的心理测量软件，专业的用具能辅助志愿者和老师更好地做好心理咨询工作；畅心室，可以让居

民和专业的心理老师进行"一对一"更有针对性的交流，为社区居民提供安全有保障的咨询环境；体验室，主要是一个做沙盘互动的心理游戏教室，是互补于其他两个教室功能的服务室。三个教室相辅相成，各有特色，目的是能更好地满足广大居民群众的诉求。

### 2. 开展心理健康服务，提升功能室软实力

树德里社区"心家园"心理健康服务站招募专业志愿者开展服务。招募的志愿者都是经过层层筛选的优秀社区居民，都具备较高的政治素养，热心社会公益事业，有较高的文化水平，遵循职业操守，对于咨询的案例进行保密，不会做咨询之外的其他用途。在服务站，树德里社区根据志愿者每个人情况安排出合理的排班表，值班时间是每周一至周五上午九点至十一点半；同时，启动志愿者培训。每周五都会有半天的心理培训课，由倚天安华老师亲自授课，进行专业的针对社区特色的志愿者培训，开展"心理减压""人际关系团辅""探索自身"等课程培训。此外，会有专业老师亲自疏导。服务站每月都会有一次专业的心理老师坐诊"心家园"心理健康服务站，进行一对一的个性化专业疏导，对有心理问题的居民进行心理疏导，使来访者能够树立健康的心理环境。

### （三）项目点评

树德里社区"心家园"志愿服务项目切实从居民的实际需求出发，为居民开展各类心理健康服务活动，促进社区居民互帮互助，提升了心理健康服务站的社区影响力。项目积极发展志愿者成员，培养可靠的志愿者团队，形

成能力坚实、队伍庞大的心理志愿者团队。

## 三十四、朝阳里社区扶危济困志愿服务项目

### （一）项目简介

朝阳里社区"扶危济困"服务项目于 2001 年启动，由 6 名志愿者发起成立"扶危济困"基金，每季度每人捐款 100 元，基金款项用于救助社区的困难群众。在 6 名志愿者的带动下，社区许多党员、志愿者纷纷加入"扶危济困"基金捐款行列。朝阳里社区志愿者协会因势利导将活动作为项目运作，制定了相关制度和管理办法，并写进社区志愿者协会的《章程》。十几年来，朝阳里社区"扶危济困"服务项目严格执行项目规定，掌握救助标准，使项目基金真正地起到为困难群众解难的作用。

### （二）项目实施情况

#### 1.将扶危济困基金用于爱心助学行动

志愿者在入户访问、了解民情的工作中发现社区内有的低保户和低保边缘户的子女面临升学困难问题，经协会理事会讨论决定，社区志愿者协会捐助南开中学高三应届困难毕业生。经过 1 个多月的运作，居委会全体成员和社区志愿者协会全体理事共 60 余名同志捐赠助学款 7410 元，并将全部捐款转交给两位经济困难同学。

## 2.将扶危济困基金用于救助特殊困难家庭

针对困难家庭，志愿者分会理事商定进行紧急救助。同时，社区志愿者分会志愿者与社区工作人员为其捐赠家具、家用电器等。最为重要的是志愿者协会联合社区积极为困难家庭申请办理最低生活保障，解决了基本生活问题，同时安排工作，解决就业问题。

## 3.联合会员单位，加大困难居民帮扶力度

朝阳里社区"扶危济困"基金项目得到志愿服务会员单位的大力支持。和平文化旅游局积极参与"扶危济困"活动，2010年向扶危济困基金捐款1000元，并慰问社区困难学生。和平文化宫的副主任以个人名义资助了一名困难学生，并承诺坚持每年捐款1000元，帮助受助者完成学业。辖区单位百纳实业有限公司董事长也积极参与"扶危济困"项目，承诺资助2名困难学生直至其大学毕业。自"扶危济困"服务项目建立至今，共救助10名困难学生。现在，这些学生有的参军，有的进入重点大学深造，有的走上工作岗位并加入志愿者行列回报社会。在志愿者的积极带动下，捐款队伍逐步扩大，从几个人发展到现在的几十人。截至目前，扶危济困基金共收到捐赠款7万3千余元，救助110余人次、发放衣物670件，用于扶危济困的支出累计6万6千余元。

## （三）项目点评

朝阳里社区扶危济困志愿服务项目链接社会资源，建立爱心基金，切实为社区有困难的居民与家庭解决困难，减轻压力。项目用爱心影响生命，用服务传递温暖，实现志愿服务精神的薪火相传。

# 三十五、犀地社区"志愿管家外出无忧"志愿服务项目

## （一）项目简介

外出无忧服务是新兴街犀地社区在 2013 年开展的一项新的志愿服务项目。所谓外出无忧服务，就是社区在居民家中无人的情况下提供的一种帮助管理服务，项目内容是为外出旅游、办事或探亲的社区居民，提供报纸、邮件接收、花卉照料及检查家庭煤、水、电等无偿志愿服务。有需求的居民只需到社区进行登记即可。结合社区网格化工作，根据实际情况安排对应楼门志愿者及分管主任进行服务，在居民外出旅游、外出工作等家中无人情况下，进行取报、安全巡查等服务。

## （二）项目实施情况

在节假日来临之际，很多居民都有回老家探亲或外出旅游的打算。然而，小长假至少十来天，家里的花卉、金鱼、猫狗兔子等宠物无人照顾，报箱里的报纸也会越积越多，同时，水、电、气等问题也让人心里不踏实。为了切实地解决这些问题，和平区犀地社区居委会推出了管家服务，代取并寄存报纸、快递，保管钥匙，以备不时之需。据犀地社区居委会主任介绍，刚开始有这个想法，是因为犀地社区双职工家庭和闲置空房比较多，社区决定联合社区志愿者服务队一起开展社区管家服务。

### 1. 保障外出居民的家庭安全

2 号楼居民夏先生一家外出旅游，临行前到社区登记了外出时间和联系电话，并留下了家中的钥匙。在他外出的数日里，每天都有志愿者到夏先生楼层进行巡查，为水管、煤气拍好照片并发给夏先生让他放心，并将报纸逐一收好。家里有志愿者管家，夏先生在国外旅游很放心。

### 2. 维护外出居民的家庭环境

1 号楼的李女士全家去国外两个月，她在临行前直接把家门钥匙放在了社区，社区"志愿管家外出无忧"的项目志愿者们为他们照顾了两个月的房子，定时为她们家的花花草草浇水，每天到报箱取报纸，将家里照顾得井井有条。

### 3. 营造外出家庭的温馨氛围

2015 年除夕，住在 3 号楼的一户居民回东北老家过年，在火车上给居委会打来电话说，走得匆忙忘记给家里的大门贴春联和"福"字了，请居委会先给买了贴上。"志愿管家外出无忧"项目的志愿者们及时准确地帮助他们贴上了春联和"福"字，让他们过了个安心的年。

### （三）项目点评

"志愿管家外出无忧"志愿服务项目聚焦居民细微需求，切实地解决了居民外出的顾虑，使居民实实在在的受益，社区也得到了良好的反馈。外出无忧服务越来越完善，加入的楼门志愿者越来越多，居委会成为居民的知心人，志愿者成为居民的"好管家"。

## 三十六、犀地社区摄影志愿服务项目

### （一）项目简介

犀地社区摄影志愿服务队成立于 2016 年，起初是由 4 名退休复员军人组成的，又被大家称为宜居业余摄影活动小分队，在社区居委会领导下完成各项活动。摄影活动受到了社区居民的一致好评，摄影小组的摄影作品在各级摄影协会、市老年大学、和平区摄影展展出并多次多人获奖。同时，还多次参加了海运学院三好学生拍摄、护士节清明公祭、法律宣传、健康查体咨询、党的生日庆祝、老年歌唱团舞蹈团、健身团等拍摄工作，为犀地社区居委会工作和活动作出了应有的贡献。

### （二）项目实施情况

#### 1. 社区老人"金婚照"拍摄服务

摄影志愿服务小组为社区 10 对老人拍摄金婚照。老人都说，年龄越来越大了，趁着身子还行，一定要和老伴儿留下这美好的历史瞬间。当他们拿到装帧好的金婚照片时，心情无比激动，仿佛又回到了年轻时结婚的日子。摄影志愿服务小组还先后为 30 多位社区空巢独居老人、残疾人、外来务工人员拍摄了多角色照片，受到了社区居民的一致好评，成为犀地社区一条靓丽的风景线。

### 2."我的社区，我的家"摄影比赛

项目为进一步提高社区居民的审美情趣，犀地社区居委会联合民生银行举办了主题为"我的社区，我的家"摄影比赛。活动以天津市区景观为主题，内容有花卉、街巷、人物，参赛者们一边观摩他人作品，一边互相交流摄影经验。参赛作品极具观赏性，从不同角度展现了家乡的美好景致和人民的美好生活，展现出摄影者对生活的热爱。值得一提的是，摄影志愿者还参加了由社区组织的自编自导自演自拍的社区微电影《李大爷的烦心事》，故事的核心是社区的人和事，影片取景都是社区的景，电影的所有工作人员都是小区的居民，影片放映后居民反响很好。

### 3.开展犀地社区大型摄影展

犀地社区居委会共组织了3次摄影展，共展出作品350余件。参展的作品主题新颖，以独特的视角全面展示了天津市的发展变化和社区风貌。通过摄影展活动，社区居民大饱眼福。居民和摄影爱好者前来观摩，众多社区居民被摄影作品吸引，并驻足观赏，他们仿佛从这些作品中看到了自己的影子，脸上展现着笑容。有的居民还用手机或是相机，记录下一幅幅美丽作品。有的人说，没想到社区有这么多的摄影爱好者，拍出这么好的照片。

### （三）项目点评

犀地社区摄影志愿服务项目的志愿者发挥所长，记录社区、居民生活点

滴与历史变化，成为留存社区文化、社区居民、社区风景的有力载体。取材生活，展示生活，该项目让社区更加有温度有情怀，有效提高了居民对的社区的归属感与社区的凝聚力。

## 三十七、新兴北里社区银发聊天志愿服务项目

### （一）项目简介

新兴北里老年人聊天角是由全国志愿服务之星兰长燕在 2005 年发起的，为了让孤单的老年人走出家门与同龄人谈笑风生、畅所欲言，从而改善心情、解决烦恼，截止到目前已坚持十余年。每个星期三和星期五是社区聊天角活动时间。兰长燕经常从网上、报纸上抄录一些对老年人有益的信息，还把这些内容变成顺口溜抄给大家。为了活跃气氛，兰长燕还为老人读报摘，组织老人唱歌，自己编一些适合老年人的锻炼动作。通过聊天，打开了心结，老人们的晚年生活也越来越快乐。花白的头发、开心的笑声，无间的亲密，银发聊天室"话聊"活动成了老人快乐的源泉。

### （二）项目实施情况

#### 1. 普及健康生活知识，凝聚老人学习动力

"聊天角"活动开始，负责人兰长燕老人会经常把写有四季养生知识的卡片发给每位老人，卡片上是她亲手誊写的一行行工整的钢笔字。除

了她以外，其他队员也经常从网上、报纸上抄录对老年人有用的"季节常识""养生保健""生活小技巧"等信息，并定期互相分享。除了这些和健康相关的知识外，大家也经常聚在一起读书，让"活到老，学到老"变成实际行动。邻里们亲切地称负责这个聊天组的兰长燕为"天使奶奶"，在她的引领下，助人为乐、与邻为善、与邻为伴的信念在邻居中蔚然成风。

### 2.常态开展"聊天角"，纾解情绪压力

在银发聊天角，老人们围绕在一起拉家常、说烦心事，说说笑笑间解开了心结，心情也更加愉快、放松。同龄人在一起，像个大家庭一样，互相劝慰、做伴，比仅仅在家坐着开心得多。街坊们你一言我一语，讨论着身边新鲜事，居民们有啥说啥，想啥说啥。大家还经常一起唱歌、健身等。更重要的是，许多居民在日常生活中碰到困难时，就会想到去"聊天角"倾诉，社区工作人员也能及时了解居民的困难，并尽全力又好又快地帮忙解决，显著提升了社区老人的幸福指数。

### （三）项目点评

新兴北里社区银发聊天志愿服务项目由居民志愿者发起，居民组织，居民参与，这是一个完全依靠内生力量开展的项目。银发聊天诠释出具有强"地缘"关系的居民自助互助服务的优势，是简单可复制的项目服务模式。

## 三十八、滨西社区"爱心银行"志愿服务项目

### （一）项目简介

劝业场街道滨西社区"爱心银行"成立于 2005 年 7 月，由本社区从事义务工作、社区服务和社会福利事业的团体和个人自愿组成。项目秉承"存入爱心，取出真情"的服务宗旨，始终发扬无私奉献、真情传递的高尚情操。把"爱心"存入银行，把关爱及时送给困难群众，通过存与取无形地架起了人与人之间互助的桥梁。倡导共同为追求美好生活、建立和谐社区和促进社会进步而行动，为社会服务体系和社会保障体系的建立和完善作出贡献。

### （二）项目实施情况

#### 1.扩大"爱心银行"服务规模，助力爱心服务不断延伸

"爱心银行"建立初期只有十几人，如今已逐步发展壮大，"银行"储户也由原来唯一的滨西社区居民延伸到街道各社区居民乃至全区、全市的广大群众。同时，在"爱心银行"的不断影响下，天津工业大学经济学院、天津医科大学药学院、南开大学经济学院等，都自发建立起"爱心银行"的分支机构——"爱心社"，随后一些社区单位、学校、私企等社会团体以及外省市也都纷纷效仿加入。"爱心银行"在社会各界的鼎力资助和爱心人士的无私奉献下，不断发展壮大。

**2. 盘活"爱心银行"各类资源，助力志愿服务全面发展**

其一，麦购天津、现代集团、劝业场集团等单位为社区困难群众捐款、捐物，帮助他们渡过难关；其二，天津市结核病控制中心、河北路医院的医生经常深入社区为老年人提供养生、保健知识讲座，并为弱势群体免费查体；其三，"爱心社"的志愿者们，除了帮助各类困难学生完成学业外，还和社区"结对子"，为社区孤老户、残疾人提供应急服务。项目在实施中，"爱心银行"志愿服务活动在《新华每日电讯》《天津日报》《每日新报》《中老年报》、天津广播电台、天津电视台、和平有线台等多家媒体都进行过报道，并得到了社会的高度评价和关注。

## （三）项目点评

"爱心银行"与"时间银行"异曲同工，都是将自己提供的志愿服务存储在"银行"，而后自己需要的时候可以换取相应的服务。滨西社区"爱心银行"志愿服务项目与简单的单向捐赠有所区别，"爱心银行"志愿服务并不是单一地付出，而是可以通过爱心交换，获得更为持久的发展动力。

# 三十九、福厚西里社区公益便民志愿服务项目

## （一）项目简介

福厚西里公益便民志愿服务项目由福厚西里社区公益便民服务队具体执行，该团队成立于2006年。在项目执行中，便民服务队的志愿者们始终坚

持为社区居民提供无偿的维修服务，解居民燃眉之急；始终积极配合社区居委会工作，修缮社区公共设施，供居民日常之需；始终保持热心助人、开心做事的阳光心态，弘扬志愿服务的正能量。

## （二）项目实施情况

### 1. 制定服务规范，保障服务开展

项目团队通过制定服务内容（以救急为主的维修活动）、服务对象（以空巢老人、独居老人为主，兼顾普通居民）、招募有技术专长的志愿者、签订志愿服务承诺书、做好服务记录等措施，较好地发挥了便民服务队的功能，实现了社区居委会对志愿服务活动的规范管理。

### 2. 进行社区维护，方便居民生活

如：为平房区居民修路、修楼门内的楼道灯、为居民修补下水管、更换楼栋防盗门等。只要居民有需求，便民服务队就会在第一时间前去服务，用实际行动，一点一滴践行"便民服务"的承诺，弘扬正能量，传承志愿精神。志愿服务队队员自身拥有技术专长，常常很快地帮助居民维修好家中设施。时间长了，居民们形成一种默契——家中有东西损坏第一时间就找便民服务队，志愿者从不拒绝，随叫随到，忙得不亦乐乎。

## （三）项目点评

福厚西里公益便民志愿服务项目着眼细微，在细节上、生活上为社

区居民提供便利，切实服务居民。该项目执行团队具有较强的辐射作用，能够吸引凝聚更多的社区居民参与服务，形成良好的志愿服务循环与生态。

# |第十二章| 和平区优秀志愿者

**〔引言〕**

习近平总书记称赞社区志愿者是为社会作出贡献的前行者、引领者。和平区志愿者用实际行动践行着"奉献、友爱、互助、进步"的志愿服务精神；用不辞辛劳、贴心细致的服务践行着"远亲不如近邻"的邻里文化；用发挥余热、无私奉献的信念践行着中华"凝心聚爱"的传统美德。"剪子大娘""光明使者""口袋医生""贴心律师"等称号是和平区志愿者们的服务事迹，也是社区居民对志愿者的暖心礼敬，他们是百姓真正的"贴心人"。

## 一、俯首甘为孺子牛——宋元朴

俯首甘为孺子牛——宋元朴，女，已故，中共党员。曾任社区议事协商委员会成员、社区服务志愿者协会终身荣誉理事、社区理论学习小组组长。多次荣获市、区、街优秀居委会主任、优秀共产党员、优秀社区服务志愿者等称号。

## 二、一生奉献无怨无悔——董光义

一生奉献无怨无悔——董光义，男，已故，中共党员。曾任新兴街朝阳里社区志愿者协会第一任会长。荣获天津市慈善老人、和平区志愿者标兵、终身志愿者等称号。

## 三、老有所为乐在其中——陈菊福

老有所为乐在其中——陈菊福，女，已故，中共党员。朝阳里社区志愿服务活动发起人之一，曾任朝阳里社区服务志愿者协会终身荣誉理事。多次荣获街以及社区优秀共产党员、优秀志愿者等称号。

## 四、家庭和睦邻里和谐——陈秀文

家庭和睦邻里和谐——陈秀文，女，已故，中共党员。朝阳里社区志愿服务活动发起人之一，曾任社区服务志愿者协会终身荣誉理事。荣获天津市终身志愿者称号。

## 五、传承家风传递爱心——黄秀珍

　　传承家风传递爱心——黄秀珍，女，已故，中共党员。曾任朝阳里社区居委会主任，为社区服务志愿者活动发起人之一。

## 六、贴心律师——马芳菲

　　贴心律师——马芳菲，男，66岁，中共党员。天津市法律援助中心一级律师，法律志愿者。荣获全国优秀志愿者、全国老有所为先进个人、第二届中国社区志愿者之星、天津市优秀志愿者、天津市热心慈善老人、天津市阳光助残使者、天津市护老维权十佳律师、天津好人等称号。

## 七、社区热心人——马宝芹

　　社区热心人——马宝芹，女，64岁。劝业场街兆丰路社区楼长、社区巡逻队队长。荣获和平区志愿者荣誉标兵、社区优秀楼长等称号。

## 八、真情服务社区的快乐志愿者——马惠清

真情服务社区的快乐志愿者——马惠清，女，74岁，中共党员。南市街裕德里居委会民政主任，社区服务志愿者协会会长，兼任楼栋党支部书记。荣获市级金奖志愿者、和平区志愿者荣誉标兵、和平区社区服务志愿者荣誉标兵称号。

## 九、为了庄严的誓词——王文源

为了庄严的誓词——王文源，男，已故，中共党员。曾任朝阳里社区志愿者协会会长、市民学校副校长、党员活动站站长、议事协商委员会委员、党建联席会成员、关心下一代委员会成员等职务。荣获第十四届社区服务志愿者荣誉标兵称号。

## 十、志愿服务领头雁——王永华

志愿服务领头雁——王永华，女，62岁，中共党员。和平区志愿者协会党支部书记、和平区志愿者协会会长。

荣获天津市优秀志愿者、天津市社会组织优秀共产党员、和平区优秀党务工作者、和平区老有所为退休干部等称号。

## 十一、最美铺路人——王玉和

最美铺路人——王玉和，男，81岁，中共党员。福厚西里社区居委会委员、社区志愿者协会会长，并兼任福厚西里社区巡逻队队长。荣获中国第二届志愿者之星、和平区荣誉标兵、和平区社区服务功臣奉献杯荣誉标兵等称号。

## 十二、敢为人先，爱心助学济困的志愿先行者——王志仁

敢为人先，爱心助学济困的志愿先行者——王志仁，男。新兴街朝阳里社区委员，兼任社区志愿者协会会长、理论学习小组组长。荣获中国志愿服务先进个人、学习雷锋志愿服务"四个100"先进典型、"最美志愿者"称号。

## 十三、余热生辉做贡献——王秀兰

余热生辉做贡献——王秀兰，女，69岁。天津市和平区志愿者协会名

誉会长、和平区关心下一代工作委员会副主任、和平区
机关离退休党支部书记、和平区庆有西里社区议事协商
委员会委员。荣获第二届中国社区志愿者之星、天津市
劳动模范、区级优秀共产党员等称号。

## 十四、全域扶贫先锋志愿者——王昕

全域扶贫先锋志愿者——王昕，男，45 岁。挂职舟
曲县县委常委、政府副县长。

## 十五、用美丽心灵打造美丽城市——王继保

用美丽心灵打造美丽城市——王继保，男，49 岁。
和平区南营门街道办事处保洁队保洁员。荣获中国好人
榜好人、全国优秀农民工、环卫系统岗位明星、和平区
劳动模范，"五一"奖章先进个人等称号。

## 十六、用志愿服务展现党员风采——王淑琴

用志愿服务展现党员风采——王淑琴，女，77 岁，

中共党员。社区居委会委员、志愿者协会会长，振河里2门楼长、蔬菜楼大院党支部书记。荣获和平区志愿者荣誉标兵称号。

## 十七、老弱病残免费乘车的"的姐"——王淑贤

老弱病残免费乘车的"的姐"——王淑贤，女，63岁，中共党员。方正出租汽车公司"的姐"。荣获中国十大杰出母亲、第二届中国社区志愿者之星、天津市金牌志愿者、天津市文明市民、和平区感动社区感动和平先进人物等称号。

## 十八、勇担大任的社区健美师——王瑞琴

勇担大任的社区健美师——王瑞琴，女，78岁，中共党员。福林里社区群众文体团队党支部书记、社区文体健身队队长。荣获第二届中国社区志愿者之星、和平区优秀党员志愿者，"全国最受群众喜爱的社会体育指导员"等称号。

## 十九、奉献无止境——王肇斌

奉献无止境——王肇斌，男，已故，中共党员。曾

任新疆路社区志愿者协会会长、社区理论组组长、《平安社区报》主编、社区巡逻队队员。荣获天津好人、和平区优秀志愿者等称号。

## 二十、用仁心服务社区的医者——古文胜

用仁心服务社区的医者——古文胜，男，74 岁，中共党员。和平区东兴市场卫生院退休。荣获和平区区委、区卫生局优秀党员、和平区医德高尚十面红旗、和平区最佳医务工作者、和平区社区志愿者标兵、荣誉标兵、爱国优军先进个人等称号。

## 二十一、天使老人，社区的温情楼长——兰长燕

天使老人，社区的温情楼长——兰长燕，女，74 岁，中共党员。新兴北里社区楼长。荣获民政部全国优秀五星志愿者、第二届中国社区志愿者之星、中国好人榜好人、天津市劳动模范、天津市"三八"红旗手、文明市民、"善行义举好市民"、天津市退休职工老有所为奉献奖等称号。

## 二十二、"当志愿者让我感到生命的价值和意义"——白纯澄

"当志愿者让我感到生命的价值和意义"——白纯澄，男，已故，中共党员。曾任国家地震局退休干部、和平区政协联络员、南营门街和昆明路社区的党建研究会会长、街道老年协会顾问、社区居委会委员。荣获和平区优秀共产党员、和平区社区服务志愿者荣誉标兵等称号。

## 二十三、楼门的贴心好管家——刘子云

楼门的贴心好管家——刘子云，女。南营门街昆明路社区楼门长。荣获和平区志愿服务功臣称号。

## 二十四、"做一名永久的志愿者就是我最大的快乐"——刘再增

"做一名永久的志愿者就是我最大的快乐"——刘再增，男，90岁，中共党员。新兴北里社区志愿服务队志愿者。荣获第三届第四届志愿者标兵、和平区志愿服务优秀会员等荣誉称号。

## 二十五、热心的团队带头人——刘慧达

热心的团队带头人——刘慧达，女，69岁，中共党员。兆丰路社区老协会长、社区"竹韵"葫芦丝班班长。荣获和平区志愿者荣誉标兵、优秀共产党员、优秀团队队长、优秀志愿者等称号。

## 二十六、孝老敬亲，用行动传承美德——朱文茹

孝老敬亲，用行动传承美德——朱文茹，女，67岁。和平区糖果公司退休职工。荣获全国尊老敬老之星、第二届中国社区志愿者之星、天津市优秀志愿者、首届"感动和平、感动社区"十佳典型、区级优秀志愿者标兵荣誉标兵、和平区奉献杯荣誉标兵等称号。

## 二十七、快乐奉献的"阳光奶奶"——吕文霞

快乐奉献的"阳光奶奶"——吕文霞，女，76岁，中共党员。和平区市容委退休干部，"阳光奶奶"志愿者团队领队。荣获全国优秀志愿者、天津市十佳文明市民、

第二届天津市道德模范、天津市志愿服务金牌、天津市感动社区教育人物等称号。

## 二十八、宁静淡泊高风亮节——孙玉萍

宁静淡泊高风亮节——孙玉萍，女，66岁，中共党员。曾任新兴街社区副主任、主任、党委书记等。荣获区志愿服务贡献突出个人称号。

## 二十九、以实际行动奉献社会——孙宝声

以实际行动奉献社会——孙宝声，男，72岁。竞业里社区志愿者协会会长。荣获和平区志愿服务功臣，区级、街级优秀志愿者等称号。

## 三十、剪子大娘——孙香兰

剪子大娘——孙香兰，女，82岁。和平区新兴街卫华里社区学雷锋志愿服务队队员。荣获天津市优秀志愿者称号。

## 三十一、用法律服务群众——张方

用法律服务群众——张方，男，60岁。专职律师，安乐村社区法律咨询志愿服务岗成员。荣获两次天津市九五立功先进个人、和平区志愿者标兵、和平区社区服务志愿者荣誉标兵等称号。

## 三十二、用爱心服务每一个人——张玉英

用爱心服务每一个人——张玉英，女，64岁，中共党员。文化村社区老协会长。荣获二十三届、二十四届区志愿者标兵，和平区社区服务志愿者荣誉标兵称号。

## 三十三、特色楼门建设先锋——张如梅

特色楼门建设先锋——张如梅，女，74岁，中共党员。庆有西里社区志愿者协会会长，第一楼栋党支部书记。荣获全国好邻居标兵、中国社区志愿者之星、天津市文明市民、和平区优秀共产党员、和平区社区服务志愿者标兵等称号。

### 三十四、与时俱进的社区志愿者——张兆颐

与时俱进的社区志愿者——张兆颐，女。劝业场街志愿者协会会长。荣获和平区志愿服务工作贡献突出个人等称号。

### 三十五、用"熊猫血"救人的文艺志愿者——张家兰

用"熊猫血"救人的文艺志愿者——张家兰，女，64岁。担任中国知青志愿者联盟会长、天津知青文化研究会副会长、朝阳里志愿者合唱团团长等。荣获天津市优秀志愿者先进个人、全国计划生育协会先进志愿者等称号。

### 三十六、讲好五大道的故事——张振东

讲好五大道的故事——张振东，男，77岁，中共党员。和平区文化局滨江乐园退休人员。荣获中国好人榜好人称号。

## 三十七、社区巡逻不停步——张淑文

社区巡逻不停步——张淑文，女，72岁。新津社区老年志愿者协会会长。荣获天津市和平区志愿者荣誉标兵称号。

## 三十八、光明使者——张敬民

光明使者——张敬民，女，70岁，中共党员。天津市眼科医院退休，眼科医院志愿服务队的负责人。荣获全国老区妇女创业创新标兵、天津市青年志愿者优秀组织者、天津市老区建设促进会先进个人、和平区优秀志愿者等称号。

## 三十九、以奉献为乐——张福臣

以奉献为乐——张福臣，男，91岁，中共党员。荣获天津市终身志愿者、和平区志愿者荣誉标兵等称号。

## 四十、陶尽门前土，屋上无片瓦——张韵琴

陶尽门前土，屋上无片瓦——张韵琴，女，88岁。新兴街社区志愿者协会理事、平安志愿者巡逻队队长、社区议事协商委员会会员、和平区侨联委员、侨眷组组长、新兴街台胞台属联谊会副会长。荣获和平区志愿者优秀会员、和平区侨联侨界之星、和平区公安局治安保卫工作先进个人等称号。

## 四十一、用镜头记录变迁——陆文华

用镜头记录变迁——陆文华，男，78岁，中共党员。和平区南市街道福厚西里社区党委委员、社区老年协会会长、一号楼党支部书记、志愿者协会成员。荣获第十九届和平区志愿者荣誉标兵称号。

## 四十二、社区百姓的贴心人——何云漪

社区百姓的贴心人——何云漪，女，74岁，中共党员。劝业场街道滨西社区志愿者协会会长。荣获天津市

金奖先进志愿者、天津市巾帼志愿者荣誉标兵、和平区志愿者奉献杯荣誉标兵等称号。

## 四十三、活跃在社区志愿服务各个角落的志愿骨干——何家平

活跃在社区志愿服务各个角落的志愿骨干——何家平，女，72岁，中共党员。南市街福方里社区志愿者协会会长。荣获天津市优秀志愿者、和平区志愿服务功臣、南市街道福方里社区志愿服务标兵等称号。

## 四十四、网络领航员——陈平

网络领航员——陈平，女，70岁，中共党员。南京路社区志愿者。荣获全国志愿者"奉献之星"、第二届中国社区志愿者之星、天津好人、天津市优秀志愿者、"网络领航员"等称号。

## 四十五、永不褪色的"五老"宣讲员——李兑

永不褪色的"五老"宣讲员——李兑，男，71岁，中共党员。小白楼

街道工作者、街道专职志愿者协会会长。荣获和平区志愿服务功臣、志愿服务贡献突出个人等称号。

## 四十六、为社区送去欢乐的"花姐"——李淑花

为社区送去欢乐的"花姐"——李淑花，女，71岁，中共党员。新兴北里社区志愿者协会会长、社区居委会委员、社区楼长。荣获和平区志愿服务荣誉标兵称号。

## 四十七、用汗水扮靓美丽和平——谷和新

用汗水扮靓美丽和平——谷和新，男，52岁，中共党员。南市街新市民学雷锋志愿服务队队长。荣获和平区首届"感动社区·感动和平"人物、和平区外来务工岗位明星、天津市杰出外来务工青年、天津市外来务工劳动模范、和平区志愿者荣誉标兵、优秀平安志愿者等称号。

## 四十八、社区圆梦大使——杨玉兰

社区圆梦大使——杨玉兰，女，65岁，中共党员。

担任南营门街社区居委会主任、志愿者协会会长职务。荣获和平区志愿服务工作贡献突出先进个人、和平区志愿服务功臣称号。

## 四十九、热心实干的奉献者——杨振媛

热心实干的奉献者——杨振媛，女，74岁，中共党员。曾任劝业场街滨西社区党委委员、居委会委员。荣获天津市文明市民、优秀共产党员等称号。

## 五十、社区"平民诊所"医生——陈培根

社区"平民诊所"医生——陈培根，男，86岁。天津轮胎厂退休干部。荣获和平区志愿者荣誉标兵、和平区优秀共产党员、和平区"老有所为之星"、和平区社区服务志愿者荣誉标兵等称号。

## 五十一、资助困难学子，热心社区服务——陈雅琴

资助困难学子热心社区服务——陈雅琴，女，76岁。中国煤炭进出口总公司天津分公司退休干部。荣获社区

文明建设先进典型、天津市和平区志愿者标兵、天津市文明市民、和平区社区服务功臣奉献杯荣誉标兵等称号。

## 五十二、永葆党员先进性，志愿奉献带头人——孟凡光

永葆党员先进性，志愿奉献带头人——孟凡光，男，75岁，中共党员。花园路社区居委会委员、社区老年协会会长、社区关工委委员。荣获天津市文明市民、和平区优秀共产党员、和平区社区服务志愿者荣誉标兵等称号。

## 五十三、社区义剪"房师傅"——房世宏

社区义剪"房师傅"——房世宏，男，69岁，中共党员。劝业场街南京路社区党支部宣传委员。荣获和平区优秀志愿者称号。

## 五十四、让艺术教育惠及民众——郑伟

让艺术教育惠及民众——郑伟，男，55岁，中国民主促进会会员。和平区政协委员、和平区文化宫副主任。

荣获和平区优秀政协委员、天津市"十一五"残疾人工作先进个人、天津市残疾人专门协会优秀助残志愿者、天津市百名优秀志愿者等称号。

## 五十五、"我为人民做贡献，再苦再累心也甜"——金仰山

"我为人民做贡献，再苦再累心也甜"——金仰山，男，已故，中共党员。曾任南营门街老年协会副会长。荣获天津市文明市民、优秀社区服务志愿者、天津市金杯志愿者、和平区社区服务志愿者标兵等称号。

## 五十六、志愿服务永不停步——金美玉

志愿服务永不停步——金美玉，女，75岁，中共党员。南营门街香榭里社区志愿者协会会长。荣获天津市优秀志愿者称号。

## 五十七、真情温暖孤寡老人——孟昭梅

真情温暖孤寡老人——孟昭梅，女，68岁。朝阳里社区民政主任退休，朝阳里社区志愿服务队志愿者。荣

获天津市和平区志愿者标兵称号。

## 五十八、用热心为居民服务——周景芬

用热心为居民服务——周景芬，女，76 岁。庆有西里社区委员、社区志愿者协会会长，爱我家园、爱心助空巢、文化乐民志愿服务队队长。荣获第 23 届、24 届和平区志愿者荣誉标兵称号。

## 五十九、舍己救人的"荣誉老人"——赵玉宽

舍己救人的"荣誉老人"——赵玉宽，男，82 岁，中共党员。关心下一代委员会会长、居民楼院长、理论学习小组组长、社区家庭档案馆馆长。荣获全国劳动模范、全国双模标兵、全国学雷锋标兵、天津市退休职工时尚之星、天津市优秀党员、十佳标兵等称号。

## 六十、居民的主心骨和贴心人——赵宝玉

居民的主心骨和贴心人——赵宝玉，女，74 岁，中共

党员。曾任土山花园社区志愿者分会会长。荣获和平区志愿者荣誉标兵称号。

## 六十一、修自行车的"活雷锋"——赵章义

修自行车的"活雷锋"——赵章义，男，90 岁，中共党员。天津市勘察院退休，解放路社区志愿者。荣获天津市优秀志愿者，局级、街道级优秀共产党员、和平区优秀志愿服务标兵等称号。

## 六十二、无声世界里的江湖侠医——赵铭之

无声世界里的江湖侠医——赵铭之，男，已故。中国听力康复事业开创者，曾任联合国儿童基金会残疾儿童社区服务项目执行主任、天津市康复医学会副会长等。荣获天津市和全国部级劳动模范、和平区社区服务志愿者奉献杯荣誉标兵等称号。

## 六十三、早看窗帘，晚看灯——赵蕴华

早看窗帘，晚看灯——赵蕴华，女，78 岁，中共党员。友谊里社区居

委会委员、社区志愿者协会会长、合作里党支部书记、街志愿者协会副会长、区志愿者协会理事等。荣获优秀共产党员、区志愿者协会优秀党员、区志愿者协会志愿服务标兵等称号。

## 六十四、敬业奉献的社区好人——俞军

敬业奉献的社区好人——俞军，女，66岁。福林里社区志愿者协会会长。荣获天津市优秀志愿者、和平区社区志愿服务功臣等称号。

## 六十五、无怨无悔服务社区的"口袋医生"——俞伯淑

无怨无悔服务社区的"口袋医生"——俞伯淑，女，87岁，中共党员。众诚里、昆明路社区老年协会会长。荣获天津市金奖志愿者、天津市文明市民、和平区志愿服务功臣、社区服务志愿者奉献杯荣誉标兵等称号。

## 六十六、雪中送炭的好公仆——郝明善

　　雪中送炭的好公仆——郝明善，男，88 岁，中共党员。和平区煤建公司哈尔滨道门市部退休干部。多次被评为区级优秀党员、区级社区志愿者标兵，荣获和平区第三届"十佳公仆""十佳售货员"等称号。

## 六十七、爱心红烛亮，助学美名扬——侯海清

　　爱心红烛亮，助学美名扬——侯海清，男，87 岁，中共党员。天津市军休所关心下一代工作委员会退休干部。荣获中国社区志愿者之星、"全国百名优秀志愿者"之星、天津市和平区社区服务功臣奉献杯荣誉标兵、区级优秀党员、志愿者标兵、荣誉标兵，功臣奉献杯先进个人等称号。

## 六十八、笔耕不辍的社区老师——昝新峰

　　笔耕不辍的社区老师——昝新峰，男，75 岁，中共党员。福厚西里社区"夕霞社"创始人，《福厚之声》

刊物主编。荣获和平区志愿服务功臣、和平区社区服务志愿者荣誉标兵等称号。

## 六十九、社区绿色环保使者——柴志华

社区绿色环保使者——柴志华，男，83岁，中共党员。朝阳里社区志愿服务队志愿者，社区绿色环保小分队队长，理论学习小组骨干。荣获和平区志愿服务功臣、志愿者标兵、优秀会员等称号。

## 七十、用热血济世救人的"献血哥"——栗岩奇

用热血济世救人的"献血哥"——栗岩奇，男,62岁，中共党员。天津和平区司法局退休干部。第七届全国道德模范候选人。荣获天津市"五一"劳动奖章、第四届全国道德模范提名奖，其家庭被评为全国文明家庭。

## 七十一、情系社区献终身——倪宗茂

情系社区献终身——倪宗茂，男，已故，中共党员。

曾任尚友里社区志愿者协会会长、社区管委会委员、市民学校教员和楼门院长。荣获和平区第十八届、十九届、二十届社区服务志愿者标兵等称号。

## 七十二、退休退岗不褪色的耿大夫——耿树荣

退休退岗不褪色的耿大夫——耿树荣，女，85 岁，中共党员。公安医院主任医师退休。荣获第二届中国社区志愿者之星、连续三届获得和平区社区服务志愿者标兵、和平区社区服务志愿者荣誉标兵、天津市金奖志愿者等称号。

## 七十三、随风潜入夜，润物细无声——崔吉兰

随风潜入夜，润物细无声——崔吉兰，女，73 岁，中共党员。社区楼院长。荣获市、区、街道及社区优秀共产党员、优秀志愿者、和平区志愿服务荣誉标兵等称号。

## 七十四、社区居民的保健大师——康静

社区居民的保健大师——康静，女，67 岁，中共党员。和平区白楼医院中医副主任医师退休。荣获全国五一劳动奖章、全国先进工作者、全国卫

生系统先进个人、天津市特等劳动模范、全国先进社区志愿者、和平区社区服务功臣奉献杯荣誉标兵等称号。

## 七十五、老军医志愿服务队队长——惠忠道

老军医志愿服务队队长——惠忠道，男，82岁，中共党员。解放军第272医院主任医师退休，南京路社区老军医志愿服务队队长。荣获和平干休所优秀休养员、优秀共产党员、天津好人等称号。

## 七十六、片区民警"小灵通"——董顺心

片区民警"小灵通"——董顺心，男。天津劝业场派出所民警。荣获十佳政法干警、和平区第十四届、十五届"十佳公仆"，和平区社区服务志愿者荣誉标兵等称号。

## 七十七、认真细心的侨联志愿者——曾顺兰

认真细心的侨联志愿者——曾顺兰，女，69岁。静园社区侨务工作负责人，楼门院长。荣获和平区志愿者

荣誉标兵称号。

## 七十八、琼华赠书心系老区——蔺凤琼

琼华赠书心系老区——蔺凤琼，男，87岁，中共党员。司局级退休干部。荣获天津市文明市民，和平区第三届感动社区、感动和平人物，和平区优秀志愿者等称号。

## 七十九、退休不褪色的党员志愿者——翟哈娜

退休不褪色的党员志愿者——翟哈娜，女，73岁，中共党员。绵阳道社区服务志愿者协会会长。连续三次被评为和平区社区服务志愿者标兵、荣誉标兵，多次被评为优秀共产党员。

## 八十、社区的"魅力楼长"——滕润梅

社区的"魅力楼长"——滕润梅，女，60岁，和平区南市街道新文化花园社区志愿者协会会长。荣获和平

区志愿服务功臣、社区优秀志愿者、"魅力楼长"等称号。

## 八十一、多方筹措的无私奉献者——魏敏

　　多方筹措的无私奉献者——魏敏，男，47岁，致公党成员。百纳实业有限公司董事长，"自强学子俱乐部"社团创始人。荣获和平区志愿者标兵等称号。

# 参考文献

《和平概况》，http://www.tjhp.gov.cn/tjhp/hpgk/2019–03/14/content_2f1ddb
99cf7741d6bb0cb2926358a707.shtml。

《探索构建"1+3+3"党建引领体系，不断增强城市基层整体效应》，
2018 年 10 月 25 日，http://dangjian.people.com.cn/n1/2018/1025/c420318–
30362788.html。

《国家统计：中国开始步入老龄化社会》，2019 年 8 月 22 日，http://
www.ce.cn/xwzx/gnsz/gdxw/201908/22/t20190822_32985939.shtml。

《第五届天津市诚实守信道德模范：兰长燕》，2018 年 4 月 9 日，http://
wenming.enorth.com.cn/system/2018/04/09/035322181.shtml。

《和平区南市街食品街社区党委开展党员志愿服务日活动》，2019 年 7
月 4 日，http://www.tjzbsh.cn/p/16637.html。

和平区融媒体中心：《和平区劝业场街举办志愿服务活动》，2019 年 3 月
14 日，http://www.tjhp.gov.cn/tjhp/rdxw/2019–03/14/content_10f3641e57a3486
d81580436f8f844d1.shtml。

《百星璀璨铸就辉煌——新兴街举办第十届精神文明"百颗星"颁奖典

礼》，2019 年 9 月 12 日，https://www.sohu.com/a/340621812_100236156。

《和平区新兴街道朝阳里社区党委：将社区"老三送"变为"新三送"》，2016 年 11 月 23 日，http://www.tjzzb.gov.cn/lxyz/201611/t20161123_21790.html。

《和平区岳阳道小学纪施雨当选天津市新时代好少年》，2019 年 5 月 31 日，http://tj.wenming.cn/hpwmw/wmxyhp/201905/t20190531_5135199.shtml。

《和平区总工会召开庆"八一"纪念英模共建 25 周年大会》，2019 年 7 月 31 日，http://www.ftutj.cn/2019/07/31/43182.html。

《"同心"奉献大爱无疆》，2015 年 4 月 22 日，http://news.hexun.com/2015-04-22/175194422.html。

《从志愿军到志愿者英雄就在身边》，2019 年 3 月 23 日，http://www.sohu.com/a/303263742_121550。

《和平区市场监管局广泛开展 2019 年"牢记总书记嘱托 3·5 学雷锋日"志愿服务主题活动》，2019 年 3 月 6 日，http://scjg.tj.gov.cn/heping/zwgk/tpxw/37950.html。

《和平社会组织孵化中心助力志愿服务专业化发展》，2019 年 3 月 18 日，http://wenming.enorth.com.cn/system/2019/03/18/036953534.shtml。

《居家养老离不开邻里搭把手》，2015 年 1 月 29 日，http://www.kaixian.tv/gd/2015/0129/12289043.html。

《小白楼》，2017 年 3 月 9 日，http://www.tjhp.gov.cn/tjhp/njjdd/2017-03/09/content_cb308036446a4d8daa199e162a750219.shtml。

《和平社区志愿服务让居民处处有"亲人"》，2019 年 1 月 31 日，http://shequ.enorth.com.cn/system/2019/01/31/036803803.shtml。

《三盛里社区杨毅真心付出温暖空巢老人》，2017 年 11 月 28 日，http://wenming.enorth.com.cn/system/2017/11/23/034100305.shtml。

《和平区阳光行动助残·助困·创业联合项目》，2015 年 12 月 16 日，http://qnzs.youth.cn/2015/1216/3220515.shtml。

《和平区五大道街三盛里社区概况》，2015 年 9 月 25 日，http://www.tjhpdjw.gov.cn/wddjd/sslsq/sqgk/201509/t20150925_53791.html。

《朝阳里社区集中设点开展志愿服务》，2017 年 10 月 20 日，http://wenming.enorth.com.cn/system/2017/10/19/033907044.shtml。

《天津和平区广设道德讲堂模范引领风尚》，2012 年 8 月 22 日，http://www.wenming.cn/ddmf_296/jj_ddmf/201208/t20120822_819323.shtml。

《天津和平区近万名文化志愿者活跃基层》，2012 年 12 月 12 日，http://www.wenming.cn/whhm_pd/yw_whhm/201212/t20121212_980061.shtml。

《天津和平区眼睛向内，抓好小污染治理，空气质量从垫底到全市第一》，2019 年 2 月 18 日，https://www.huanbao-world.com/a/quanguo/tianjin/82545.html。

《天津和平：践行环保生态理念倡导绿色生活方式》，2019 年 7 月 10 日，http://wenming.enorth.com.cn/system/2019/07/10/037443410.shtml。

《以新发展理念着力提升城市治理现代化水平》，2019 年 11 月 8 日，http://www.ddcpc.cn/zhengnengliang/201911/t20191108_678301.shtml。

《天津市和平区：党建引领树标杆志愿服务赢民心》，《天津日报》2016 年 7 月 6 日。

王阳：《立足"三关爱"推动学雷锋志愿服务常态化制度化》，《天津日报》2012 年 7 月 26 日。

李春亭：《坚持五大发展理念推进志愿服务纵深发展》，《中国社会报》2018 年 3 月。

辛华、王猛：《三重矛盾：我国社区志愿服务的困境与破解》，《社会建设》2016 年第 3 期。

马海燕、周波：《社会治理视域下的社区志愿服务长效机制建构》，《青少年研究与实践》2016 年第 31 期。

黎付林：《我国城市社区志愿服务发展研究综述》，《湖南行政学院学报》2012 年第 1 期。

陆士桢、马彬：《志愿服务与基层社会治理》，《社会治理》2018 年第 11 期。

龙菲：《当代中国的社区志愿服务》，《城市问题》2002 年第 6 期。

宋煜：《助推社区志愿服务发展的建议》，《中国国情国力》2017 年第 10 期。

张燕、杨浩军：《社区志愿服务在此新兴，走向朝阳——探访天津市和平区志愿服务发展变迁》，《中国社会工作》2019 年第 7 期。

陈乐：《弘扬志愿精神传递文明风尚——天津市和平区志愿服务工作纪实》，《求知》2019 年第 6 期。

陈绍旺：《推动和平区志愿服务事业再上新台阶》，《中国民政》2019 年第 16 期。

晓明：《七年过后更辉煌——天津市和平区新兴街志愿服务调查》，《中国民政》1994 年第 12 期。

卓汉容、谭建光：《中国社会志愿服务转型的探讨》，《江海学刊》2001 年第 3 期。

谭建光：《社会转型时期的志愿服务与人文精神》，《社会科学》2000 年第 5 期。

何旭萍、罗京：《志愿服务：2008 的亮点工程》，《中国青年研究》2002年第 6 期。

谢泽宪：《行政化倾向——发展社区志愿服务的主要障碍》，《社会》2003 年第 1 期。

王艳：《社区自愿服务组织与激励的制度分析》，《社会》2003 年第 1 期。

邓国胜：《中国志愿服务发展的模式》，《社会科学研究》2002 年第 2 期。

牛向阳：《天津市新兴街社区志愿服务发展研究》，硕士学位论文，天津大学管理学院，2008 年。

谭建光：《中国广东志愿服务发展报告》，人民出版社 2005 年版。

天津市和平区人民政府、天津市和平区地方志编修委员会主编：《天津市和平年鉴（2018）》，天津科学技术出版社 2018 年版。

天津市和平区地方志编修委员会：《天津市和平区志》，天津科学技术出版社 2017 年版。

[美] 莱斯特·M.萨拉蒙：《全球公民社会——非营利部门视界》，贾西津译，社会科学文献出版社 2002 年版。

丁元竹、江汛清：《志愿活动研究类型、评价与管理》，人民出版社 2001年版。

王思斌：《社团的管理与能力建设》，中国社会出版社 2003 年版。

安国启：《志愿行动在中国——中国青年志愿者行动研究》，中央文献出版社 2001 年版。

# 后　记

　　为全方位可视化展现天津市和平区志愿服务的发展情况、发展成效，进一步推进和平区志愿服务成果转化。在和平区委、区政府、区文明委领导下，和平区文明办联合国内领先的志愿服务机构和众泽益志愿服务中心组成联合课题组，共同开展《志愿和平——新时代全域志愿服务发展模式研究》课题。

　　本书的编辑出版历时一年，联合课题组查阅了自改革开放以来和平区志愿服务丰富的文献资料，实地调研了和平区志愿服务有关主管部门、部分委局办、多个街道、社区，优秀志愿服务组织、个人代表，为本书的撰写获取了大量一手翔实资料。本书也倾注了和平区相关领导、人员以及国内数十名专家学者的智慧与心血。从课题的选题、立项，到实地调研、访谈；从提纲的制定、资料的分析到报告的撰写、修改，联合课题组都严格按照学术规范精心设计，反复论证。

　　本书在编写过程中得到了和平区宣传部、和平区文明办、和平区民政局、和平区商务局、和平区财政局、和平区市场监管局、和平区生态环境局、公安局和平分局、和平区检察院、和平区法院、和平区妇联、和平区文联、和平区志愿者协会等单位的大力支持，感谢和平区各单位、优秀志愿者组织和志愿者代表的付出，感谢人民出版社为本书编辑出版付出的辛勤劳动。

责任编辑：汪　逸

封面设计：姚　菲

责任校对：徐林香

**图书在版编目（CIP）数据**

志愿和平：新时代全域志愿服务发展模式研究／天津市和平区
　文明办 编著 . —北京：人民出版社，2020.1

ISBN 978 - 7 - 01 - 021773 - 4

I.①志… Ⅱ.①天… Ⅲ.①志愿者－社区服务－发展模式－研究－
　中国　Ⅳ.① D669.3

中国版本图书馆 CIP 数据核字（2019）第 297986 号

## 志愿和平
### ZHIYUAN HEPING
——新时代全域志愿服务发展模式研究

天津市和平区文明办　编著

人民出版社 出版发行

（100706　北京市东城区隆福寺街 99 号）

北京汇林印务有限公司印刷　新华书店经销

2020 年 1 月第 1 版　2020 年 1 月北京第 1 次印刷

开本：710 毫米 ×1000 毫米 1/16　印张：30.5

字数：386 千字

ISBN 978 - 7 - 01 - 021773 - 4　定价：96.00 元

邮购地址 100706　北京市东城区隆福寺街 99 号

人民东方图书销售中心　电话（010）65250042　65289539